常州文博论丛

2023年（总第9辑）

常州博物馆 编

文物出版社

图书在版编目（CIP）数据

常州文博论丛. 2023年. 总第9辑 / 常州博物馆编.
-- 北京 : 文物出版社,2023.12
ISBN 978-7-5010-8281-0

Ⅰ.①常… Ⅱ.①常… Ⅲ. ①文物工作－常州－文集
②博物馆－工作－常州－文集 Ⅳ. ①K872.533.04-53
②G269.275.33-53

中国国家版本馆CIP数据核字(2023)第230191号

常州文博论丛

2023年（总第9辑）

常州博物馆 编

责任编辑：张小舟
责任印制：张道奇
书名题签：谢稚柳
封面设计：程星涛

出版发行：文物出版社
社　　址：北京市东城区东直门内北小街2号楼
邮　　编：100007
网　　址：http://www.wenwu.com
经　　销：新华书店
印　　刷：常州报业传媒印务有限公司
开　　本：889mm×1194mm　1/16
印　　张：11
版　　次：2023年12月第1版
印　　次：2023年12月第1次印刷
书　　号：ISBN 978-7-5010-8281-0
定　　价：68.00元

目　录

考古与文物

史海钩沉

文博论坛

江苏常州许家村六朝墓发掘简报

◇ 常州市考古研究所

内容提要:2019 至 2020 年,在配合基本建设过程中,常州市考古研究所在常州市钟楼区西林街道许家村抢救清理了一批古代墓葬,其中有 7 座六朝墓葬。虽然被破坏比较严重,但排列有序,出土随葬品具有一定特色,为研究常州地区六朝墓葬的分布和形制特点提供了新的材料。

关键词:许家村 六朝墓 砖室墓 盘口壶

为配合西林街道征地拆迁安置小区甘林小区二期项目建设,2019 年 3 月至 10 月,常州市考古研究所对项目地块进行了考古调查和勘探,发现春秋至明清时期墓葬等遗迹。2020 年 5 月至 11 月,经国家文物局批准,南京博物院、常州市考古研究所对许家村墓地开展了考古发掘工作,清理各时期墓葬 65 座,现将其中的 7 座六朝墓简报如下。

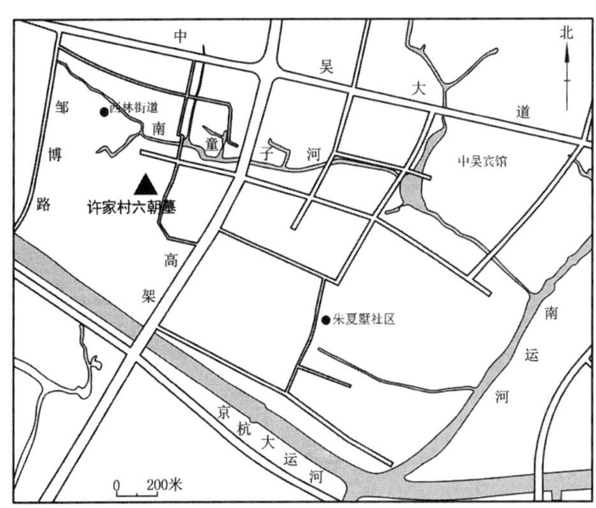

图一 许家村六朝墓位置示意图

墓葬位于常州市钟楼区西林街道许家村(图一),北临南童子河,考古进场时地块内遍布拆迁后留下的建筑垃圾。经过发掘,共清理六朝墓 7 座,分别编号 M10、M31、M32、M33、M34、M37 和 M38。

六朝墓位于两座春秋时期土墩墓上,被破坏非常严重,仅存铺地砖和少量墓壁,依据其平面形态大致可分为长方形、凸字形和刀把形三种,除 M10 外,其余 6 座均两个一组,呈现家族墓的特点(图二)。

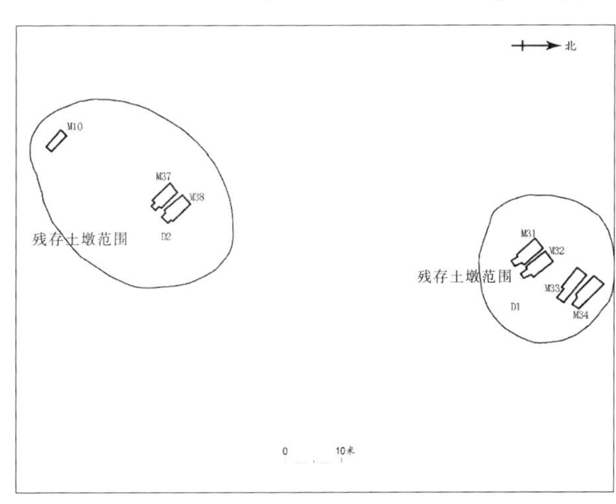

图二 许家村六朝墓平面分布示意图

一、长方形砖室墓

共1座，编号M10。

M10位于发掘区南侧，靠近春秋时期土墩墓D2的南部边缘，平面呈长方形，方向150°。墓葬早年被破坏，顶部无存，靠近东侧被现代坑打破，部分墓壁及铺地砖缺失。

墓圹平面呈长方形，通长4.3米(图三)。墓室呈长条形，四壁平直，采用“三顺一丁”的砌法。西壁宽1.36、残高0.3-0.6米；东壁被破坏比较严重，残宽0.82、高约0-0.3米；北壁长约3.86、残高0.2-0.45米；南壁被现代扰坑破坏，残存长约1.65、高约0-0.6米。墓底有一层铺地砖，采用“人字形”排列。墓砖长0.32-0.33、宽0.16、厚0.035-0.04米。

墓葬被盗扰严重，仅在墓室中部出土2件随葬品，器形为盘口壶和金饰。

黑釉盘口壶　M10:1，浅盘口，圆唇微侈、束颈、溜肩、肩腹间折棱、下腹斜收、平底略内凹，肩部装饰4个横系，折肩处装饰有弦纹。黑釉、灰白色胎、釉面有开裂、釉不及底。口径10、底径9.8、通高15.2、盘口高5厘米(图四:1、图五)。

金饰　M10:2，圆形，表面有两个小圆孔，推测为衣物上的装饰，直径约0.6厘米(图四:2、图六)。

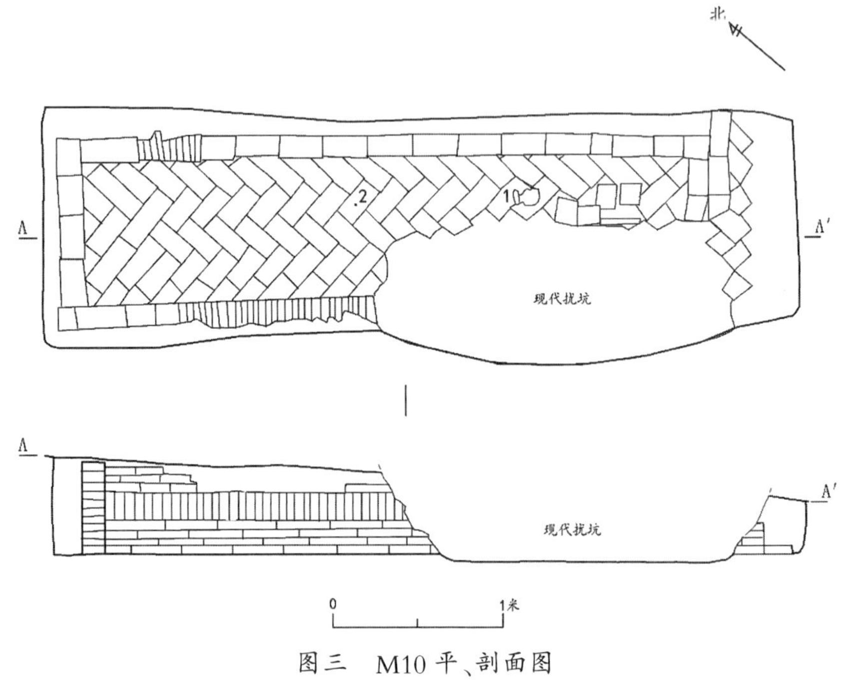

图三　M10平、剖面图

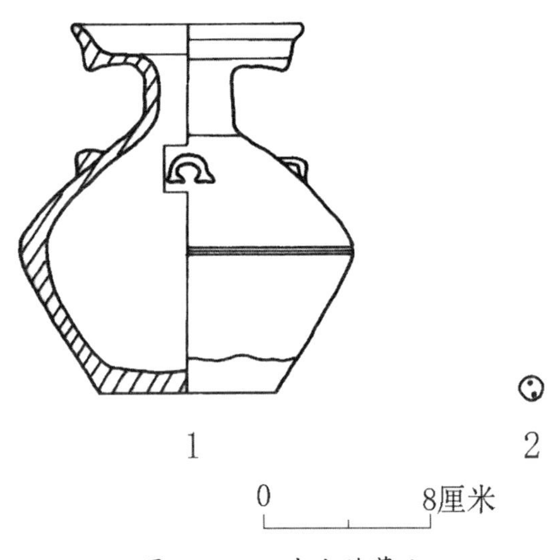

图四　M10出土随葬品
1.黑釉盘口壶(M10:1)，2.金饰(M10:2)

图五　黑釉盘口壶(M10:1)

图六　金饰(M10:2)

二、凸字形砖室墓

共4座，分别编号为M31、M32、M37和M38，可分为两组，形制相同。

M31位于D1中部偏南，为带甬道凸字形砖室墓，方向145°。墓葬早年被破坏非常严重，仅存部分南壁和少量铺地砖。

墓圹平面呈“凸”字形，距地表深约0.25米，总长约6.2米，墓道被破坏，仅存墓室和甬道(图七)。墓室呈长方形，长4.5、宽1.65–2.7、残深0.15米。甬道长1.7、宽1.65米，墓底距地表深约0.47–0.69米。填土为灰褐色五花土，包含大量绳纹砖块以及少量碎陶瓷片。四壁基本被破坏殆尽，仅南壁残存一段为“三顺一丁”砌法，上层有三层错缝平铺、中间为立砖、下层有两层错缝平铺。铺地砖有4层，分别呈席纹和“人字形”的砌法。墓砖尺寸为长0.3、宽0.15、厚0.04米，一面有细绳纹。

墓葬早年被破坏非常严重，仅出土少量陶瓷遗物，可辨器形有陶盘、陶凭几、多子槅和青瓷罐等。

陶盘　共3件，均出土于墓室前端，形制基本相同，均为泥质灰陶材质。M31:1，圆唇侈口，平底略内凹。口径22、底径20、高约2厘米(图八:1)。M31:2，略残，圆唇侈口，平底内凹，内壁有一道凸棱。口径18.8、底径16、通高约1.6厘米(图八:2)。M31:3，残损严重，尖圆唇微侈口，平底略内凹。口径约20、底径19、残高2.2厘米(图八:3)。

陶凭几　M31:4，泥质灰陶材质，仅存几背中部的一段，圆弧背，底面中部有一方形榫孔，两侧为长条形凹槽。残长10–16、宽7、厚3厘米，中间榫孔长3.2、宽2.6、深约0.8厘米(图八:4)。

陶多子槅，泥质灰陶材质，残损严重，无法修复，可辨为子母口，直腹、折腰、平底，底部有一道矮圈足，残高约3.4厘米。

青瓷罐，残损严重，无法修复。方唇直口、斜直腹平底，口沿下有桥形钮。灰白色胎、青绿釉，釉不及底。

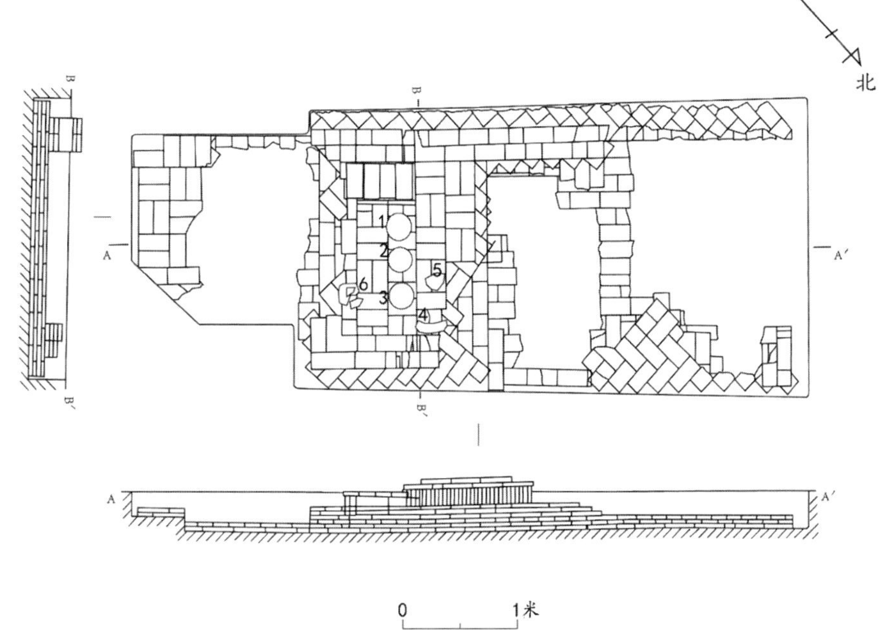

图七　M31平、剖面图
1–3.陶盘，4.陶凭几，5.陶多子槅，6.青瓷罐

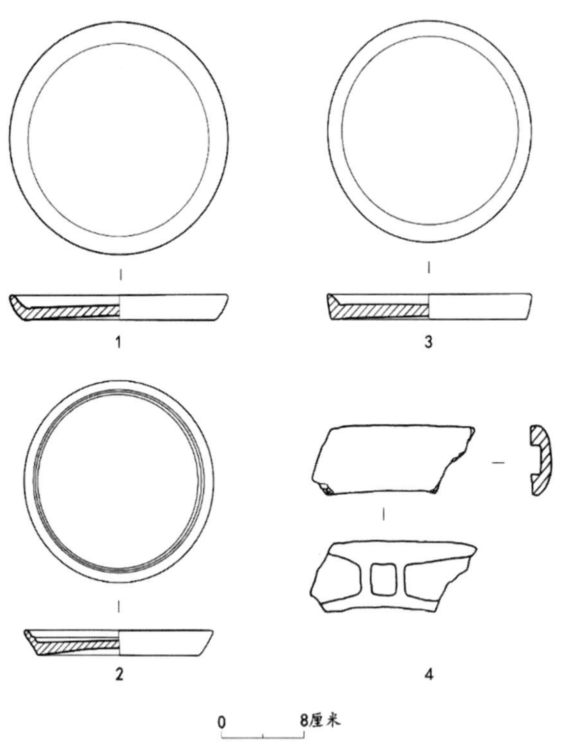

图八　M31 出土随葬品

1-3.陶盘(M31:1、M31:2、M31:3),4.陶凭几(M31:4)

M32 位于 D1 中部，为带甬道凸字形砖室墓，方向 142°。墓葬早年被破坏非常严重,仅存少量铺地砖。

墓圹平面呈“凸”字形,总长约 6.5、宽 1.75-3、距地表深约 0.25 米。墓道被破坏无存,仅存墓室及甬道(图九)。墓室呈长方形,长 4.84、宽 2.6-2.8、残深 0.16-0.25 米。甬道长 1.66、宽 1.74、残深 0.16 米,墓底距地表 0.5 米。砖壁已被破坏殆尽,铺地砖仅存甬道处少量保存,共有 4 层,自底部向上第 1、3 层为席纹状,第 2、4 层为“人字形”。墓砖长 0.3、宽 0.15、厚 0.04 米,一面有细绳纹。

墓葬被破坏严重,仅出土酱釉瓷盏和青瓷罐底等随葬品。

酱釉瓷盏　2 件,形制相似,均出土于墓室中部靠北壁的铺地砖上。M32:1,圆唇敛口、弧腹平底,青灰色胎,酱釉,内施全釉,外壁釉不及底,有流釉现象。口径 6、底径 3.8、高 3.2 厘米(图十:1)。M32:2,尖圆唇敛口、弧腹平底,青灰色胎,酱釉,内施全釉,外壁釉不及底,有流釉现象。口径 6.6、底径 3.8、高 3.4 厘米(图十:2)。

青瓷罐,M32:3,仅存器底。斜直腹、平底,内底有数道轮制形成的弦纹,灰白色胎,青绿釉,外壁釉不及底。底径 12.8、残高 5、壁厚 0.8-1.2 厘米(图十:3)。

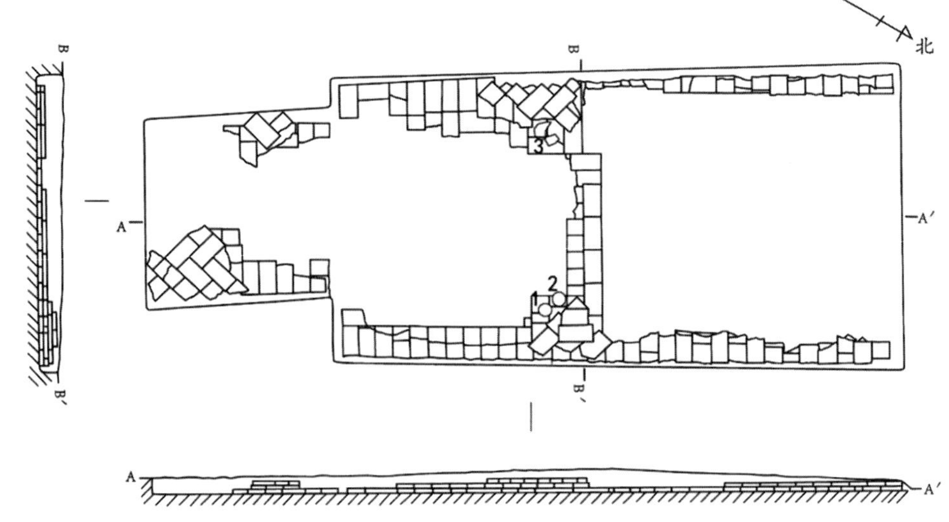

图九　M32 平、剖面图

1-2.酱釉瓷盏,3.青瓷罐残片

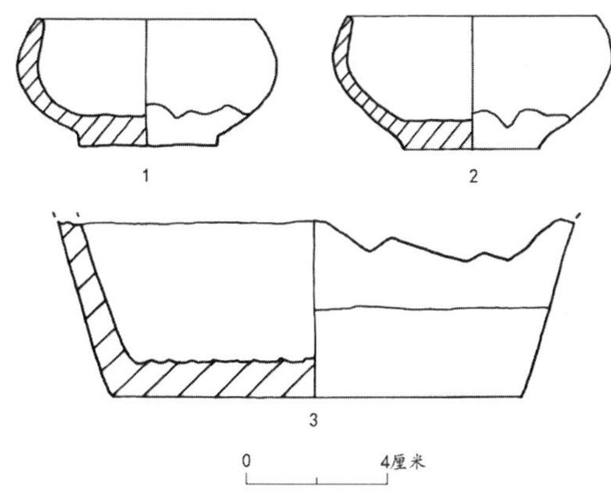

图十　M32出土随葬品

1-2.酱釉瓷盏(M32:1、M32:2),3.青瓷罐底(M32:3)

M37位于D2北侧，为带甬道凸字形砖室墓，方向145°。墓葬被破坏非常严重,仅残存少量铺地砖,中部被一现代坑打破,开口距地表深0.3米。

墓葬平面呈“凸”字形,通长6.3米,由墓圹、墓室和甬道等部分组成(图十一)。墓圹壁面竖直,底部平整;其与墓室铺地砖之间留有宽0.1米的间隙,内填灰褐色花土及少许碎砖；墓圹长5.42、宽2.44-2.48、残深0.1-0.14米。墓室部分位于土圹内,仅残存西北部一层铺地砖，用青砖横向错缝平铺，残长0.3-2.48、残宽0.48-2.1、残高0.05-0.9米,墓室中部和北部墓砖无存,底部较为平整,墓室四壁未见残存墓砖,长宽不明;墓室内未见葬具及人骨,根据墓葬形制,推测头向朝东南。甬道部分平面呈长方形,口底同大,直壁平底,内填灰褐色夹杂黄褐色花斑土,其东部及南部见1-2层残存的铺地砖，均为横向错缝平铺,残长0.08-0.44、残宽0.36-0.82、残高0.05-0.1米;甬道长0.88、宽1.71、残深0.1米。M37墓室用砖长0.32、宽0.16、厚0.05米,一面有细绳纹。

墓葬早年被破坏严重，仅出土少量瓷器残件，器形有碗、盘口壶、罐等。

青瓷碗　1件。M37:1,残,圆唇敛口,弧腹平底,口沿处有一道弦纹,青灰色胎,青绿釉,内施满釉,内底有方形支钉痕迹,外壁釉不及底。口径8.8、底径5.6、高4.2厘米(图十二:1)。

青瓷盘口壶　1件。M37:2,仅存盘口部分,圆唇侈口略外翻,折肩弧腹,颈部略呈喇叭口状。青灰色胎,青绿釉,内壁仅盘口及口沿处施釉,外壁施全釉。口径约14、盘高2.5、通高5.5厘米(图十二:2)。

青瓷罐　2件,其中一件为器底,另一件为器腹部残片。M37:3,仅存器底部分,弧腹内收,假圈足平底,内壁有凸弦纹。青灰色胎,青绿釉,内外均施满釉。底径5、残高6.6厘米(图十二:3)。M37:4,为青瓷罐腹部残片,中间有两个系,青灰色胎,青绿釉,外施满釉,内壁不施釉。残长8.5、宽2.6-8、厚0.7厘米(图十二:4)。

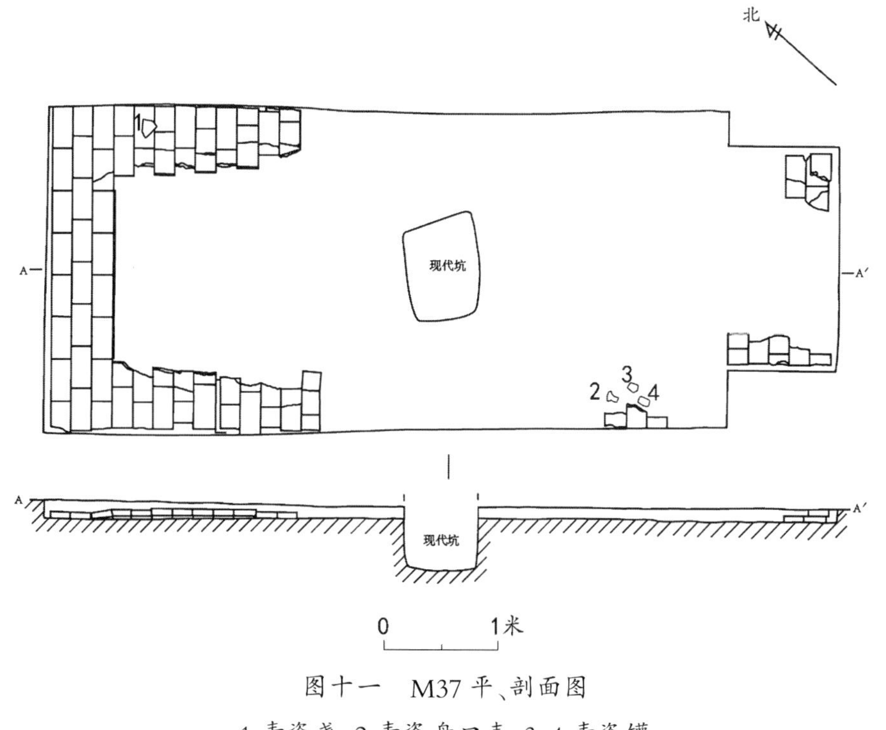

图十一　M37平、剖面图

1.青瓷盏,2.青瓷盘口壶,3、4.青瓷罐

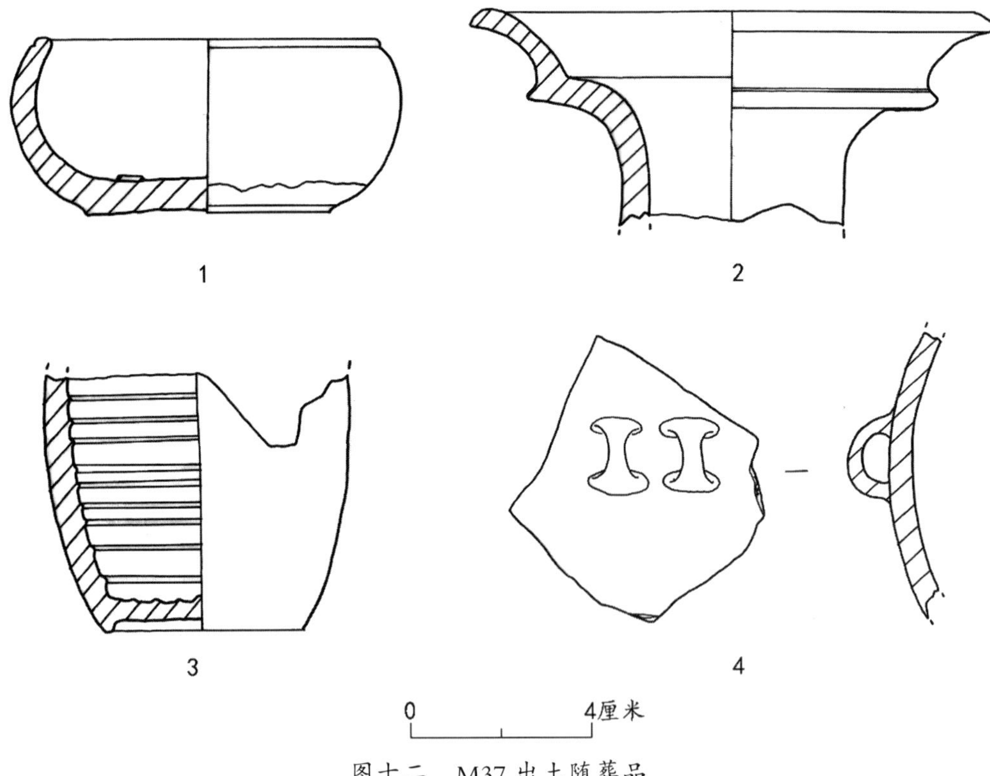

图十二 M37出土随葬品

1.青瓷碗(M37:1),2.青瓷盘口壶(M37:2),3、4.青瓷罐(M37:3、M37:4)

M38位于D2北侧,紧邻M37,为带甬道凸字形砖室墓,方向约145°,开口距地表深0.3米。

墓葬平面呈凸字形,通长6.44米,由墓圹、墓室和甬道三部分组成(图十三)。墓圹平面呈长方形,壁面较竖直,底部平整;墓圹与砖室四壁之间留有宽2–8厘米的间隙,内填灰褐色花土及少许碎砖块;墓圹总长4.94–5、宽2.52–2.56、残深0.1–0.15米。墓室部分位于墓圹内,平面呈长方形,仅残存南、北两侧及西端部分铺地砖,墓室中部墓砖无存,四壁未见残存墓砖,长宽不明;南、北侧均残存铺地砖2层,为墓砖横向错缝平铺,西端残存3层铺地砖,上层呈"人"字形交错平铺,下两层为横向错缝平铺,残长0.22–4.88、残宽0.14–2.44、残高0.05–0.08米,墓室底部较为平整,未见葬具及人骨,根据墓葬形制,推测头向朝东南。甬道部分平面呈长方形,口底同大,直壁平底,内填灰褐色夹杂黄褐色花斑土,北部见2–3层残存的铺地砖,上层呈"人"字形交错平铺,下两层为横向错缝平铺,残长1.32、残宽0.46–0.86、残高0.06–0.08米;甬道通长1.44、宽1.97–2、残深0.06–0.1米。M38墓室用砖长32、宽16、厚4厘米。

墓葬早年被破坏严重,仅出土少量陶瓷残片,可辨器形有青瓷钵、盏、盘口壶、罐、陶凭几腿等。

青瓷钵 M38:1,尖圆唇微敛口、弧腹斜收、平底略内凹,口沿下有一圈凹弦纹,内底有一道凸弦纹。青灰色胎,青绿釉,内施全釉,外壁釉不及底。口径16、底径7.2、高6厘米(图十四:1)。

青瓷盏 M38:2,尖圆唇微敛、弧腹斜收、平底。青灰色胎、青绿釉,内施满釉,外壁釉不及底。口径8.8、底径5.2、高4厘米(图十四:2)。

青瓷盘口壶 M38:3,仅存盘口和颈部。圆唇微侈,喇叭形长颈,折肩,腹部和底部残缺。青灰色胎、青绿釉,外施全釉,内壁仅盘口处施釉。口径8、底径8.8、盘口孔径3.2、残高8.6厘米(图十四:3)

青瓷罐 M38:5,残损严重,仅存底部。斜直腹、平底略内凹。青灰色胎,青釉泛黄,釉已大部分脱落,内壁有瓦楞纹,不施釉,外壁釉不及底。底径14、残高7.5厘米(图十四:4)。

陶凭几 M38:4,仅存腿部,泥质灰陶材质,脚部残缺,整体呈动物腿部形象。顶部为方形榫卯接口,腿部截面呈圆形。残长18、顶部榫卯长1.4、宽1、高2–2.8厘米(图十四:5)。

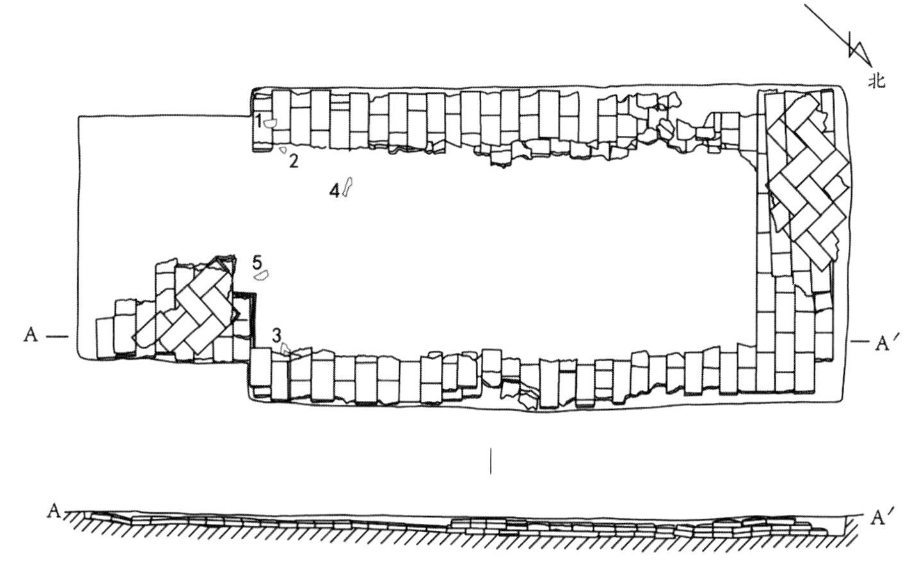

图十三　M38 平、剖面图

1.青瓷钵，2.青瓷盏，3.青瓷盘口壶，4.陶凭几，5.青瓷罐残片

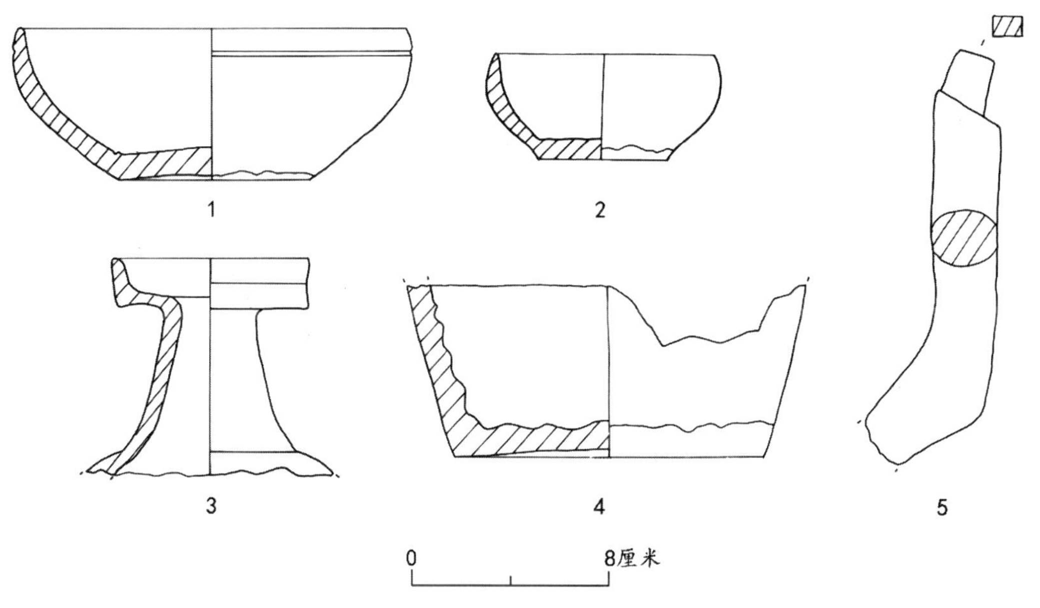

图十四　M38 出土随葬品

1.青瓷钵(M38:1)，2.青瓷盏(M38:2)，3.青瓷盘口壶(M38:3)，4.青瓷罐底(M38:5)，5.陶凭几腿(M38:4)

三、刀把形砖室墓

共 2 座，编号 M33 和 M34。

M33 位于 D1 北侧边缘，为带甬道刀把形砖室墓，总长 6.72 米，方向 137°(图十五)。墓圹平面呈"刀把"形，包括墓室和甬道两部分。墓室平面长方形，长 5.8、宽 2.5、残深 0.2 米。甬道长 0.92、宽 1.9、残深 0.18 米。墓坑距地表约 0.25、墓底距地表 0.61 米。砖壁已被破坏殆尽，仅存部分铺地砖，共有 4 层，自底部向上第 1、3 层为错缝平铺，第 2、4 层为"人"字形铺装。墓砖长 0.3、宽 0.15、厚 0.04 米，一面有细绳纹。墓葬被破坏严重，没有随葬品出土。

M34 紧邻 M33，位于 D1 北侧，为带甬道刀把形砖室墓，总长约 6.54 米，方向 142°(图十六)。墓圹平面呈“刀把”形，包括墓室和甬道两部分。墓室平面长方形，长 5.12、宽 2.6、残深 0.25 米。甬道长 1.42、宽 2、残深 0.25 米。墓坑距地表约 0.3、墓底距地表 0.72 米。砖壁已被破坏殆尽，仅存部分铺地砖，共有 3 层，最底层为错缝平铺，中间一层为“人”字形铺装，最上层为错缝平铺。墓砖长 0.3、宽 0.15、厚 0.04 米，一面有细绳纹。墓葬被破坏非常严重，没有随葬品出土。

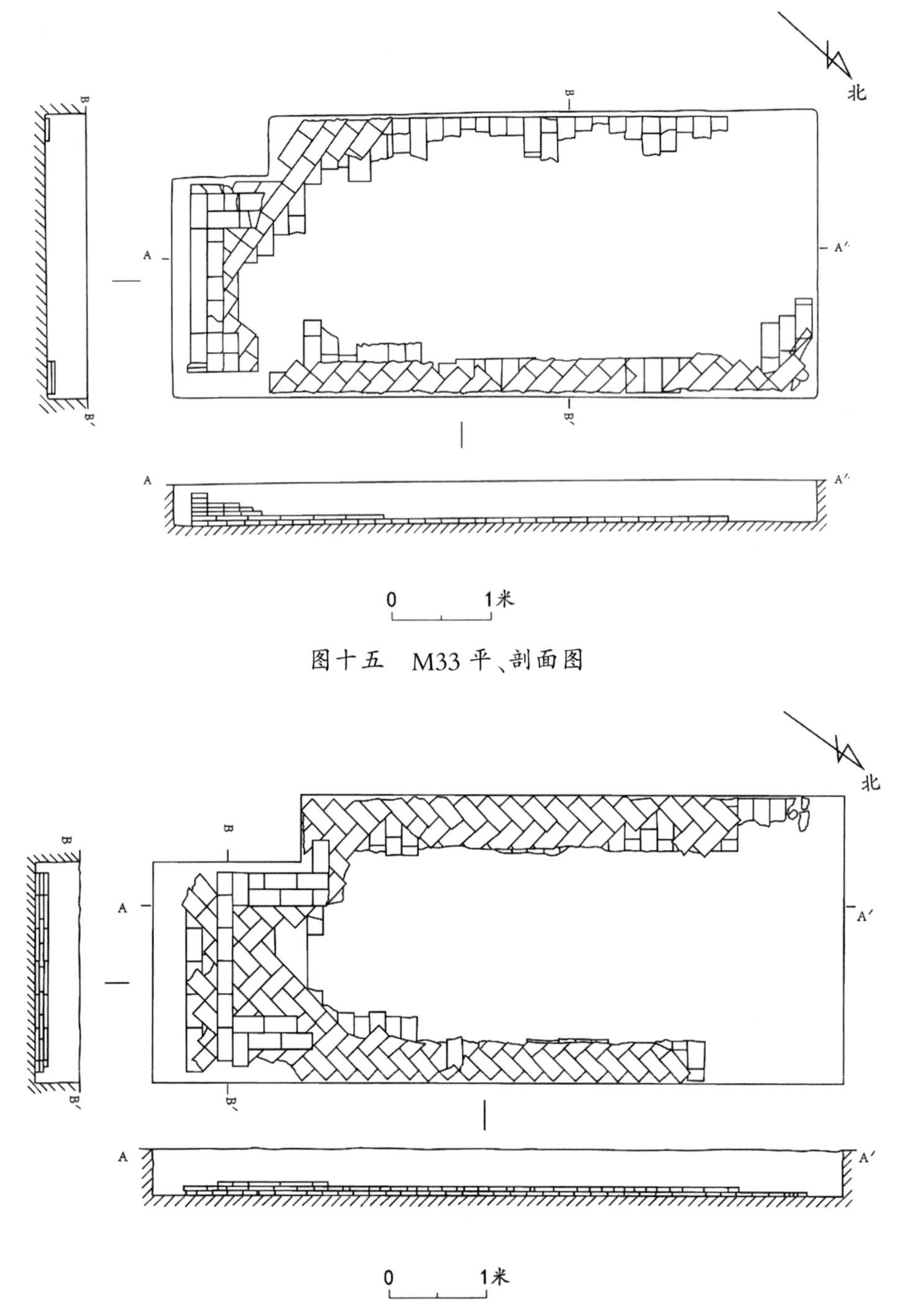

图十五　M33 平、剖面图

图十六　M34 平、剖面图

四、结语

许家村六朝墓方向相同，排列有序，依托两处春秋时期土墩，成组分布，这一特点常见于东晋、南朝时期世家大族的家族墓群，如南京郭家山东晋温氏家族墓[①]、南京雨花区姚家山东晋墓[②]、南京栖霞区官窑山六朝墓[③]等。墓葬采用“三顺一丁”的砌法，墓底有多层铺地砖，墓葬平面有长方形、“凸”字形和刀把形三种，均常见于东晋至南朝时期砖室墓。“凸”字形砖室墓与安徽马鞍山雨山银塘东晋墓 YM1[④]、南京大报恩寺遗址东晋墓 M9[⑤]、南京市雨花台区凤凰村六朝墓M16[6]相似，刀把形砖室墓与余杭小横山东晋南朝墓M63[7]、兰溪永昌孔塘东晋墓[8]、温州市瓯海区丽塘东晋纪年墓[9]等相似。常州地区东晋晚期至南朝时期砖室墓的平面大多呈“酒瓶状”,墓室的两壁呈现一定弧度，且时代越晚，弧度越大[10],许家村六朝墓并未发现这一现象，因此时代下限应早于东晋晚期。墓葬虽被破坏非常严重，但出土随葬品具有明显的时代特征。M10出土的黑釉盘口壶与德清县博物馆所藏德清窑黑釉盘口壶[11]相似，M31陶盘、陶凭几和多子槅的组合，与马鞍山上湖村东晋墓M1[12]、南京市栖霞区摄山村六朝墓M26[13]、南京市雨花台区宁丹路东晋墓M9[14]相似，时代为东晋中晚期。

由于墓葬被破坏非常严重，没有可以证明墓主人身份信息的随葬品出土，只能根据墓葬形制进行推测。许家村六朝墓M10平面呈长方形，墓室总长4.3米；M31和M32、M37和M38平面为“凸”字形，墓室长4.5–5.5、甬道长0.9–1.7米；M33和M34平面呈刀把形，墓室长5.1–5.8、甬道长0.9–1.4米。根据墓葬尺寸，M10属小型墓，其余6座墓葬为中型墓，墓主人可能为三品以下的官员或世家大族成员[15]。此外，M10出土金饰和黑釉盘口壶、M31和M38出土陶凭几等遗物，反映墓主人具有一定的身份地位，结合墓葬分布和排列的特点，推测许家村六朝墓为东晋时期晋陵郡的世家大族或地方官员的家族墓地。

通过对比研究，许家村六朝墓具有一定的地方特色。在平面分布上，往往两座一组，同一组内形制相同，可能为夫妻合葬墓。D1上的两组墓葬其甬道内收部分均朝向土墩中心，似乎代表了特殊的葬俗。在墓葬形制方面，本次清理的墓葬均没有排水沟，除M10外，其余墓葬有3至4层铺地砖，铺地砖的砌法以“人”字形和错缝平铺组合为主，M31墓室前端有砖砌祭台。在出土随葬品方面，M10出土的黑釉盘口壶、M32出土酱釉瓷盏在以往以青瓷为主的同时期墓葬中并不多见，M37和M38出土瓷器残片虽然并不完整，但从器型、釉色等方面判断来自不同窑口，反映了当时不同地区之间的经济社会交流。

许家村六朝墓所在的西林街道原名黄林，是常州古城西南重要的文物埋藏区，周边分布有大量古代墓葬，如春秋时期下坝土墩墓[16]、汉六朝时期孙家村墓群[17]、宋代朱夏墅墓园[18]、明代许家村墓地[19]等。究其原因，可能与其独特的地理位置和地貌环境有关。这里地处常州古城西南，南童子河与南运河等古河道连通常州与丹阳、宜兴等地，是古代交通要道。春秋时期地处吴国都城迁徙路线葛城–淹城的路线上，分布有大量的土墩墓，汉、六朝时期一方面延续了本地的土墩墓传统，另一方面在风水和葬俗上要求地势高亢，由于常州地区缺乏山脉，距离古城不远，同时遍布土墩墓的城南地区就成为当时世家大族的理想葬地。从兰陵恽家墩墓群[20]、永红孙家村墓群再到西林许家村六朝墓，表明这一区域是汉、六朝时期世家大族和地方官员的墓葬集中区。

综上所述，许家村六朝墓的时代为东晋中晚期，墓主人可能是具有一定品级的地方官员或世家大族，通过发掘了解了当时先民的丧葬习俗和文化面貌，丰富了以南京为中心六朝时期“建康都市圈”的考古材料，对研究常州地区东晋时期家族墓的分布特点与墓葬形制具有十分重要的意义。

领队：郑铎

发掘：郑铎、黄督军、任林平、曾伟、韩常明、司马建建

绘图：王小金、汪莲

摄影：黄督军、曾伟

执笔：黄督军、郑铎

注释：

①南京市博物馆：《南京市郭家山东晋温氏家族墓》，《考古》2008年第6期，第3–25页。

②南京市博物馆、雨花台区文化广播电视局：《南京市雨花台区姚家山东晋墓》，《考古》2008年第6期，第26–35页。

③马涛、王富国、王滨：《南京栖霞区官窑村六朝墓葬发掘简报》，《东亚文明》(第3辑)，社会科学文献出版社，2022年，第335–349页。

④马鞍山市博物馆：《安徽马鞍山雨山银塘东晋墓发掘简报》，《东南文化》2018年第6期，第35–38

页。

⑤南京市考古研究院:《南京大报恩寺遗址东晋、唐墓发掘简报》,《中国国家博物馆馆刊》2020年第12期,第6–23页。

⑥南京市考古研究院:《南京市雨花台区凤凰村六朝墓葬发掘简报》,《东南文化》2021年第6期,第63–68页。

⑦杭州市文物考古研究所、余杭博物馆:《余杭小横山东晋南朝墓》,文物出版社,2013年,第255–256页。

⑧周菊青、吴建新:《兰溪永昌孔塘东晋墓清理简报》,《东方博物》2011年第1期,第125–127页。

⑨施成哲:《浙江温州市瓯海区发现东晋纪年墓》,《考古》2010年第6期,第93–96页。

⑩黄督军:《常州戚家村画像砖墓新探》,《常州文博论丛》(总第8辑),文物出版社,2022年,第1–9页。

⑪陶渊旻:《德清县博物馆藏东晋南朝德清窑瓷器》,《文物天地》2019年第8期,第79–85页。

⑫马鞍山市博物馆:《安徽马鞍山上湖村东晋墓发掘简报》,《考古与文物》2010年第6期,第30–33页。

⑬南京市考古研究院:《南京市栖霞区摄山村六朝墓葬发掘简报》,《东南文化》2022年第4期,第68–78页。

⑭南京市博物馆、雨花台区文化广播电视局:《南京市雨花台区宁丹路东晋墓发掘简报》,《东南文化》2014年第6期,第29–42页。

⑮韦正:《东晋墓葬制度的考古学分析》,《华夏考古》2006年第1期,第66–72页。

⑯黄督军:《江苏常州下坝村土墩墓》,《大众考古》2017年第5期。

⑰郑铎、肖宇:《江苏常州孙家村墓葬群》,《大众考古》2022年第10期,第14–17页。

⑱黄督军:《江苏常州朱夏墅宋代墓群》,《大众考古》2017年第4期。

⑲郑铎、黄督军:《鸿雁依依向南归 江苏常州许家村明代家族墓群考古》,《大众考古》2022年第8期,第26–39页。

⑳常州博物馆:《江苏常州兰陵恽家墩汉墓发掘简报》,《南方文物》2011年第3期,第44–58页。

常州市武进区卢家湾明清墓地发掘简报

◇ 常州市考古研究所

内容提要：2021 年 9–11 月，常州市考古研究所对卢家湾明清墓地进行抢救性考古发掘。共发掘墓葬 85 座，均为竖穴土坑墓，出土釉陶器、陶器、铜器及铜钱等。墓葬分布集中、排列有序、方向大体一致，随葬器物时代也相近，是一处经过规划的墓地，为研究明清乡野墓地的选择规划及葬俗提供了新材料。

关键词：武进　明清　墓葬　葬俗

常州市武进区卢家巷卢家湾墓地位于延政大道北侧，东龙路东侧(图一)。2020 年 9 月，为配合江苏省常州市武进区东龙实验学校项目工程基本建设，常州市考古研究所对该地块进行考古调查、勘探工作，并于 2021 年 9—11 月进行抢救性考古发掘。由于墓葬相对分散，故选取集中的区域布设探方，其余零星墓葬采取直接清理的方法。本次发掘布设 10×10 米探方 10 个，局部略有扩方，实际发掘面积 1275 平方米(图二、图三)。共发掘墓葬 85 座，均为竖穴土坑墓，出土器物 194 件，包含釉陶器、陶器、铜器及铜钱等。因为被现代建筑扰动严重，许多墓葬保存较差，现将发掘情况简报如下。

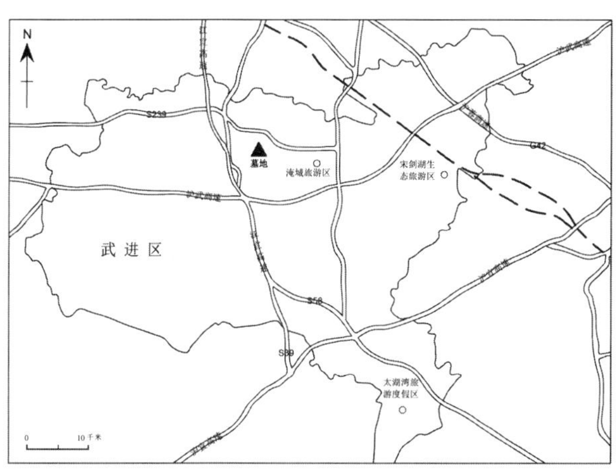

图一　墓地位置示意图

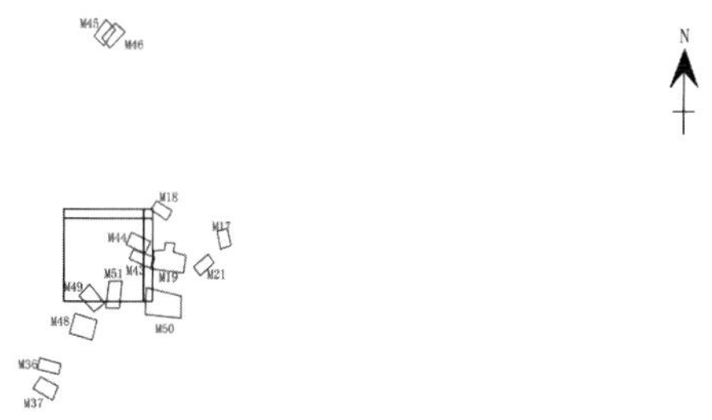

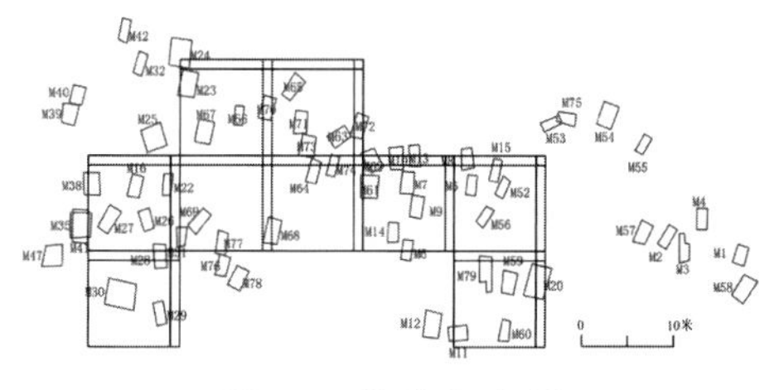

图二　墓葬分布图

图三　墓地航拍

一、地层堆积

墓地发掘之前为民房及厂房，后续在考古调查、勘探前又进行过清表工作，因此地层被破坏较为严重。现以T3北壁、西壁为例(图四)，介绍地层情况如下。

①a层：表土层，灰褐色，厚约0.05-0.35米，较疏松，包含植物根系、近现代陶瓷片及少量建筑残渣等。

①b层：表土层，灰褐色泛青，厚约0.07-0.40米，较疏松，包含植物根系、近现代陶瓷片及少量建筑残渣等。

②层：冲积层，浅黄褐色，厚约0.08-0.15米，较疏松，包含零星碎陶片、瓷片等。

②层下即为生土，深褐色，夹杂大量水锈斑，土质致密。

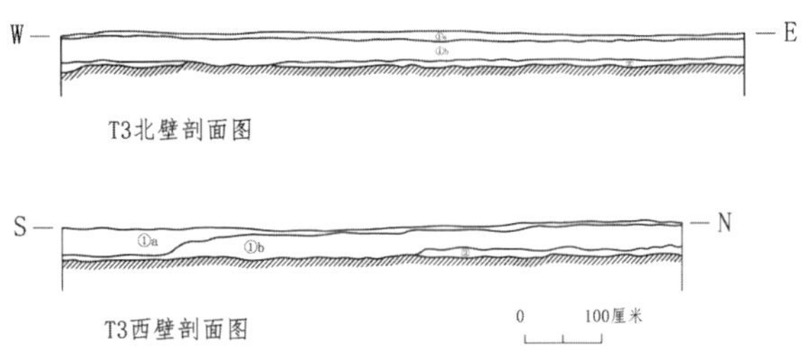

图四　T3北壁、西壁剖面图

二、遗迹

此次发掘的墓葬均为竖穴土坑墓，分单棺墓、双棺墓。现将M1、M2、M3、M4、M5、M7、M8、M12、M16、M19、M20介绍如下。

M1　竖穴土坑，单棺，方向3°，开口于①层下，平面形状呈长方形，南北长249厘米，东西宽75厘米，墓口距地表45厘米。填土未见分层，土色呈青灰色，土质松软。墓内有棺木，保存较差，未见人骨，随葬器物为一件釉陶罐。根据开口层位及出土遗物，推测为晚清(图五)。

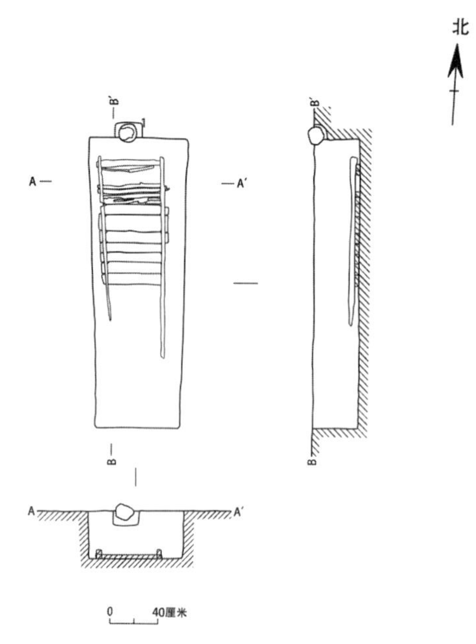

图五　M1平、剖面图

1.釉陶罐

M2　竖穴土坑，单棺，方向9°。开口于①层下，平面形状呈长方形，南北长210厘米，东西宽70厘米，墓口距地表30厘米。填土未见分层，土色呈浅黄色夹青灰色，土质略硬。墓内有棺木，保存较差，未见人骨，随葬器物为一件釉陶罐。根据开口层位及出土遗物，推测为晚清(图六)。

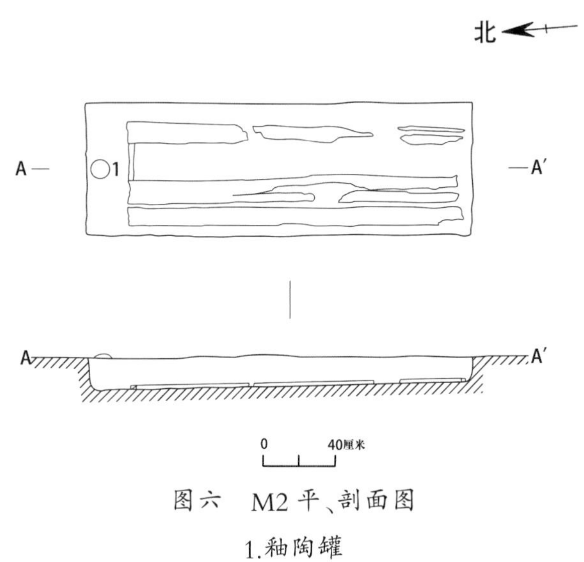

图六　M2平、剖面图

1.釉陶罐

M3 竖穴土坑,同穴双棺,方向10°,开口于①层下,平面形状呈长方形,南北长290厘米,东西宽200厘米,墓口距地表30厘米。填土未见分层,土色呈浅黄色,土质略硬,墓内有棺木,保存较差,未见人骨,随葬器物有陶罐、釉陶罐等。根据开口层位及出土遗物,推测为清代(图七)。

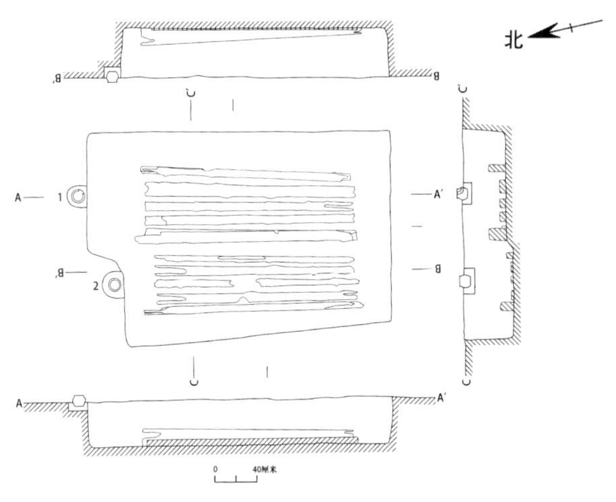

图七 M3平、剖面图

1.陶罐,2.釉陶罐

M4 竖穴土坑,同穴双棺。方向339°,开口于①层下,平面形状呈长方形,南北长245厘米,东西宽50厘米,墓口距地表35厘米。填土未见分层,土色呈微黄色,土质松软。墓内有棺木,保存较差,未见人骨,随葬器物有釉陶罐。根据开口层位及出土遗物,推测为清代(图八)。

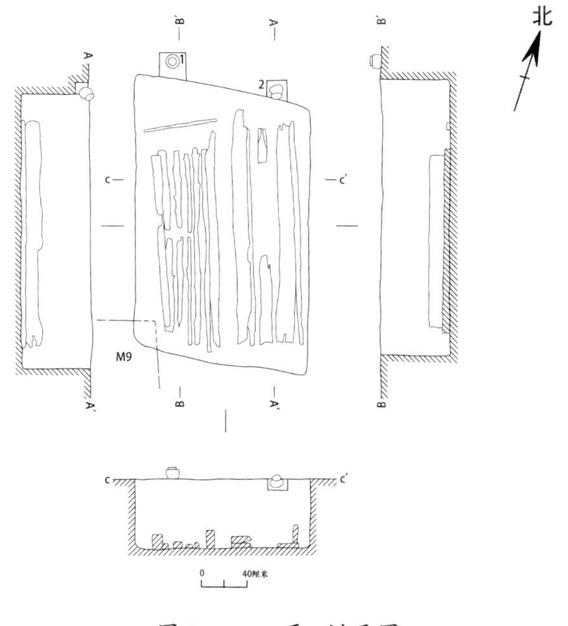

图八 M4平、剖面图

1、2.釉陶罐

M5 竖穴土坑,同穴双棺。方向11°,开口于①层下。平面形状呈长方形,南北长245厘米,东西宽158厘米,墓口距地表8厘米,填土未见分层,土色呈微黄色夹青灰色,土质松软。墓内有棺木,保存较差,未见人骨,随葬器物有釉陶罐。根据开口层位及出土遗物,推测为清代(图九)。

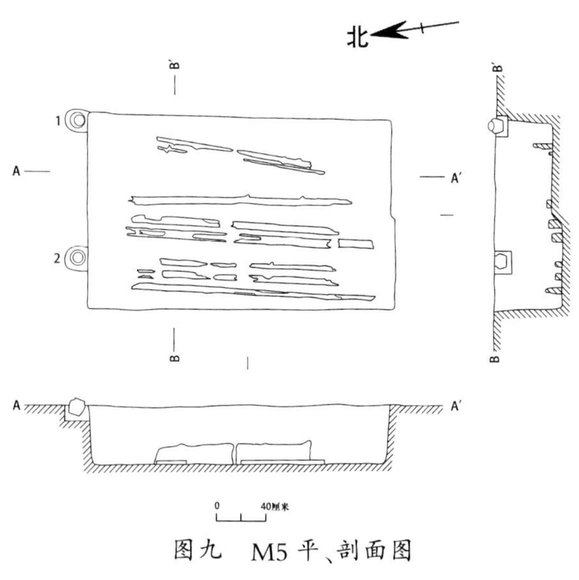

图九 M5平、剖面图

1、2.釉陶罐

M7 竖穴土坑,同穴双棺。方向26°,开口于①层下。平面形状呈长方形,南北长280厘米,东西宽172厘米,墓口距地表42厘米,填土未见分层,土色呈浅黄色,土质松软,墓内有棺木,保存较差,未见人骨,随葬器物有釉陶罐。根据开口层位及出土遗物,推测为清代(图十)。

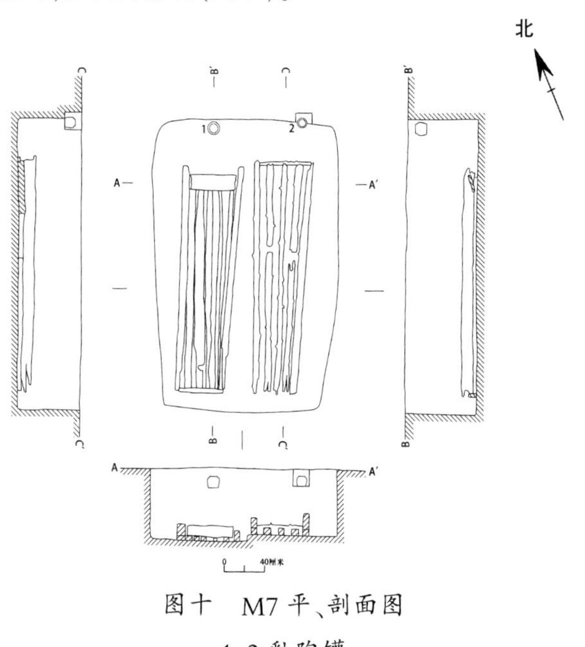

图十 M7平、剖面图

1、2.釉陶罐

M8　竖穴土坑，同穴双棺。方向19°，开口于①层下，平面形状呈长方形，南北长260厘米，东西宽170厘米，墓口距地表45厘米，填土未见分层，土色呈灰黄色，土质松软。墓内有棺木，保存较差，未见人骨，随葬器物有釉陶罐、釉陶盏等。根据开口层位及出土遗物，推测为明代(图十一)。

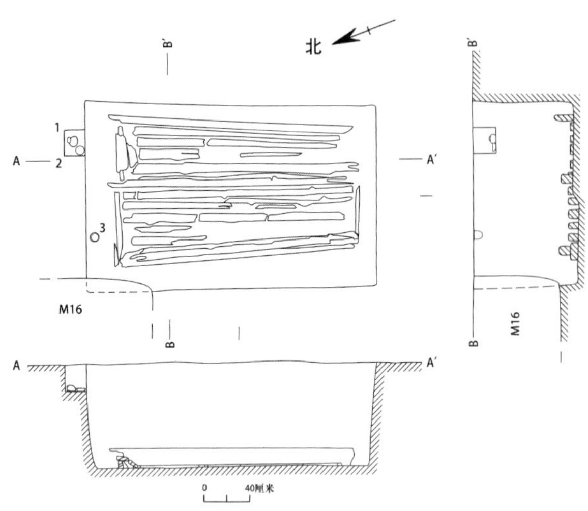

图十一　M8平、剖面图

1、3.釉陶罐，2.釉陶盏

M12　竖穴土坑，同穴双棺。方向9°，开口于①层下，平面形状呈长方形，南北长252厘米，东西宽110厘米，墓口距地表43厘米，填土未见分层，土色呈浅黄色，土质松软。墓内有棺木，保存较差，未见人骨，随葬器物有釉陶罐。根据开口层位及出土遗物，推测为清代(图十二)。

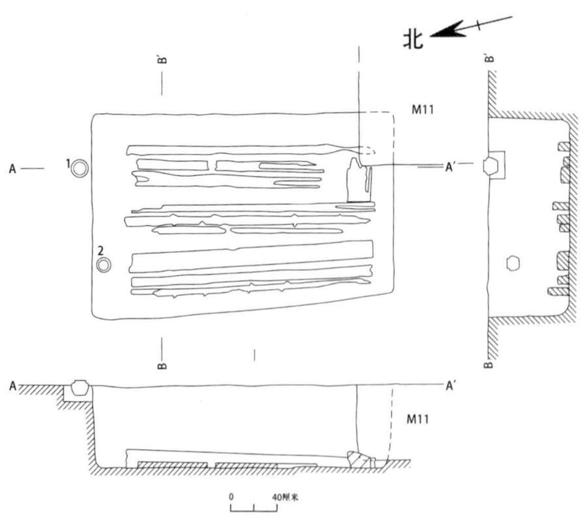

图十二　M12平、剖面图

1、2.釉陶罐

M16　竖穴土坑，同穴双棺。方向 22° ，开口于①层下，平面形状呈长方形，南北长262厘米，东西宽172厘米，墓口距地表35厘米，填土未见分层，土色呈浅黄色，土质松软。墓内有棺木，保存较差，未见人骨，随葬器物有釉陶罐、陶碗。根据开口层位及出土遗物，推测为清代(图十三)。

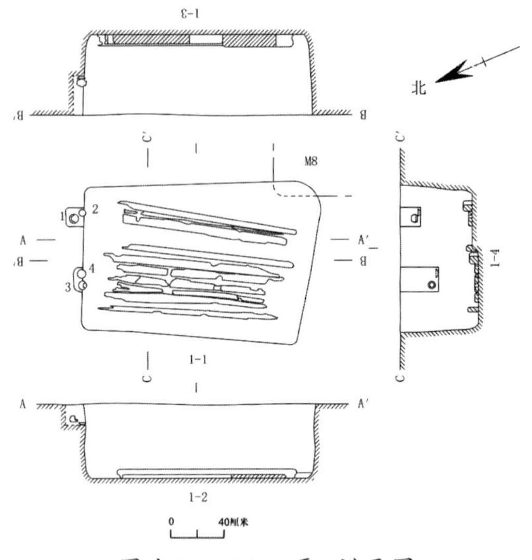

图十三　M16平、剖面图

1、3.釉陶罐，2、4.陶碗

M19　竖穴土坑，同穴双棺。方向25°，开口于①层下，平面形状呈长方形，南北长255厘米，东西宽165厘米，墓口距地表18厘米，填土未见分层，土色呈浅黄色，土质松软，墓内有棺木，保存较差，未见人骨，随葬器物有陶罐，陶碗等。根据开口层位及出土遗物，推测为清代(图十四)。

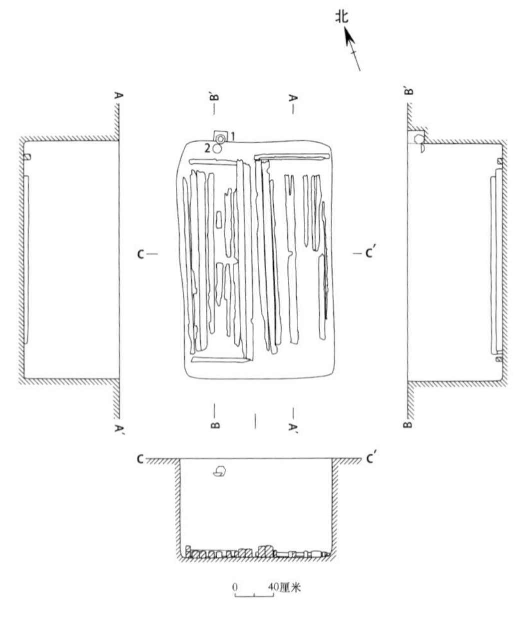

图十四　M19平、剖面图

1.陶罐，2.陶碗

M20　竖穴土坑,同穴双棺。方向 21°,开口于①层下,平面形状呈长方形,南北长 253 厘米,东西宽 162 厘米,墓口距地表 35 厘米,填土未见分层,土色呈浅黄色,土质松软。墓内有棺,人骨已腐朽,保存较差,随葬器物有陶罐、陶碗等。根据开口层位及出土遗物,推测为清代(图十五)。

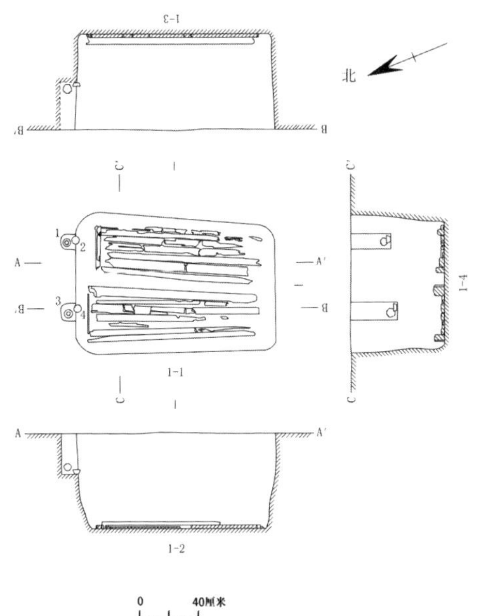

图十五　M20 平、剖面图
1、3、4.陶罐,2.陶碗

三、遗物

釉陶罐　M34-1:2,侈口,圆唇,束颈,上腹外弧,下腹内收,浅足,平底。下腹饰花卉纹一周,外施青绿釉,釉不及底。口径 11.5、底径 13、高 10.6 厘米(图十六:1)。

釉陶罐　M32-2:2,敞口,圆唇,折弧肩,弧腹,底内凹,腹部饰短横纹。口径 9.3、底径 9、高 9.8 厘米(图十六:2)。

釉陶罐　M30:1,侈口,卷沿,矮弧颈,溜肩,上腹外弧,下弧内收,圜底内凹。肩部饰凸棱一周,腹部饰内点梅花和钱文六对。器表施酱釉,施釉不及底。口径 6.8、底径 7、高 10.25 厘米(图十六:3)。

釉陶罐　M8-2:1,侈口,平弧沿,无领,斜腹,平底。器施酱黄釉,釉不及底。口径 6.8、底径 4、高 8.3 厘米(图十六:4)。

韩瓶　M29-2:2,子母口,宽平沿,束颈无领,溜肩,圆鼓腹,小平底。口径 6.1、底径 5、高 12.8 厘米(图十六:5)。

釉陶盏　M20-1:2,敞口,圆弧沿,斜弧腹,平底内凹。内外施酱黄釉。口径 9、底径 4、高 3.2 厘米(图十六:6)。

釉陶罐　M20-1:1,侈口,卷沿,矮弧颈,溜肩,斜弧腹,下弧内收,平底。器表施酱釉。口径 4.4、底径3.8、高 8.1 厘米(图十六:7)。

陶罐　M1:1,敞口,尖圆唇。溜肩,圆鼓腹,下腹内收,平底内凹。口径 10、底径 1.3、高 13 厘米(图十六:8)。

四系陶罐　M32-1:3,侈口,圆唇,溜肩,直腹,肩腹部有折棱,腹往下内收,平底。口径 5.4、底径 5.6、高 9 厘米(图十六:9)。

釉陶罐　M4-1:1,侈口,卷沿,矮弧颈,溜肩,上腹外弧,下弧内收,圜底内凹。肩、腹交接处置规则形贴条,下腹饰菊花纹一周。器表施酱釉,釉不及底。口径 8、底径 8.4、高 13.3 厘米(图十六:10)。

铜镜　M64-2:2。圆形,桥型钮,钮外一周凸弦纹圈将镜背面分为内外二区。内区有四瑞兽绕钮作嬉戏状,外区有燕雀、游鱼等形象。直径 9.9 厘米,缘厚 1 厘米(图十七)。

图十七　出土铜镜(M64-2:2)

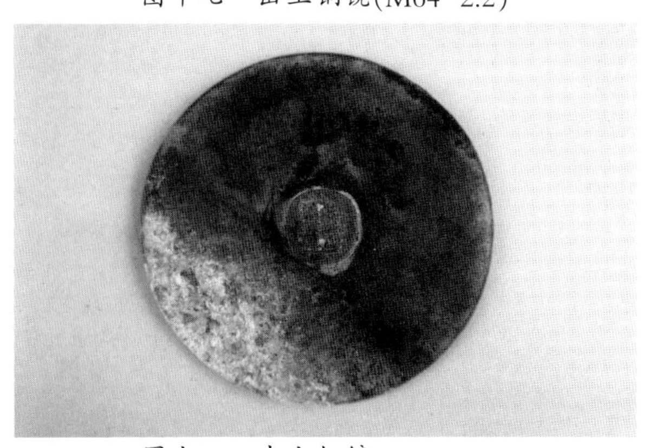

图十八　出土铜镜(M80-2:2)

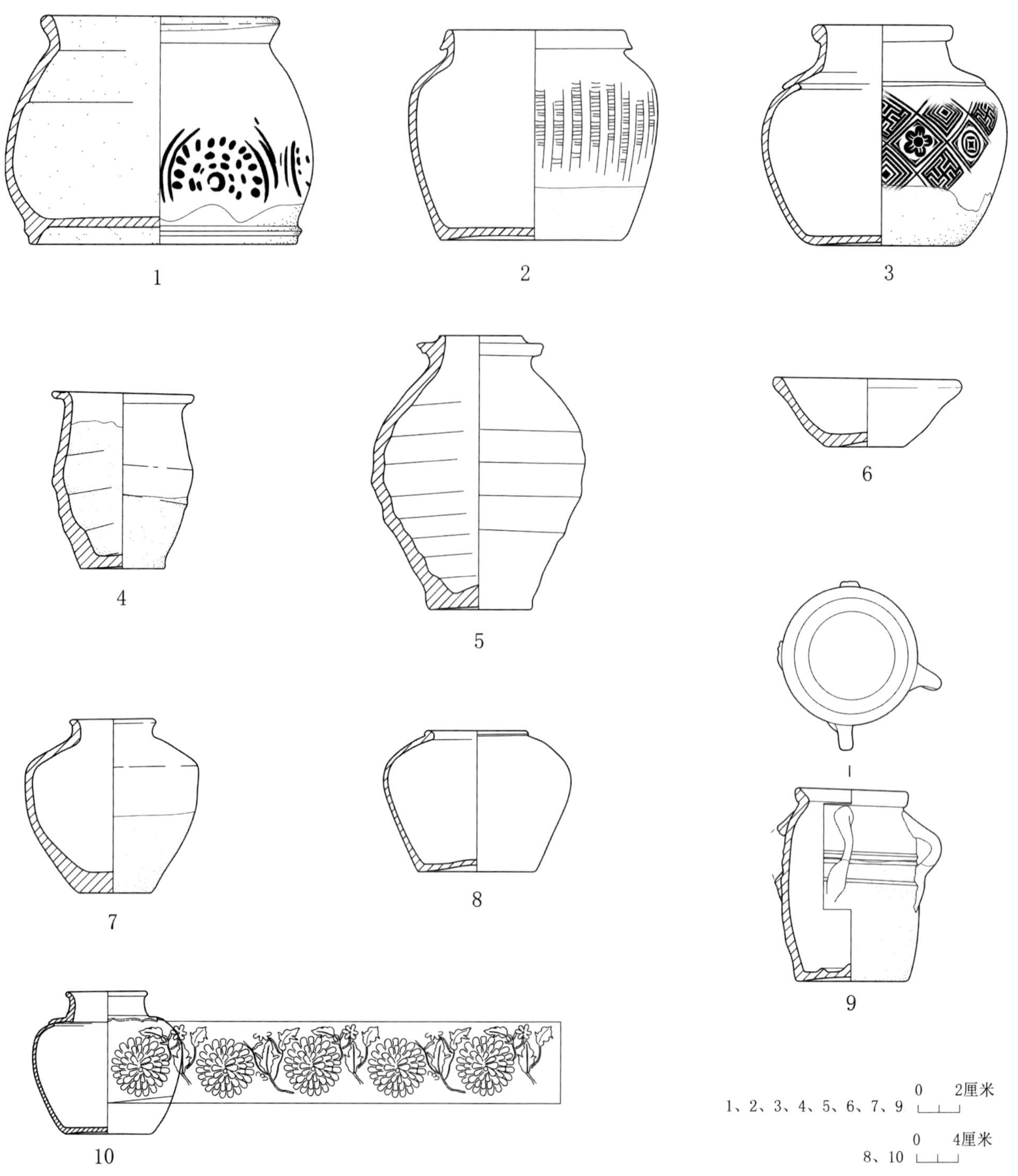

图十六　出土器物

1.釉陶罐(M34-1:2),2.釉陶罐(M32-2:2),3.釉陶罐(M30:1),4 釉陶罐(M8-2:1),5.韩瓶(M8-2:1),6.釉陶盏(M20-1:2),7.釉陶罐(M20-1:1),8.陶罐(M1:1),9.四系陶罐(M32-1:3),10.釉陶罐(M4-1:1)

铜镜　M80-2:2。圆形,镜面微凸,镜背有一平顶方圆柱形钮,钮顶平面有一方形印章,印铭为楷体阳文"薛茂松造"四字。钮外素地无纹。直径 7.5 厘米,缘厚 0.3 厘米(图十八)。

四、结语

此次发掘清理墓葬 85 座，墓葬形制均为竖穴土坑墓。墓向多数为东北-西南向,少数为西北-东南向。发掘出土器物 194 件,包含铜镜、四系釉陶罐、二系釉陶罐、青釉陶罐、釉陶壶、釉陶盏、釉陶罐、陶罐、铜钱等。墓葬虽然没有出土买地券、墓志等，但墓葬形制、随葬器物、葬俗具有明显时代特征，且铜钱主要为明、清两代的“弘治通宝”“万历通宝”“泰昌通宝”“顺治通宝”“康熙通宝”“乾隆通宝”等。结合墓葬出土的其他器物特征来看，墓葬年代应为明清时期。

此次发掘表明，这片区域文化内涵比较丰富，明清时期主要是作为墓地使用，推测可能是一片小型家族墓地。墓葬分布集中、排列有序、方向大体一致，随葬器物时代也相近，是一处经过严密规划的墓地，为研究明清乡野墓地的选择规划及地方葬俗提供了新材料。

附记：在调查、勘探及发掘过程中得到武进区政府及相关主管部门的支持与帮助，在此特别致谢。

项目负责人：王偈人

发掘人员：王偈人、霍永路、黄海涛、吴启帆、霍永龙

绘图：汪莲、吴雨杉

摄影：黄海涛

修复：姚加明、夏绍学

执笔：王偈人

浙江长兴北川村宋墓清理简报

◇ 长兴县博物馆

内容提要:2022年2月,长兴县博物馆在浙江省湖州市长兴县夹浦镇北川村抢救清理了一座宋代墓葬,出土了青瓷碗、陶盆、铜镜等器物。根据墓葬形制和出土器物推断,墓葬年代大致在北宋晚期至南宋早期。该墓葬的发现,为研究江浙地区宋代丧葬文化提供了实物例证和参考资料。

关键词:长兴 宋墓 青瓷 铜镜

长兴县地处浙江省北部,长江三角洲杭嘉湖平原,太湖西南岸,苏浙皖三省交界处。长兴古称长城,春秋吴越争霸时期,吴王阖闾派弟夫概在今雉城东南两里处筑城,作为夫概王邑。因城狭长,故名长城,已有2500多年的历史。西晋武帝太康三年(282),分乌程立长城县,属吴兴郡。五代十国,后梁开平二年(908),吴越王钱镠避后梁太祖朱温父亲朱诚讳,改长城县为长兴县沿用至今。夹浦镇,地处长兴县东北部,东濒太湖,是长兴县经济重镇。北川村位于浙江省最北部与江苏省宜兴市接壤,所辖区域面积17.81平方公里,植被茂盛,村庄呈西北至东南走向,长约1.8公里,最宽处约260米。

2022年2月,夹浦镇北川村村民因地面塌陷发现一座古墓葬(图一)。长兴县博物馆工作人员赶赴现场进行抢救性清理,该墓葬编号为2022CJBM1(下文简称M1)。现将墓葬清理情况简报如下。

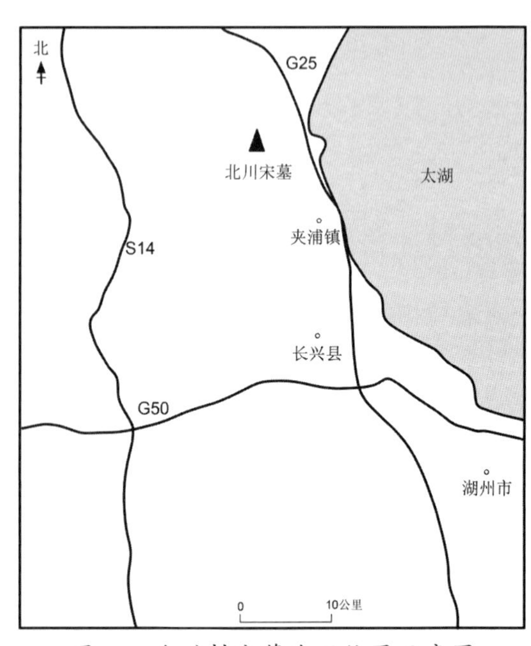

图一 北川村宋墓地理位置示意图

一、墓葬概况

北川村宋墓位于长兴县夹浦镇北川村南部山坳中,墓葬大致坐北朝南,墓葬所在地为典型的丘陵山地,前方视野开阔,两侧群山起伏。

墓葬整体形制已被破坏,残存墓室为双室并列的长方形砖室墓,属同一墓坑(图二、图三)。墓室位于地表下方,开口距地表约0.6米,方向134°。墓室通长2.8米,两室通宽1.94米,左室宽0.9米,右室宽0.8米,残深0.7米。左右两室形制基本相同,用砖尺寸一致,墓壁砖尺寸长28厘米,宽8厘米,厚4厘米;铺底砖尺寸长28厘米,宽14厘米,厚3厘米。左右墓室底部分别纵铺横排两列青砖,墓底中部未铺砖。以青砖铺出的棺床应是为了搁置棺木之用。从结构上看,双室为同时修筑。因早期破坏,墓顶及封土形制不详。

图二　北川村宋墓(由西北向东南)

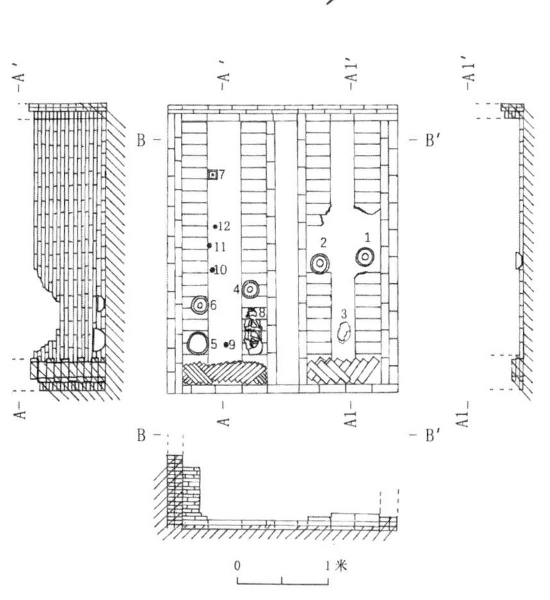

图三　北川村宋墓平、剖面图

1.青瓷碗,2.青瓷碗,3.陶钵,4.青瓷碗,5.酱釉陶盆,6.青瓷碗,7.铜镜,8.韩瓶,9.铜钱,10.铜钱,11.铜钱,12.铜钱

二、出土器物

北川村宋墓共出土器物12件,其中保存较好的有青瓷碗4件,酱釉陶盆1件,铜镜1枚,铜钱4枚。

(一)左室出土器物3件。

青瓷碗(M1:1):敞口,圆唇,斜弧腹,圈足。内、外壁施青黄釉,外底及足端无釉,釉面有细小开片,釉水薄且透明并伴有流釉现象,灰白胎,胎质粗松,圈足露胎处呈红褐色,足壁较宽,内壁口沿处有土锈。口沿及碗心刻有旋纹,外壁剔刻长短不一直线,内壁及碗心刻划梳状团花。口径17.9厘米、足径5.7厘米、高8.3厘米(图四、图五)。

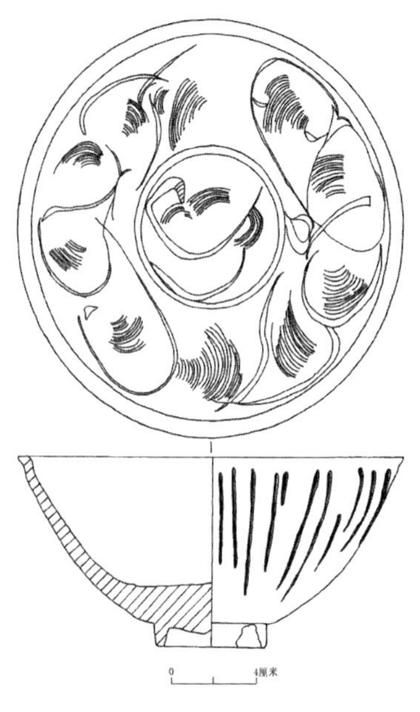

图四　青瓷碗(M1:1)

图五　青瓷碗(M1:1)

青瓷碗(M1:2):敞口,圆唇,斜弧腹,圈足。内、外壁施青黄釉,外底及足端无釉,釉面有细小开片,

釉水薄且透明，内壁口沿处流釉明显，灰白胎，胎质粗松，足壁较宽，外底中心有乳钉，外壁有较大面积的土锈。口沿及碗心刻有旋纹，外壁剔刻长短不一篦状直线，内壁剔刻弧圈纹，碗心剔刻花草纹。口径18.3厘米、足径5.5厘米、高8.5厘米(图六、图七)。

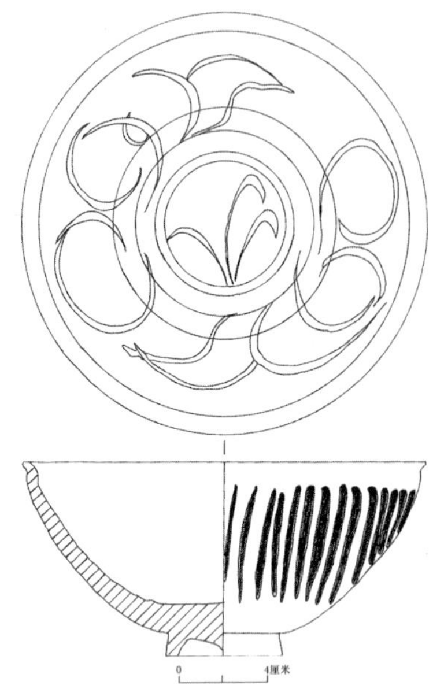

图六　青瓷碗(M1:2)

图七　青瓷碗(M1:2)

陶钵(M1:3)：破损严重，无法修复。敞口，圆唇，弧腹，下腹斜收，平底内凹。内外均施酱釉，釉水较薄，有剥釉现象，流釉严重。残高14.1厘米，底径7.5厘米。

(二)右室出土器物9件。

青瓷碗(M1:4)：圆唇，敞口，斜腹，圈足。内外施青釉，釉色泛青灰。外壁施釉不及底，圈足内外均未施釉，流釉现象明显。红褐色胎，质地粗松，外壁、圈足及底部有明显的刀削痕迹，碗底有小乳钉。口径16.7厘米，足径5.2厘米，高6.5厘米(图八、图九)。

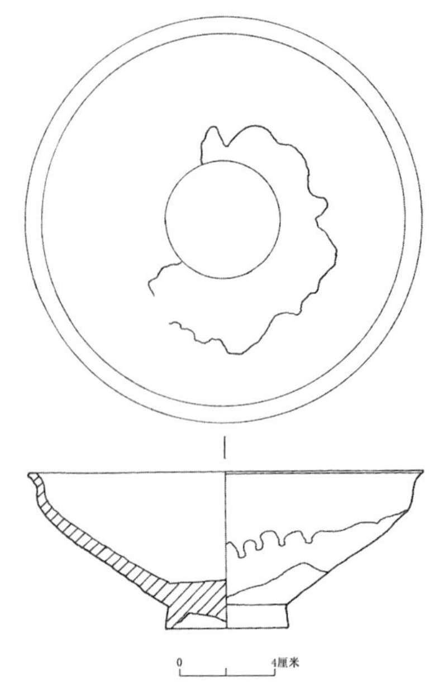

图八　青瓷碗(M1:4)

图九　青瓷碗(M1:4)

酱釉陶盆(M1:5)：圆唇，束口，口沿内敛，鼓腹，下腹斜收，平底。内外及底部通体施酱釉，内壁釉水剥落严重。胎质较致密，呈黄褐色，口沿一圈均匀分布12处松子状垫烧痕迹，可见该罐应采用覆烧法烧制。口径18.5厘米，腹径21.8厘米，高13.8厘米，底径7.2厘米(图十、图十一)。

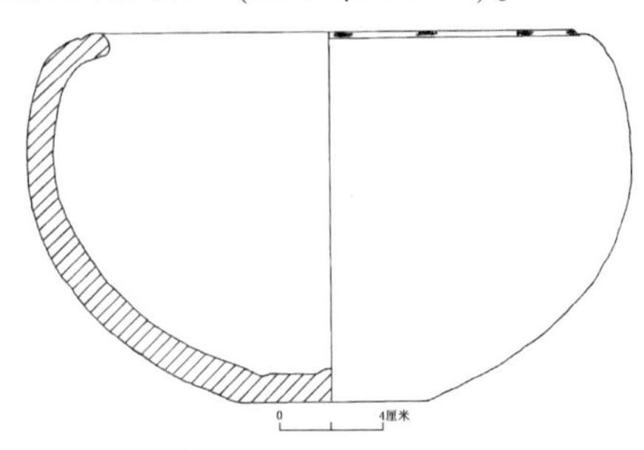

图十　酱釉陶盆(M1:5)

图十一　酱釉陶盆(M1:5)

青瓷碗(M1:6):圆唇,束口,斜弧腹,圈足。内外施青釉,釉色泛青。外壁施釉不及底,靠近圈足及圈足内外均未施釉,外壁流釉现象明显。红褐色胎,质地粗松,外壁刻有放射状直线纹。口径16.7厘米,足径5.2厘米,高6.5厘米(图十二、图十三)。

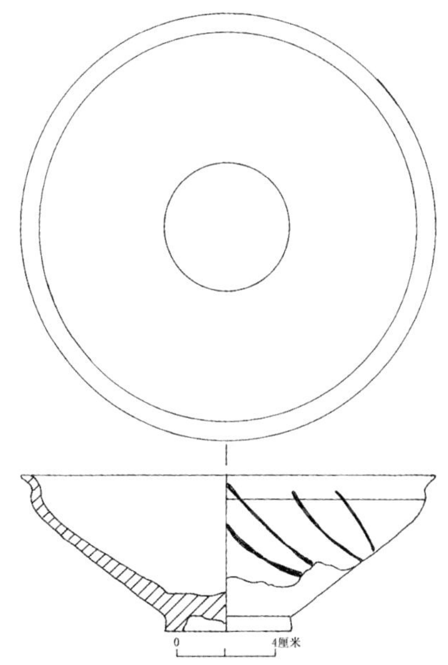

图十二　青瓷碗(M1:6)

图十三　青瓷碗(M1:6)

铜镜(M1:7):正方形,略残。质地粗劣轻薄,锈甚,桥形钮,素缘,镜背素面,镜钮右侧有长方框双行阳文铭文,虽腐蚀严重,但仍依稀可辨"湖州真石家念二叔照子",为典型的宋代湖州镜。镜长8.5厘米,宽8.5厘米,缘厚0.3厘米(图十四、图十五)。

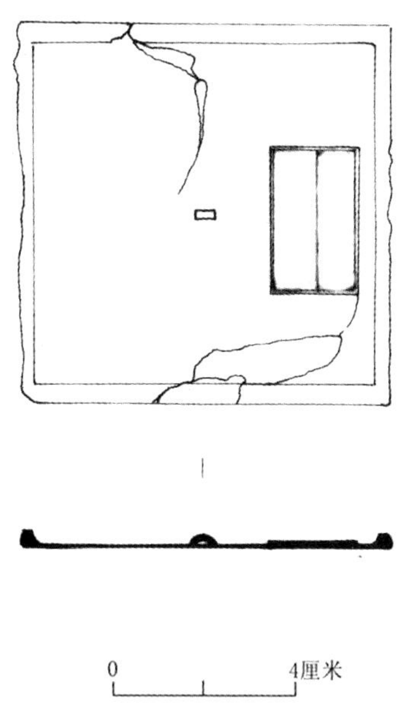

图十四　铜镜(M1:7)

图十五　铜镜(M1:7)

韩瓶(M1:8):破损严重,无法修复。敛口,口沿内有一道内凹旋纹,圆唇,略折肩,口沿、颈部、肩部施青黄釉,釉水较薄,有流釉现象,剥釉严重。口径7厘米,腹径9厘米,残高19.8厘米。

铜钱4枚。均锈蚀严重。

铜钱(M1:9):元祐通宝1枚(残),篆书、旋读,直径2.4厘米,穿径0.7厘米。(图十六:1)。

铜钱(M1:10):元丰通宝1枚,行书、旋读,直径2.6厘米,穿径0.8厘米。(图十六:2)。

铜钱(M1:11):开元通宝1枚(残),隶书、直读,直径2.3厘米,穿径0.7厘米。(图十六:3)。

铜钱(M1:12):元符通宝1枚,篆书、旋读,直径2.9厘米,穿径0.7厘米。(图十六:4)。

图十六　铜钱

1.元祐通宝(M1:9),2.元丰通宝(M1:10),3.开元通宝(M1:11),4.元符通宝(M1:12)

三、结语

北川村宋墓经过考古清理,未发现墓志铭及墓碑等有确切纪年的文字资料,只能根据墓葬形制和出土器物来判断墓葬年代。

从墓葬形制来看,北川村宋墓和湖州市南太湖新区后湾山考古发掘的宋代墓葬M1形制相似[①],其年代也应相近。据发掘报告,后湾山M1随葬景德镇青白瓷碗残片、吉州窑黑釉盏等具有明显南宋风格。

青瓷碗(M1:2)和(M1:3)内外壁均有刻划花。据学者研究,把白胎、淡青色薄釉,施以纤细划花,采用瓷质垫圈支烧的制品推定为宋初或者更早一点;而双面刻花青瓷制品,其出现年代大致在治平(1064–1067)以后的一段历史时期并有可能延续到两宋之交[②]。据此这两件刻划花青瓷碗的年代大致在北宋晚期至南宋初期。酱釉陶盆与湖州白龙山宋墓出土褐黑胎酱釉陶盆大小形制基本相同,具有北宋晚期风格[③]。

青铜镜形制多样,是宋代墓葬中较为流行的随葬品。其中有一种素面仅铸有商号铭记的湖州镜是宋代较为流行的特色镜种。所谓商号铭文,就是在镜钮的一侧或两侧的长框中铸出一列或者两列铭文,其内容基本为铸造铜镜的地区、商铺、字号和工匠姓氏等内容[④]。据目前发现的考古资料来看,带有名款的湖州镜,最早是江苏江阴夫妇合葬墓出土的"湖州仪凤桥石家真正一色青铜镜"铸铭方镜和"湖州祖业真石家炼铜镜",墓主北宋皇祐三年(1051)以屯田员外郎知江阴军[⑤]。之后,江西都阳北宋哲宗元祐六年(1091)和北宋徽宗大观三年(1109)合葬墓出土一面湖州镜[⑥]。最迟是湖北武昌南宋嘉定六年(1213)墓出土"湖州真正石家无比炼铜照子"[⑦]。可见,此类铜镜流行的时间大致为北宋中晚期到南宋中期。

墓葬中出土的三枚铜钱纪年年号为元丰、元祐、元符。其中元丰(1078–1085)为北宋神宗的第二个年号,元祐(1086–1093)和元符(1098–1100)为北宋哲宗的第一个和第三个年号。据此可以判断该墓葬应不早于元符年间。

综上所述,北川宋墓年代大致为北宋晚期至南宋早期。铜镜虽锈蚀较为严重,但铭文依然可见,从一个侧面反映了宋代湖州制镜业的发达。从考古发掘资料来看,历年来湖州地区发现的宋代墓葬数量不多,所以该墓尽管出土器物较少,但保存完整,品相较好,对于研究浙江地区宋墓形制发展及湖州两宋之际的葬制和葬俗提供了实物例证和参考资料。

发掘:梅亚龙、钱斌等

绘图:钱斌、梅亚龙

摄影:王晓、梅亚龙

执笔:王晓

注释:

①浙江省文物考古研究所、湖州市文物保护管理所:《湖州南太湖新区后湾山古墓葬发掘简报》,《浙江省文物考古研究所学刊》(第十二辑),文物出版社,2022年,第150–157页。

②任世龙、汤苏婴:《龙泉青瓷鉴定与鉴赏》,江西美术出版社,2004年,第18页。

③湖州市博物馆:《湖州白龙山宋墓》,《东方博物》(第43辑),浙江大学出版社,2012年。

④梅丛笑:《浙江宋代铜镜的流行特征》,《东方博物》(第40辑),浙江大学出版社,2011年。

⑤江阴县文化馆:《江阴夏港北宋墓发掘简报》,《文博通讯》第31期,1980年。

⑥余家栋:《江阴鄱阳宋墓》,《考古》1977年第4期。

⑦王士伦编著、王牧修订:《浙江出土铜镜》,文物出版社,2006年,第34页。

凌家滩遗址环壕浅析

◇ 甘创业

内容提要:环壕是中国史前时期较为常见的一类遗存。凌家滩遗址环壕有重视横向、弱化纵向的形制结构特征,生命历程在修建阶段注重路线选择,使用阶段部分有存水和排水之需,废弃阶段属于渐进废弃。环壕的功能有“实用”和“仪式”两个层面,实用层面至少具有一定的防御、防洪和盛放垃圾的作用;仪式层面主要是利用内壕产生“绕路而行”的仪式作用。这既是史前时期一种特殊居葬关系的体现,也是别具一格的仪式设计和仪式智慧。

关键词:凌家滩 环壕 仪式功能 “绕路而行”

环壕,即环状壕沟,大多分布在聚落的居住区周围[①],中国史前时期较为多见,且不同区域、不同阶段具有不同的特点[②]。关于史前环壕的研究,以往学界尤以功能讨论最为热烈。不过,在安徽省含山县凌家滩遗址中,因内、外环壕发现时间较晚,披露资料较少,所以相关研究始终有限[③]。近来得益于《凌家滩:中华文明的先锋》一书出版,笔者认为这些问题或有再次讨论的必要,并对其中内壕功能做出重点分析,以期为全面了解凌家滩文化时期的社会状况添补拙识。

一、形制结构

凌家滩内、外环壕大体应呈双重圈层结构。其中内壕平面似梯形,东西长南北短,与后河相连,形成一个地面上仅北段中部有一出入口的半封闭场所;外壕虽东段情况不明,但以仅存的西、北段来看,如果存在壕沟,其基本走势推测应与内壕相同(图一)。二者平剖面情况

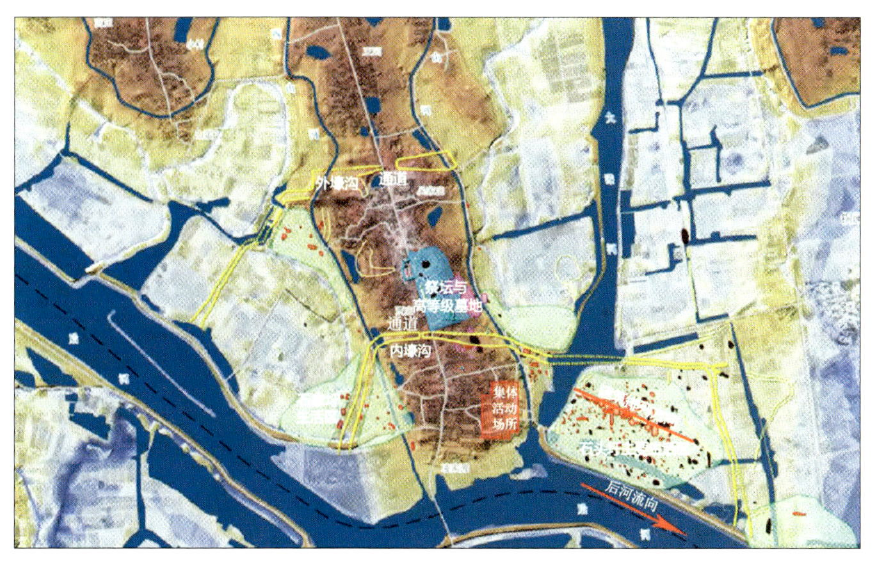

图一 凌家滩遗址环壕及其聚落结构

(本文有关凌家滩遗址的图照均源自吴卫红老师提供,下不赘述)

简介[④]如下：

1.平面

从目前披露的数据来看，内壕沟口窄处的宽度一般8~17米，最宽处30多米，以20多米宽度为主；外壕沟口一般宽约12~30米不等[⑤]。换句话说，二者在沟口宽度上，实际是大体相当的，即都比较关注壕沟的横向拓展。

2.剖面

从内壕的纵剖面来看，沟底表现为越靠近岗地，高度越有较大的抬升，相比于远离岗地一侧相对平坦、缓和的沟底，出现了7~12°的较大坡度[⑥]。而从横剖面看，虽然内、外环壕沟口在不同位置距地表深度有所不同，但大体都呈锅底状堆积，沟壁较缓，壕沟的纵向营造相对不足(图二)。

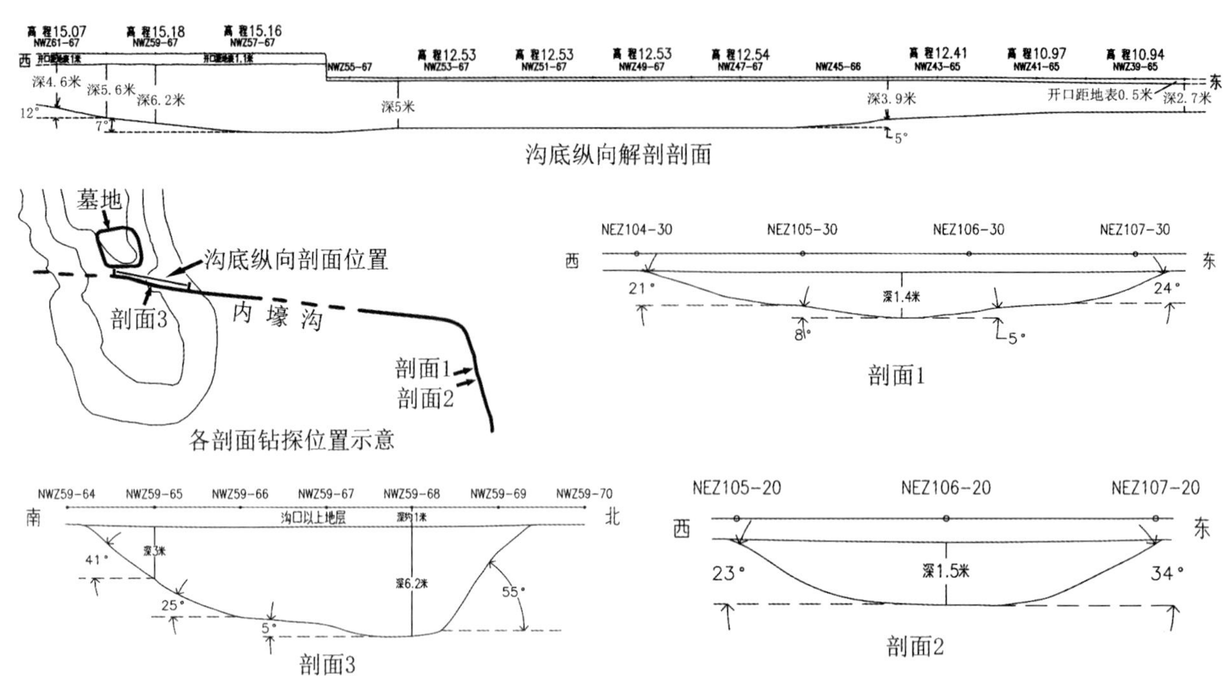

图二　凌家滩内壕沟部分剖面钻探图

也就是说，凌家滩遗址的内、外环壕基本属于史前环壕营建中重视横向、弱化纵向的代表，这或许与南方土质黏重，越深越紧越难挖掘有关[⑦]。

二、生命历程

一条环壕可能使用一次，也可能使用多次，从最初开挖修建，正常使用，到伴随人类活动的变化废弃。当然初次废弃后，它还可能通过人类的治理、改造，进入再使用阶段。如此反复，直至彻底废弃，才算走完全部的生命历程。就凌家滩遗址环壕而言，修建、使用和废弃应为三大主要阶段。

1.修建

在环壕修建中，开挖路线应属重点考虑之一。面对庞大的工程，人们只有选择相对更优的开挖路线，才能节省有限的人力、物力成本。从凌家滩内壕走势来看，西段、东段和北段东侧所经之地均为岗侧平地，其实只需为壕内东西两侧生活区留出足够的空间即可。北段西侧相对特殊，因为建壕需要跨岗，所以必须选择低洼区域，以尽可能降低开挖的难度。事实也是如此，内壕在由西段折向北段的过程中，开挖路线由平地绕向岗地的低洼地带，从而与北段东侧壕沟形成围合。

外壕与内壕稍有不同，在较完整的西段，壕沟走向曾有两处曲折，直至第三处才彻底折向壕沟的北段，说明应是不断调试、不断修正的结果。因为从以前两处曲折来看，若从第一处折向北段，壕沟势必需要穿过岗地最高处；若从第二处折向北段，岗地两侧相对较长的延伸部分，又会使工程总量有所增加。相比之下，第三处曲折选择绕过长岗南部，取道更北的低洼之地，则不失为及时止损后的明智抉择。

2.使用

环壕的使用应有广义与狭义之分。广义包括人类任何方式的利用,狭义可指人类主观上对环壕的定义与利用,例如主观上用作防洪的壕沟并不包括其客观上形成的种种功能。从狭义使用来看,凌家滩遗址环壕内遗存的下层为凌家滩文化时期,上层为汉代以后,且由于二者之间再无其他堆积,因此汉代人对壕沟改造再利用的可能性极大。此外,在内壕中,岗地两侧的平地部分沟底平缓,发掘已见沟内有大量青灰色淤泥堆积,说明至少曾有一定范围的存水或水体滞留情况;靠近岗地处,因沟底高度的抬升,存水困难,又说明或有排水之需。而在外壕中,经土壤微形态和植硅体分析,则认为当时人们对其使用处于停顿状态⑧。

3.废弃

废弃有时是突然的,有时是渐进的。突然的废弃与使用之间应当存在明显的界线,但这种废弃除非有相当可靠的证据,否则不易判别;渐进的废弃与使用之间则是相伴而行的,这种废弃可以通过沟内遗存(往往选择垃圾)进行有效判别。在凌家滩遗址,内壕的情况相对清楚,其文化堆积总体表现为越远离河岸堆积越薄、包含物越少⑨,其中内壕北段由于远离生活区,垃圾虽有发现,但数量急剧减少;内壕西段南侧则因接近生活区,导致大量垃圾的倾倒。这些情况表明,虽然不同位置的垃圾堆积速率有异,但日常的丢弃行为已然使内壕处于渐进的废弃之中。

三、功能分析

关于中国史前时期环壕的功能,大抵有防御说、防洪说和界沟说三类⑩。不过就凌家滩遗址环壕的具体情况来看,这种分类实际并不足以对其功能进行有效概括,功能还可以从"实用"和"仪式"两个层面进行讨论。

1.实用功能

目前对凌家滩环壕的实用功能观点有二:一是防御,二是防洪+防御。赞同防御者,主要根据遗址周围地势、周边聚落和社会发展状况等,认为环壕具有天然和人工防御双重体系⑪。赞同防洪+防御者,则主要根据环壕自身构造,认为具备防洪、防御双重功能⑫。但从上述对环壕的形制结构和生命历程分析来看,两种观点都还有值得留意之处。首先,凌家滩环壕是宽而缓和的,加之内、外环壕都有15米以上的出入口,如果是干壕,防人防兽其实是相当不易的,人、兽随时可以通过壕沟或出入口潜入聚落内部。如果是水壕,实际需要拥有较大的水面宽度和深度,以增加人、兽穿过壕沟的难度,否则同样效果甚微。其次,从凌家滩内壕发现一定范围的淤泥情况来看,其在一定时期应当能够扮演防洪的角色,不过人们的垃圾丢弃行为,又说明如果不是洪水的影响较小或及时的清淤治理,防洪效果势必大打折扣。此外,垃圾丢弃行为也让环壕在客观上成为盛放垃圾的重要场所之一。也就是说,凌家滩遗址环壕在实用功能层面至少同时具有一定的防御、防洪和盛放垃圾的作用。

2.仪式功能

目前主要集中在对凌家滩内壕的讨论上,有学者认为:内壕是划分凌家滩聚落生死两界的重要标志⑬。不过这种观点有待深入讨论,原因有二:一,从时间角度看,内壕、墓葬区和壕内生活区出现的具体次序并不确定。如果内壕修建时间同时或晚于墓葬区,那么人们在主观意识上或许存在一定的划分生死的意图与安排。反之则未必亦然。二,从空间角度看,墓葬区位于岗地高处,实际是利用了人们较难开发的地块;壕内生活区位于平地,可以方便人们日常的生活生产;至于内壕,开挖路线则已经说明所经之地能够有效降低开挖的难度。因此,可以说是位置选择上的现实需求,才恰使内壕对墓葬区和壕内生活区形成分隔之势。

如果说内壕的仪式功能不完全是划分生死,那还有什么其他的可能呢?这或许要从内壕出入口、墓葬区和生活区的相对位置进行观察。整体上,内壕出入口是在壕内主要生活区的西北、墓葬区的西南,三点大体呈三角状分布,若从两点之间的自然地形出发,人们从生活区到墓葬区的最优路径属于明显的"绕路而行"⑭(图三)。但若从时空角度出发,"绕路"却又能使丧葬或祭祀仪式的举行在时间上得到延长,空间上得到延伸,因此有着绝对的优势吸引更多的社群成员参与进来,共同强化仪式的程序性和神圣性,进而达到对仪式的整体塑造。

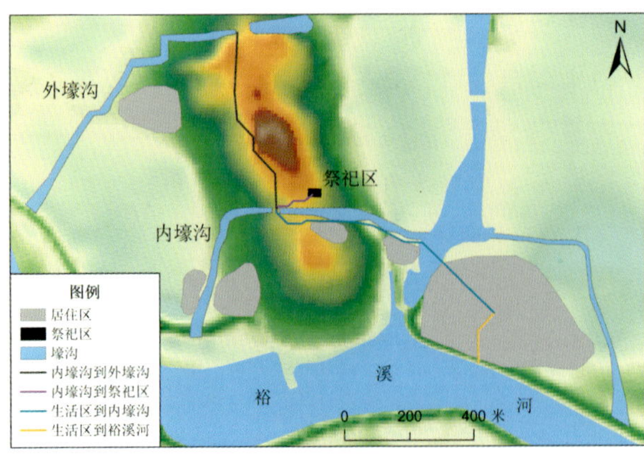

图三　凌家滩遗址功能区之间最优路径理论推测图

当然,“绕路而行” 绝非凌家滩文化独有的构思,不少文化社会中其实都有相关迹象可循。例如在白音长汗二期乙类聚落,考古发掘曾发现南北相邻的两个环壕居住址和与之相应的两处墓地⑮(图四)。但由于环壕出入口均在坡下,壕内房屋门向朝东,墓地又在环壕居住址的反方向坡顶,因此一旦举行丧葬、祭祀仪式,难免就要“绕路而行”。又如在姜寨遗址,其一期聚落显示环壕之内是屋门集中向内的居住址,之外是三片位于东部的墓地,从而在感官上给人一种“向生背死”的形态效果(图五)。墓地与壕内居住址之间虽有出入的寨门,但有学者认为这不大可能是主要的通道,经常出入的正门应在西南边⑯。若此,该遗址人群如果举行丧葬、祭祀等重大仪式,那么由生活区到墓葬区的出行路线必然也会“绕路而行”。

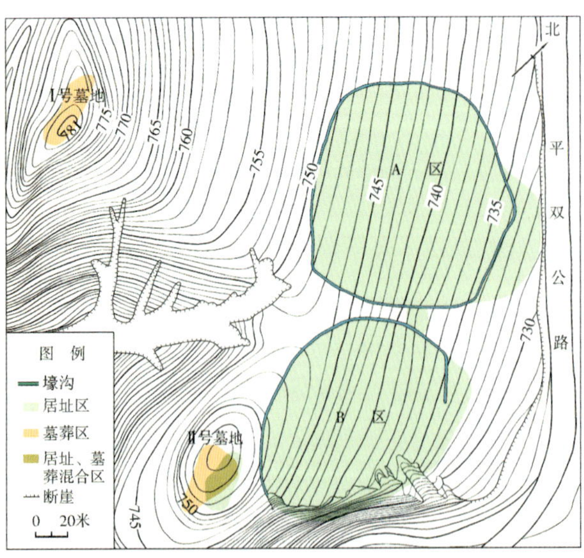

图四　白音长汗遗址二期乙类聚落布局

(改自张弛:《兴隆洼文化的聚落与社会——从白音长汗二期乙类环壕居址谈起》图一,《考古》2021年第9期)

同样,出于一些仪式需求“绕路而行”的情况也在今天的部分农村地区或少数民族地区能够遇到。例如安徽桐城有村子因考虑人死下葬时不得走回头路,所以出殡队伍一般会绕道远些行进⑰;山东即墨有村子在启殡仪式开始后,司仪会带着队伍绕村一周,以示家遇不幸⑱。广西金龙布傣人(壮族的一个分支)会在出殡环节,有抬棺出门后不走村内,绕村边小路到达墓地的习惯,行进途中也会伴随诸多复杂的仪式细节⑲。就是说,即便有直达墓地的捷径,类似这样地区的人们仍要选择一条绕行的路,以使丧葬仪式在时间和空间层面得到更为完整、丰富的表达。此时,村落周围遗留的“寨墙”或“环壕” 实际就不可避免地发挥了与史前聚落环壕相似的仪式作用。站在这个角度来说,凌家滩人们借助内壕“绕路而行”的行为,其实既是史前时期一种特殊居葬关系的体现,也是环壕在仪式层面作用的彰显,属于别具一格的仪式设计和仪式智慧,只是过去我们忽略了其在实用层面以外的特殊意义。

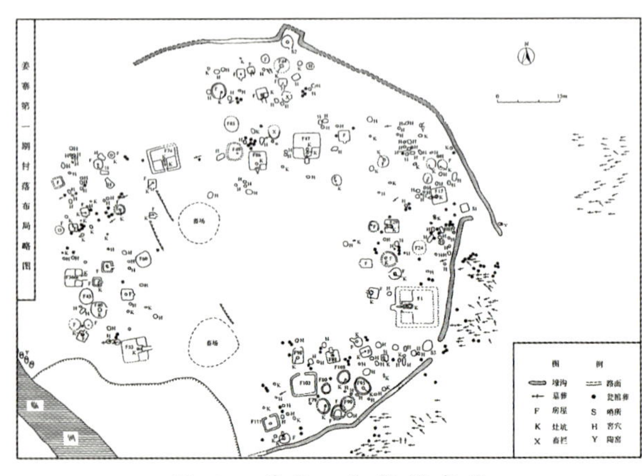

图五　姜寨一期聚落布局

[源自严文明:《姜寨早期的村落布局》图一,《仰韶文化研究》(增订本),文物出版社,2009年]

四、结语

总之,环壕作为史前社会的一项创举,它的出现显然是社会发展向更高水平迈进的一个标志。具体到凌家滩遗址,其环壕重视横向、弱化纵向的形制结构特征,修建阶段注重路线选择,因地制宜;使用阶段有存水和排水之分,各取所需;废弃阶段人为丢掷垃圾,渐进废弃等,都在一定程度上体现了凌家滩社会及其人群不俗的规划、建设能力。

关于凌家滩遗址环壕的功能，实用层面，应当具有一定的防御、防洪和盛放垃圾的作用。仪式层面，由于环壕聚落作为聚落的一种特定形式，并非仅由居住区构成，墓葬区和生产区也是其不可或缺的构成部分[20]。因此，若从居、葬区关系入手分析，凌家滩聚落呈现了一种可能需要借助内壕“绕路而行”的仪式现象。这种现象既存在于其他史前时期结构较为完整的遗址中，也与今天部分地区社会的丧葬用意相近。它应既是史前时期一类特殊居、葬关系的体现，也是一种别具一格的仪式设计和仪式智慧。

注释：

①钱耀鹏：《关于环壕聚落的几个问题》，《文物》1997年第8期。

②严文明：《中国环壕聚落的演变》，《国学研究》（第二卷），北京大学出版社，1994年，第483-493页；裴安平：《中国史前的聚落围沟》，《东南文化》2004年第6期。

③刘松林：《凌家滩遗址防御体系及其社会意义之蠡测》，《巢湖学院学报》2014年第5期。

④详细介绍参见吴卫红、刘越：《凌家滩：中华文明的先锋》，上海古籍出版社，2022年，第82—85页。

⑤吴卫红、刘越：《凌家滩：中华文明的先锋》，上海古籍出版社，2022年，第83、85页。

⑥吴卫红、刘越：《凌家滩：中华文明的先锋》，上海古籍出版社，2022年，第83页。

⑦裴安平：《中国史前的聚落围沟》，《东南文化》2004年第6期。

⑧宿凯、靳桂云、吴卫红：《凌家滩遗址外壕沟沉积物反映的土地利用变化——土壤微形态研究案例》，《南方文物》2020年第3期。

⑨吴卫红、刘越：《凌家滩：中华文明的先锋》，上海古籍出版社，2022年，第92页。

⑩陈晓华：《新石器时代中期聚落环壕功能辨析》，《湖南考古辑刊》2014年。

⑪刘松林：《凌家滩遗址防御体系及其社会意义之蠡测》，《巢湖学院学报》2014年第5期。

⑫吴卫红、刘越：《凌家滩：中华文明的先锋》，上海古籍出版社，2022年，第87页。

⑬吴卫红、刘越：《凌家滩：中华文明的先锋》，上海古籍出版社，2022年，第88页。

⑭此处“最优路径”是在明确内壕出入口位置的前提下，使用常规的成本计算公式，基于坡度和地形起伏因子，计算得到的各功能区之间的理论结果。沈姜威：《多源数据融合的凌家滩遗址三维场景重建方法》，南京师范大学硕士学位论文，2019年，第61页。但它并非自然意义上两点间的最短距离，因为内壕出入口位置本身就是整个聚落综合规划后的产物，客观引发的结果自然是从生活区至墓葬区的距离不是最短，而是更长。

⑮张弛：《兴隆洼文化的聚落与社会——从白音长汗二期乙类环壕居址谈起》，《考古》2021年第9期。

⑯严文明：《仰韶文化研究》（增订本），文物出版社，2009年，第175页。

⑰方百寿：《安徽方庄的丧葬礼仪》，《民俗研究》1996年第2期。

⑱王涛：《农村丧葬礼仪中的人情交往研究》，华东师范大学硕士学位论文，2010年，第20页。

⑲张建军：《布傣人的丧葬礼仪及其文化意义与功能》，《广西民族大学学报（哲学社会科学版）》2007年第S1期。

⑳钱耀鹏：《试论城的起源及其初步发展》，《文物季刊》1998年第1期。

（作者单位：中国人民大学历史学院）

西安地区西周墓葬殉狗的初步研究

◇ 李 淇

内容提要：本文对西安地区西周墓葬中出土的殉狗进行了梳理，按形制差异将其分为腰坑殉狗、非腰坑殉狗及组合式殉狗三类。结合已有的墓葬分期研究，将上述殉狗墓葬的发展历程分为早、中、晚三个阶段。其中早期腰坑殉狗较为盛行、中期以后逐渐减少，至晚期非腰坑殉狗成为最主要的形制，组合式殉狗则仅出现于早期。在此基础上，对各类殉狗的功能进行了探讨：腰坑殉狗应当是陪伴墓主的宠物或祭祀牺牲，而非腰坑殉狗和组合式殉狗的形制特点可能与西周时期葬俗演变有关，其功能也逐渐转为驱鬼辟邪和守护墓主。

关键词：西安地区 西周墓葬 殉狗

狗是传统的"六畜"之一，从古至今都是社会生活中的重要组成部分。我国古代用狗殉葬的习俗，最早可追溯到新石器时代[①]，至商周时期，这一葬俗更加普遍，广泛分布于黄河中下游各地的墓葬中。20世纪后半叶，在大量考古发现的基础上，学术界对商代殉狗的习俗展开了全面研究，取得了一系列成果[②]；相比之下，对于西周时期殉狗的研究则略显不足。有鉴于此，本文选取了作为西周政治中心的西安周边，对该地区出土西周时期典型墓葬中的殉狗类型及其发展历程进行探讨，进而分析其功能的变化，不当之处还望各位方家指正。

一、西安周边西周墓葬殉狗的类型划分

据笔者统计，西安周边出土殉狗的墓葬，发现于张家坡[③]、客省庄[④]、普渡村[⑤]、镐京斗门[⑥]、花园村[⑦]、新旺村[⑧]、大原村[⑨]、少陵原[⑩]等墓地，共计144座。各墓地分布如图所示(图一)。

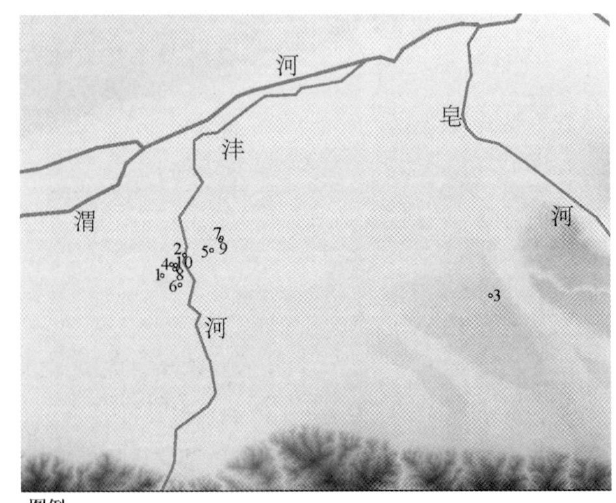

图一 西安周边出土殉狗墓地分布图

按照这些墓葬中出土殉狗的位置，可将其分为腰坑殉狗、非腰坑殉狗及组合式殉狗三类，现根据该标准分类举例说明如下：

(一)腰坑殉狗

指在墓葬底部、人骨腰部下方挖出小坑，并仅在腰坑中随葬殉狗的情况。此类型数量较多，共发现93座，主要位于丰镐遗址附近。

张家坡 M1：长方形竖穴土坑墓，墓向 359°；长 3.4、宽 1.92、深 5.4 米。腰坑位于墓底中央，呈圆角长方形，长 0.9、宽 0.58、深 0.22 米；坑内有殉狗一具，骨骼保存较差(图二，1)，其北侧有三枚海贝(图二，2)。

张家坡 M54：长方形竖穴土坑墓，墓向 83°；长 3.16、宽 1.62、深 6.2 米。腰坑位于墓底中央，呈长圆形；坑内有殉狗一具(图三，1)，并随葬海贝一枚(图三，2)。

张家坡 M87：长方形竖穴土坑墓，墓向 78°；长 3.4、宽 1.8、深 4.2 米。腰坑位于墓底中央，呈长圆形；坑内有殉狗一具。

张家坡 M166：长方形竖穴土坑墓，墓向 55°；残长 3.08、宽 1.7、深 2.53 米。腰坑位于墓底中央，呈椭圆形，长 0.5、宽 0.3、深 0.2 米；坑内有殉狗一具，骨骼已腐朽成粉状，此外还发现海贝一枚，应为殉狗的饰物(图四，1)。

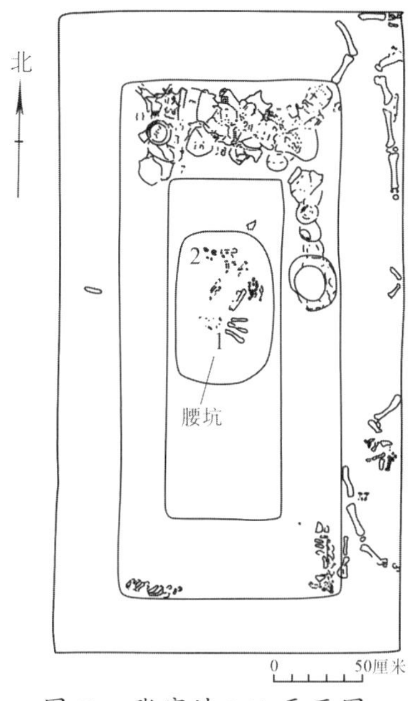

图二　张家坡 M1 平面图

1.殉狗，2.海贝

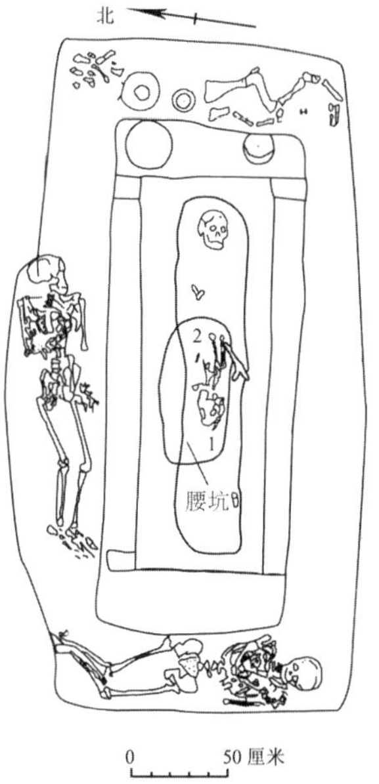

图三　张家坡 M54 平面图

1.殉狗，2.海贝

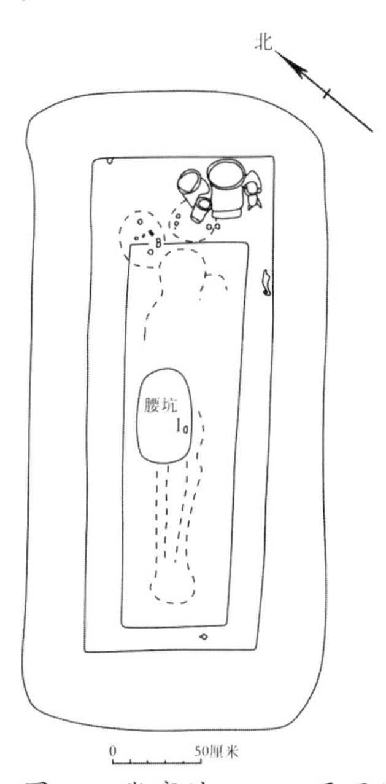

图四　张家坡 M166 平面图

1.海贝

客省庄 77M1：长方形竖穴土坑墓，墓向 250°；长 3.4、宽 1.8、深 5.4 米。腰坑位于墓底中央，呈长方形，长 0.92、宽 0.3、深 0.2 米；坑内有殉狗一具，狗骨架上发现 1 件铜铃(图五，1)及海贝(图五，2)；此外还发现玉饰(图五，3)若干，可能是从人骨身上落入腰坑的。

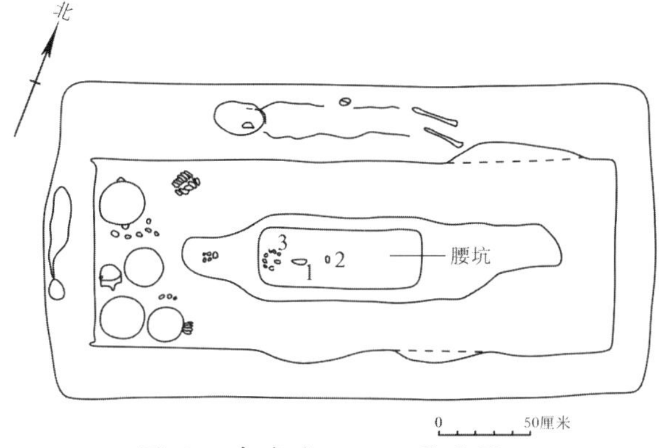

图五　客省庄 77M1 平面图

1.铜铃，2.海贝，3.玉鱼饰

普渡村 M18：长方形竖穴土坑墓，墓向 256°；长 3.2、宽 2.36 米。腰坑位于墓底中央，呈椭圆形，长 0.96、宽 0.52、深 0.2 米；坑内有殉狗一具。

斗门长普 M14：长方形竖穴土坑墓，墓向 268°；长 2.85、宽 1.46、深 4.66 米。腰坑位于墓底中央，呈圆角长方形，长 0.6、宽 0.4、深 0.3 米；坑内有

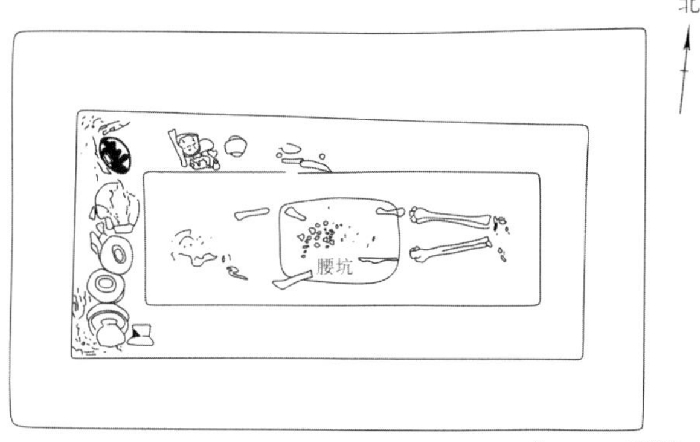

图六　斗门长普 M14 平面图

殉狗1具(图六)。

普渡村53M1:长方形竖穴土坑墓,墓向275°;长2.7、宽0.95、深1.6米。腰坑位于墓底中央,呈不规则长方形,长0.8、宽0.3、深约0.25米;坑内有殉狗一具,保存相对完好,狗骨先斩成两段,然后放于坑中。狗骨颈部与眼眶中各有一颗海贝(图七,1),腰坑东部发现方形蚌饰一块,可能是从棺内落下。

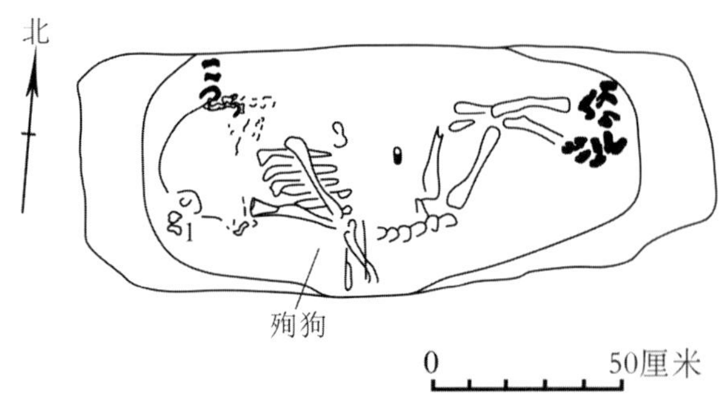

图七　普渡村53M1腰坑殉狗细部

1.海贝

普渡村1954西周墓葬:长方形竖穴土坑墓,墓向182°;长4.2、宽2.25、深3.56米(图八,1)。腰坑位于墓底中央,略呈不规则形,长1.12、宽0.72、深0.2米;坑内有殉狗一具,骨架保存完好(图八,2),狗头向北、面西,四肢屈于胸前,两个犬齿外露,头骨左半边缺失,后脑有两颗海贝;坑内西南角与墓底齐平的位置发现一个玉柄饰,上有木质残痕。

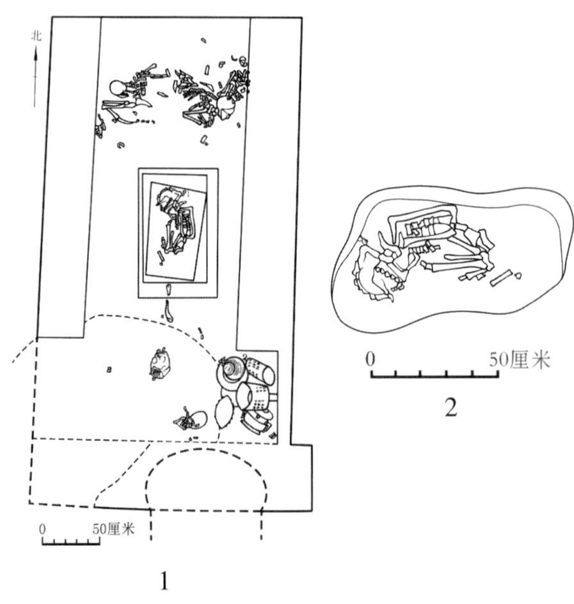

图八　普渡村西周墓及腰坑殉狗平面图

1.墓葬平面,2.腰坑殉狗细部

大原村M10:长方形竖穴土坑墓,墓向97°;长3.6、宽1.75、深约3.8米。腰坑位于墓室中央椁底,呈椭圆形,长0.42、宽0.36、深0.25米;坑内发现零星狗骨(图九)。

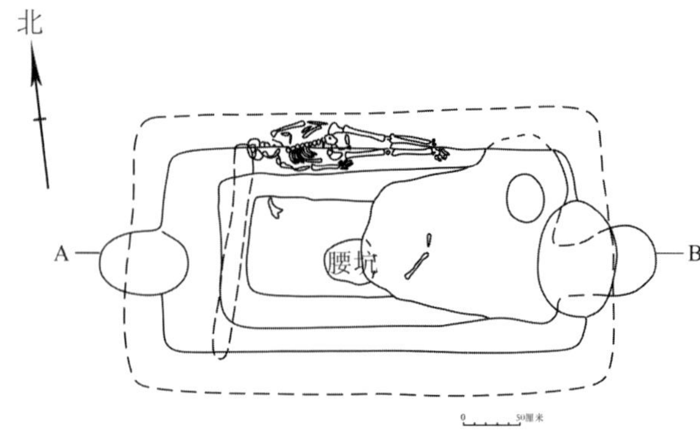

图九　大原村M10平面图

少陵原M103:长方形竖穴土坑墓,墓向120°;长2.8、宽1.4、深2.2米。腰坑位于墓底中央、椁室底板下,呈圆角长方形,长0.62、宽0.2、深0.24米;坑内有殉狗一具,大多已朽成黄色粉末,头向西北、侧身躺卧。

少陵原M314:长方形竖穴土坑墓,墓向140°;长2.8、宽1.3、深2米。腰坑位于墓底中央,坑内发现零星狗骨。

少陵原M315:长方形竖穴土坑墓,墓向155°;长2.63、宽1.4、深2.8米。腰坑位于墓底中央,呈不规则长方形,长0.46~0.5、宽0.21、深0.26米;坑内有殉狗一具,骨架多残碎(图十,1)。

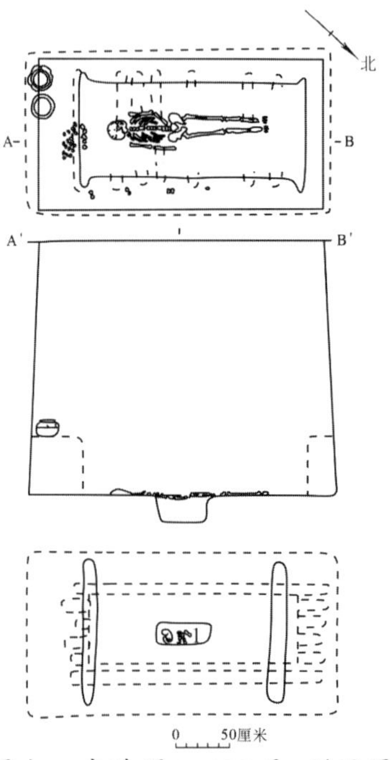

图十　少陵原M315平、剖面图

1.殉狗

少陵原 M356:长方形竖穴土坑墓,墓向 300°;长2.2、宽 1.35、深 1.2 米。腰坑位于墓底中央,坑内发现零星狗骨。

(二)非腰坑殉狗

指仅在墓室填土或二层台等位置埋葬殉狗的情况。此类型数量较少,共发现 48 座,主要位于张家坡、大原村、斗门及少陵原墓地中,以张家坡墓地出土较多。

张家坡 M3:长方形竖穴土坑墓,墓向 91°;墓口长 2.7、宽 1.2、深 5.09 米。近二层台填土内有殉狗一具,骨架做挣扎状。

张家坡 M11:长方形竖穴土坑墓,墓向 91°;墓口长 3.18、宽 2.32 米。北侧二层台上发现殉狗一具,有扰动痕迹。

张家坡 M19:长方形竖穴土坑墓,墓向 347°;墓口长 2.32、宽 1、深 5 米。填土内有殉狗一具。

张家坡 M216:长方形竖穴土坑墓,墓向 5°;长 3.25、宽 1.8、深 3.4 米。墓室东南角上层填土中有殉狗一具。

张家坡 M398:长方形竖穴土坑墓,墓向 175°;长2.5、宽 1.18、深 2 米。在距墓口深 0.6 米的填土中有殉狗一具。

少陵原 M117:长方形竖穴土坑墓,墓向 95°;长2.4、宽约 1.2、深 2.6 米。墓室东侧填土中有殉狗一具,骨骼保存基本完好,头向东、蜷曲侧卧,口微张(图十一)。

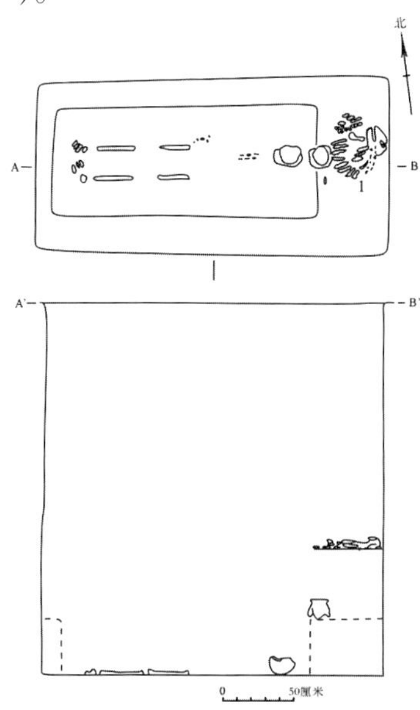

图十一 少陵原 M117 平、剖面图

少陵原 M152:平面呈甲字形,墓向 200°;残长 9.25、深 7.2 米。墓道北端底部靠近墓室处有殉狗一具,头西尾东作伏卧状。

少陵原 M168:平面呈甲字形,墓向 171°;全长 11.93、宽 2.68、深 6.4 米。其中发现两具殉狗,一具在墓道中部东壁下、距墓口深 1.5 米处,狗头向南作伏卧状;另一具在墓室东南角与墓道连接处的填土内,距墓口深 4.6 米,狗身东西横卧,无头。

(三)组合式殉狗

指既在墓底中央挖腰坑并在其中殉狗,又在墓室填土或二层台殉狗的情况,可以视为前文中腰坑殉狗和非腰坑殉狗的组合,故称作组合式殉狗。此类墓葬在西安地区仅发现 3 座,皆出自镐京斗门墓地。

斗门长花 M6:长方形竖穴土坑墓,墓向 178°;长 3.7、宽 1.9、深 5.4 米。腰坑位于墓底中央,呈圆角长方形,长 0.5、宽 0.42、深 0.4 米;坑内有殉狗一具,已朽。墓圹夯层清晰,厚约 0.24 米,夯土中发现一具完整殉狗及一件折沿深腹陶釜(图十二)。

斗门长花 M15:长方形竖穴土坑墓,墓向 184°;长 3.8、宽 2.4、深 4.7 米。腰坑位于墓底中央,呈圆形,直径 0.36、深 0.07 米;坑内有殉狗一具,已基本朽毁,仅余狗齿数枚。墓圹夯层松软,层次不清晰,填土中发现一具完整的殉狗(图十三)。

斗门长花 M17:墓圹呈 T 形,长 4.2、宽 2.45、深 3 米。腰坑位于墓底中央,呈长方形,长 0.69、宽 0.36、深 0.4 米;坑内有殉狗一具,基本完整。填土内也发现殉狗一具(图十四)。

二、西安地区西周墓葬殉狗的发展历程

本文中涉及的西安周边墓地均经过详细的分期研究,其中普渡村⑪、大原村⑫、新旺村⑬等墓地的西周墓葬可分为三期,张家坡墓地可分为五期⑭或六期⑮,少陵原墓地可分五期⑯,花园村⑰、粮站,乳品厂⑱等西周墓葬可分为六期。通过对不同殉狗形制的分类梳理,结合前人对各处墓地的分期研究,我们将西安地区西周墓葬殉狗的发展历程分为早、中、晚三期(表一),早期为武、成、康、昭时期,中期为穆、恭、懿、孝时期,晚期为夷、厉、共和及宣、幽时期。现将各期特征分述如下:

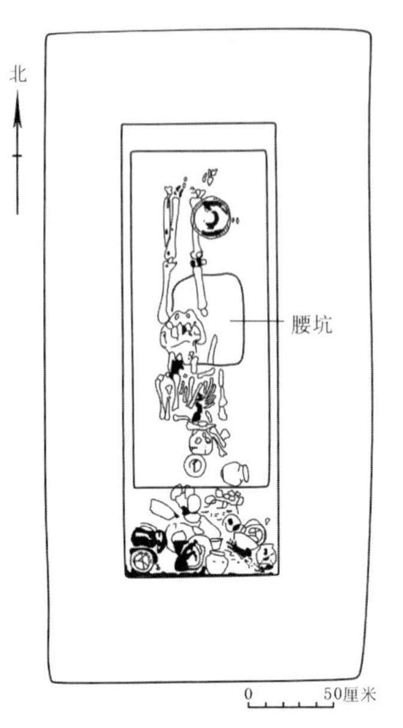

图十二　斗门长花 M6 平面图

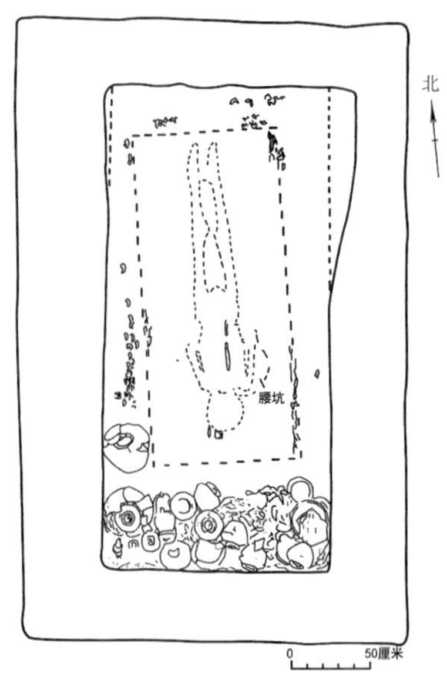

图十三　斗门长花 M15 平面图

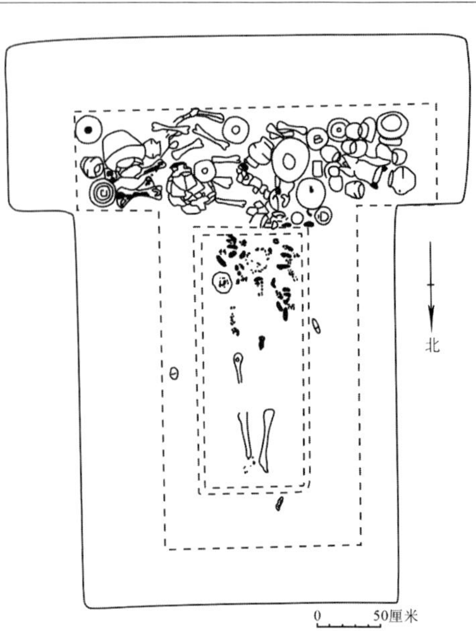

图十四　斗门长花 M17 平面图

表一　西安地区西周时期墓葬殉狗情况统计

		腰坑殉狗				非腰坑殉狗				组合式殉狗			
		早	中	晚	不明	早	中	晚	不明	早	中	晚	不明
张家坡		24	10	7	12	6	8	9	18	——			
普渡村		3	1	0	16	——				——			
大原村		2	0	0	0	1	0	1	0	——			
新旺村		0	0	1	0	——				——			
斗门		5	0	0	0	0	0	2	0	3	0	0	0
花园村		0	5	0	0	——				——			
沣西	粮站	0	0	1	0	——				——			
	马王乳品厂	0	0	1	0	——				——			
少陵原		2	2	1	0	1	0	0	2	——			

(一)早期

该阶段西安地区共发现 47 座殉狗墓葬，三类形制均有出土，包括 36 座腰坑殉狗墓葬、8 座非腰坑殉狗墓葬以及 3 座组合式殉狗墓葬。其中腰坑殉狗最为盛行，占该阶段的大多数；非腰坑殉狗亦有存在，但数量不多，不是主要葬俗。究其原因，应当是武王灭商后，大批殷商遗民随被迁至西周的政治中心看管[19]；在此过程中，商文化对当地葬俗产生影响，致使西安地区的西周墓葬中盛行腰坑墓，而腰坑殉狗也成为主流类型。此外，西安地区仅有的三座组合式殉狗墓葬均集中于该时期，而中晚期未发现此类墓葬，表明组合式殉狗应为早期的一种特殊葬俗，可能是腰坑殉狗的子类型。

(二)中期

该阶段发现腰坑殉狗和非腰坑殉狗两类，其中包括 18 座腰坑殉狗墓葬、8 座非腰坑殉狗墓葬。与早期相比，腰坑殉狗的数量已呈现逐渐下降的趋势，但仍是主要类型；而非腰坑殉狗则并无太大变化。此情况显示出在中期阶段，随着西周宗法制度的发展，商文化的影响力也日渐缩小，反映在墓葬形制方面，即腰坑殉狗墓葬的减少；非腰坑殉狗墓葬数量持平，表明其可能为西周时期的固有葬俗。

(三)晚期

该阶段亦发现腰坑殉狗和非腰坑殉狗两类，数量分别为 11 座和 12 座。相比早期和中期，腰坑殉狗墓葬的数量明显下降，而非腰坑殉狗墓葬的数量却出现了上升，甚至超过了腰坑殉狗，成为占比最大的类型。该情况反映出此时非腰坑殉狗逐渐盛行，而腰坑殉狗日趋衰落，这可能是由于在晚期阶段，周人逐渐摒弃了腰坑墓，转而采用其他埋葬习俗所致。

综上所述，西安地区作为西周的王畿之地，其墓葬在早期受到商文化腰坑葬俗的影响，殉狗形式以腰坑殉狗为主，此外还存在较为特殊的组合式殉狗。中期以后，周人开始摆脱商文化影响，逐渐减少了腰坑殉狗的使用，并形成了具有自身文化特色的葬俗。至晚期，由于周人对腰坑墓的废弃，殉狗葬俗也逐渐演变为以非腰坑殉狗为主要形式。

三、西周墓葬殉狗功能的探讨

殉狗习俗贯穿于整个西周时期，与丧葬、祭祀等礼仪活动密切相关，在当时的社会中扮演了重要角色。通过上文的梳理，笔者认为不同形制的殉狗在墓葬中所具有的功能与内涵也各不相同，现按照各种类型分别进行探讨。

(一)腰坑殉狗的功能

1.陪伴墓主的宠物

在商人眼中，狗具有灵性，作为生活中与人最接近的家畜，其常随主人参加狩猎等活动，因此成为人们宠爱的玩伴。许进雄对商人殉狗的葬俗进行分析，认为商代多数墓葬的腰坑中埋有殉狗，是将其作为墓主的宠物，永远陪伴主人于地下[20]。众多考古发现证明，西周早期墓葬中的腰坑殉狗应当是对这一葬俗的继承。如长安张家坡墓地的 M1、M54、M166 等腰坑殉狗墓葬中，在狗骨的颈部及身侧经常发现海贝；客省庄 77M1 的腰坑殉狗中，狗骨架上发现铜铃 1 件以及海贝数枚；长安普渡村发现的腰坑殉狗墓葬中，狗骨架旁不仅有海贝，还出土了玉柄饰、蚌蜊壳等饰物。这些专属于殉狗的饰品表明，其均为墓主饲养的宠物；由于人与狗之间的情感连接，使人们有强烈的意愿将宠物狗随葬于腰坑内，在地下世界继续陪伴自己。

2.奠基祭祀

我国从史前时期起就存在奠基祭祀的现象，即人们在营建建筑、奠定基础之前，在基坑内埋入祭品的活动。在商代，狗是常见的祭祀用牺牲之一；而对于腰坑殉狗墓葬而言，其埋葬的位置、目的、对象等方面都与建筑奠基祭祀有较多相似之处。因此，我们可将其视为一种“地下”奠基，也就是按照“事死如生”的观念，在墓底中央挖一个类似于“奠基坑”的腰坑，并在坑内埋狗祭祀，从而使家宅得以安宁[21]。

将目前发现的可能为奠基功能的腰坑形制与奠基殉狗的目的相结合，笔者总结出用于奠基的狗牲所存在的共同点。首先，此类狗牲的年龄和体型相对较小；曾宝栋认为腰坑祭祀用狗多选择年轻个体，主要是为留下成年狗以供人们日常使用，此外也有节约经济成本的考虑[22]。其次，相比作为宠物埋葬的殉狗，用于奠基祭祀的狗牲在出土时往往残缺不全；如张家坡 M168 的腰坑内发现的 2 只殉狗均无头骨，普渡村 1954 年一号墓的腰坑殉狗先被斩成两段、再置于坑内[23]。综合上述材料分析，笔者认为西安地区西周时期腰坑殉狗的另一个主要功能就是墓葬的奠基与祭祀。

除此之外，有学者认为腰坑殉狗可能还具有其他作用。如杨华指出，腰坑殉狗存在“司警卫、防御鬼祟”的功能，即用来驱鬼辟邪，护卫墓主[24]；此类殉狗通常较为健壮，且其附近时常伴随兵器出土[25]。然而目前西安地区西周墓葬中的殉狗大多缺乏骨骼鉴定分析，加之该地区尚未发现腰坑随葬兵器的现象，因此无法说明其是否具备上述功能，故本文不做深入探讨。

(二)非腰坑殉狗

对于墓室填土及二层台殉狗的功能，多位学者都进行过分析。如郭宝钧在发掘殷墟时就注意到这种特殊的习俗，他认为填土及二层台的殉狗可能是与其他殉人殉兽一同看守门户之用，皆为仿照墓主生前需要而布置[26]。岳洪彬认为填土中的殉狗类似为死者把守阴阳两界通道的守护者[27]。许进雄认为埋于填土或二层台的殉狗可能是作为宠物之用，其相对于殉葬的近臣、武士等更接近墓主，并永久陪伴主人埋于地下[28]。刘丁辉则认为商代殉狗因其埋葬位置的不同而具备不同目的，墓室填土及二层台等位置所埋殉狗的功能主要有守卫、辟邪等[29]。综合上述观点，结合西安地区西周墓葬出土材料，笔者认为非腰坑殉狗这一葬俗的功能与内涵应与腰坑殉狗有明显区别,墓室填土及二层台殉狗的作用可能更多集中于驱鬼辟邪和守护墓主之上。

(三)组合式殉狗

由于发现数量较少,因此学术界对腰坑殉狗与非腰坑殉狗共存于同一墓葬的现象关注较少。从该葬俗在西安地区西周墓葬中的数量及所处时代来看,其应为商周两种文化在西周早期共存的表现。随着周文化的发展成熟,周人逐渐摒弃了商人的葬俗,腰坑殉狗日趋减少,其功能也从陪伴宠物、奠基祭祀转化为驱鬼辟邪、守卫墓主;而组合式殉狗历经短暂的存在后,到中期即彻底消失。

四、结语

综上所述,西安地区西周墓葬中的殉狗包括腰坑殉狗、非腰坑殉狗以及组合式殉狗三种类型,其发展历程可分为三个阶段。其中腰坑殉狗集中发现于早期,中期开始数量减少,至晚期逐渐衰落;非腰坑殉狗在早期和中期数量较少,至晚期明显增多;组合式殉狗仅有个别发现,均处于早期。

从埋葬特点来看,西周墓葬中各类殉狗应当具备不同的功能。腰坑殉狗除主要用作陪伴墓主的宠物及祭祀牺牲外,可能还具有辟邪的功能;非腰坑殉狗的作用应更多集中于驱鬼辟邪与守卫墓主之上;组合式殉狗则可能为商周文化共存的表现,存在时间较短。受篇幅所限,笔者对殉狗在西周墓葬制度中的地位、与其他墓葬的关系、殉狗的种属与年龄等问题未作探讨,希望本文能够抛砖引玉,促进相关研究在未来的深入开展。

注释:

①河南省文物考古研究所:《舞阳贾湖》,科学出版社,1999年。

②刘一婷、雷兴山:《商系墓葬用牲初探》,《考古》2020年第3期;张珈铭:《商代早中期都城地区殉祭遗存研究》,东北师范大学硕士学位论文,2019年;刘丁辉:《商代殉狗习俗研究》,郑州大学硕士学位论文,2011年。

③中国科学院考古研究所:《沣西发掘报告》,文物出版社,1962年;中国社会科学院考古研究所沣西发掘队:《1967年长安张家坡西周墓葬的发掘》,《考古学报》1980年第4期;中国社会科学院考古研究所沣西发掘队:《1976—1978年长安沣西发掘简报》,《考古》1981年第1期;中国社会科学院考古研究所:《张家坡西周墓地》,中国大百科全书出版社,1999年;中国社会科学院考古研究所丰镐工作队:《1984—85年沣西西周遗址、墓葬发掘报告》,《考古》1987年第1期;中国社会科学院考古研究所沣西队:《1987、1991年陕西长安张家坡的发掘》,《考古》1994年第10期。

④中国社会科学院考古研究所沣西发掘队:《1976—1978年长安沣西发掘简报》,《考古》1981年第1期。

⑤陕西省文物管理委员会:《长安普渡村西周墓的发掘》,《考古学报》1957年第1期;中国社会科学院考古研究所沣西发掘队:《1984年长安普渡村西周墓葬发掘简报》,《考古》1988年第9期;石兴邦:《长安普渡村西周墓葬发掘记》,《考古学报》1954年第2期。

⑥陕西省文物管理委员会:《西周镐京附近部分墓葬发掘简报》,《文物》1986年第1期。

⑦郑洪春、穆海亭:《长安县花园村西周墓葬清理简报》,《文博》1988年第1期。

⑧付仲杨、宋江宁、徐良高:《丰镐遗址西周时期盗墓现象的考古学观察——以2012年新旺墓葬M1和M2为例》,《南方文物》2015年第3期。

⑨中国社会科学院考古研究所丰镐工作队:《陕西西咸新区大原村西南西周墓葬发掘简报》,《南方文物》2020年第4期。

⑩陕西省考古研究院:《少陵原西周墓地》,科学出版社,2009年。

⑪陕西省文物管理委员会:《长安普渡村西周墓的发掘》,《考古学报》1957年第1期。

⑫中国社会科学院考古研究所丰镐工作队:《陕西西咸新区大原村西南西周墓葬发掘简报》,《南方文物》2020年第4期。

⑬付仲杨、宋江宁、徐良高:《丰镐遗址西周时期盗墓现象的考古学观察——以2012年新旺墓葬M1和M2为例》,《南方文物》2015年第3期。

⑭中国社会科学院考古研究所:《张家坡西周墓

地》,中国大百科全书出版社,1999 年。
⑮中国社会科学院考古研究所沣西发掘队:《1967 年长安张家坡西周墓葬的发掘》,《考古学报》1980 年第 4 期。
⑯陕西省考古研究院:《少陵原西周墓地》, 科学出版社,2009 年。
⑰郑洪春、穆海亭:《长安县花园村西周墓葬清理简报》,《文博》1988 年第 1 期。
⑱中国社会科学院考古研究所丰镐工作队:《1997 年沣西发掘报告》,《考古学报》2000 年第 2 期。
⑲杨宽:《西周史》,上海人民出版社,1999 年。
⑳许进雄:《中国古代社会文字与人类学的透视》,中国人民大学出版社,2008 年。
㉑唐际根:《殷商时期的"落葬礼"》,《一见集》,中国妇女出版社,1996 年。
㉒曾宝栋、杨杨:《浅谈商周时期墓葬中腰坑的功能和意义》,《殷都学刊》2017 年第 3 期。
㉓石兴邦:《长安普渡村西周墓葬发掘记》,《考古学报》1954 年第 2 期。
㉔杨华:《论黄河流域先秦时期腰坑墓葬俗文化——兼说与长江流域同类墓葬俗的关系》,《华夏考古》2008 年第 1 期。
㉕曾宝栋、杨杨:《浅谈商周时期墓葬中腰坑的功能和意义》,《殷都学刊》2017 年第 3 期。
㉖郭宝钧:《一九五〇年春殷墟发掘报告》,《中国考古学报》(第五册),1951 年。
㉗岳洪彬:《谈商人的"黄泉观念"——从殷墟铜铃上装饰的倒装兽面纹说起》,《中国文物报》2006 年 8 月 18 日。
㉘许进雄:《中国古代社会文字与人类学的透视》,中国人民大学出版社,2008 年。
㉙刘丁辉:《商代殉狗习俗研究》, 郑州大学硕士学位论文,2011 年。

(作者单位:西北大学文化遗产学院)

试析滕州地区出土的原始瓷器

◇ 李 灿 聂瑞安

内容提要:在整个山东地区,滕州原始瓷器的出土数量和质量首屈一指。滕州地区出土原始瓷器的墓葬主要是前掌大墓地和庄里西遗址,时间跨度从商末周初至战国时期。1981年至2001年,滕州市前掌大墓地共出土商周原始瓷器41件,从外形与釉色来分析,可能源于中原地区。1989年滕州市庄里西遗址出土战国原始瓷罍两件,外形与纹饰都与浙江亭子桥、东坡岭战国墓M5出土的原始瓷瓿非常相似,其应来源于盛产原始瓷器的浙江地区。原始瓷器在商周时期的北方地区,因其具有吸水性弱、玻璃光泽等优点,为贵族所独有,是身份和等级的象征。

关键词:原始瓷器 前掌大墓地 庄里西遗址 来源

原始瓷器是一种跨时代、跨地区出现的文化遗存,是由陶发展为瓷的重要中间阶段,《中国陶瓷史》也明确指出,我国各地出土的商、周青瓷器"应属于瓷器的范畴,是由陶器向瓷器过渡的产物",因为处于瓷器的"低级阶段",所以称为"原始瓷器"①。考古资料表明,早在距今3400多年-3700多年的夏代中后期至商代中期就已经出现了器表施釉、质地坚硬、吸水率低的原始瓷器②。原始瓷器从夏代中后期开始出现,成熟于商代,兴盛于战国。

一、滕州前掌大墓地出土的商周原始瓷器

目前,山东地区出土原始瓷器的地点并不多,主要有滕州前掌大遗址、滕州庄里西遗址、济南大辛庄遗址、济阳刘台子墓地、益都苏埠屯商代墓地、临淄齐故城河崖头村、邹城市邾国故城遗址西岗一号墓,且这些墓葬都是高等级墓葬。前掌大墓地位于山东省滕州市官桥镇前掌大村,地处滕南平原的东部边缘,南依古薛河,西邻薛国故城遗址,以殷墟晚期至西周早期的墓葬遗存为主,是山东地区商周时期发现原始瓷器比较集中的墓地,前后进行过两次大规模发掘。1981年至1998年,中国社会科学院考古研究所联合山东工作队对该墓葬进行发掘,出土商周原始瓷器28件③;1998年至2001年,滕州市博物馆对前掌大墓地进行抢救性发掘,出土商周原始瓷器13件④。前后两次发掘共出土原始瓷器41件,器型主要有豆、罍、罐、尊、釜等,其中豆所占的比重较大。

前掌大墓地共出土原始瓷豆31件,根据盘、口、圈足可以为三种类型。

A型18件。深盘,口微敞,矮喇叭状圈足。图一出土于Ⅰ M104,口径16厘米、底径8.3厘米、高7.4厘米,深盘,口微敞,矮喇叭状圈足外撇,口沿外侧饰旋纹,盘内外均施豆青色釉。

图一　前掌大墓地出土原始瓷豆

B 型 8 件。深盘,窄折沿,圈足稍高。图二出土于 M13,口径 12.6 厘米、底径 6.0 厘米、高 8.2 厘米,深盘,窄折沿,圈足较高,盘外侧饰三个方形凸块,通身施灰绿色釉。

图二　前掌大墓地出土原始瓷豆

C 型 5 件。浅盘,浅敞口,矮圈足。图三出土于 M13,口径 16.6 厘米、底径 6.8 厘米、高 6.3 厘米,浅盘,浅敞口,喇叭状圈足,肩部饰三组成对方形鼻,通体施青灰色釉。

图三　前掌大墓地出土原始瓷豆

前掌大墓地出土原始瓷罐 2 件,根据口沿可分为两种类型。

A 型敛口,1 件。图四出土于 BM3, 口径 18.0 厘米,底径 11.0 厘米,高 25.2 厘米。敛口,束颈,圆球腹,平底。肩部拍印两周方格纹,腹下有一周拍印方格纹。除器底外壁,器内外施满豆青色釉,釉流晶莹美观。

图四　前掌大墓地出土原始瓷罐

B 型侈口。1 件。图五出土于 I M104,口径 17 厘米、通高 26.5 厘米,灰白胎质,内外通施不均匀的青绿釉,并见横向刷痕,周身多见流釉。侈口折沿,尖唇,肩腹圆鼓,小平底外凸若圈足。沿下有一周凸棱,有对称小耳。

图五　前掌大墓地出土原始瓷罐

前掌大墓地出土原始瓷罍 5 件, 型制都是侈口,折沿,折肩,收腹。

图六出土于 BM3, 口径 16.0 厘米、底径 11.3 厘米、高 22.0 厘米,侈口,短颈,斜肩,折腹,直圈足。折腹上有对称桥形耳,耳两侧各饰一圆饼,另饰对称的两个圆饼。肩部饰两周划纹间三角形纹。通身施灰绿色釉。

图六　前掌大墓地出土原始瓷罍

图七出土于ⅠM104，口径18厘米、通高13厘米，侈口，折沿，折肩，收腹，灰白胎质，内外通施黄绿釉，折肩及圈足处可见流釉，肩有对称桥耳4个，桥耳根部两侧、上下各附加1个乳钉状泥丸。肩饰一周多重三角划纹，上下以凹弦纹界边，划纹之上对称贴附4枚横“S”形泥条，腹部拍印细密方格纹。

图七　前掌大墓地出土原始瓷罍

除此之外，前掌大墓地还出土釜、簋、尊原始瓷器各一件，这里不作详述。

二、滕州庄里西遗址出土的战国原始瓷器

1989年滕州市庄里西遗址出土两件战国原始瓷罍，这是庄里西遗址继1982年出土一件西周原始瓷罍之后，第二次出土原始瓷器。庄里西遗址位于山东省滕州市姜屯镇庄里西村，武王灭商以后，分封兄弟错叔绣来此建立了姬周宗亲国——滕国。滕国把庄里西遗址作为了姬滕公室贵族墓地使用，并一直沿用至灭亡。

这两件战国原始瓷罍(图八、图九)均出自同一墓葬，器型基本相同。

图八通高22.8厘米，口径18厘米，底径19厘米，矮直口，丰肩，圆腹，腹下部内收，平底内凹。肩部有对称两耳，耳周饰S形刻划纹。肩部、肩腹部饰两周细瓦棱纹。灰白色胎质，通体内外施黄绿色釉，釉色光亮。

图八　滕州市庄里西遗址出土原始瓷罍

图九通高23.8厘米，口径17厘米，底径16.5厘米，矮直口，丰肩，圆腹，腹下部内收，平底内凹。肩部有对称两耳，耳周饰S形刻划纹。肩部、肩腹部饰两周细瓦棱纹。灰白色胎质，通体内外施黄绿色釉，釉色光亮，出土时两耳与口沿残缺。

图九　滕州市庄里西遗址出土原始瓷罍

三、滕州地区出土的原始瓷器来源分析

原始瓷器自1929年在河南殷墟首次发现之后，先后在浙江、江苏、山东、安徽、湖北、山西、陕西、北京等地陆续都有发现。总体来说，原始瓷在夏代和商代前期多见于北方地区；商代后期至西周中期，南北方均见；西周后期至战国时期，南方地区达到了鼎盛，而北方地区基本绝迹[⑤]。

商周时期，中原地区是中国的核心区域，是政治、经济、文化、交通的中心，地处中原的洛阳北窑西周墓、平顶山应国墓地、张家坡西周墓地等墓葬都曾出土数量可观的原始瓷器。

1989年河南省文物考古研究所与平顶山市文物管理局组成考古队对平顶山应国墓地进行了考

古发掘，共发掘古墓葬300余座，其中两周时期的贵族墓葬60余座，出土了一大批珍贵的青铜器、玉器、原始瓷器等。河南平顶山应国墓地M230出土原始瓷豆20件，与滕州前掌大墓地出土的原始瓷豆无论是在造型、装饰还是在釉色方面都非常相似。

1963年春至1973年，洛阳市文物工作队对北窑遗址进行了发掘，发掘出西周墓葬348座，出土原始瓷器二百余件。洛阳北窑西周墓出土的原始瓷豆、罍、瓮与滕州前掌大墓地出土的原始瓷器在造型、纹饰和施釉方法等方面都非常相似。

梁中合提出："关于山东商周时期原始瓷器的产地问题，其产自当地的可能性很小，山东地区商周时期的这批原始瓷器，我们认为它主要源于中原。"[⑥]可以从三个方面来分析：第一，前掌大墓地出土的原始瓷器釉色基本为豆绿、黄绿，纹饰上主要采用方格纹、弦纹、附加堆纹为主，与中原地区出土的原始瓷器较为一致；第二，前掌大墓地出土的原始瓷器与滕州本地烧制的陶器在纹饰与器型方面相差较大；第三，滕州地区商周时期不具备烧造原始瓷器的条件，且尚未发现商周时期烧造原始瓷器的窑址。

除此之外，商周时期滕州与中原王朝有着较为密切的联系。前掌大墓地出土带有"史族"族徽的青铜器有六十余件，被学者认为是"史式家族墓地"。《殷墟花园庄东地甲骨》中编号为231的卜甲有刻辞："史入"，释为"史"族进贡的物品[⑦]。方辉认为前掌大墓地是妊姓史氏薛国王室墓地[⑧]，殷商时期周族与妊姓国族存在联姻关系，文王的母亲大任是妊姓之女，在滕州地区的薛国妊姓与西周王朝有较为密切的联系。

因此，可以推测前掌大墓地出土的商周原始瓷器可能是通过赏赐、媵嫁或者贸易等途径从中原地区来到滕州的。

原始瓷器从夏代中晚期发展到战国早期，烧造技术不断进步，已经可以烧造出各种类型的大型器物。浙江地区的商周原始瓷窑主要分布在德清、湖州、苕溪中游等地，其生产规模大、器形种类全、产品质量高，在中国瓷器发展史上占有一席之地。目前，在浙江北部的东苕溪流域整个流域内共发现原始瓷窑址将近150处[⑨]，从夏商时期一直烧至战国中晚期，该窑址具有烧造时间早、产量大、质量精等特点。

2007年，浙江省文物考古研究所对浙江亭子桥窑址进行了发掘，出土原始瓷瓿一件（图十），口径17.4厘米，底径15厘米，高19.5厘米，直口，方唇，短直颈，上腹扁鼓，肩部宽平，下腹缓收，平底，腹径大于器高，肩及上腹部均饰细瓦棱纹，浅灰色胎，仅外壁施釉，施釉较薄，釉色偏灰[⑩]。

图十　浙江亭子桥窑址出土原始瓷瓿

2017年3-4月浙江省文物考古研究所、德清县博物馆联合在德清县东坡岭进行考古勘探和发掘，共清理墓葬11座，其中东坡岭战国墓M5出土原始瓷瓿一件（图十一），口径15.8厘米，底径13.6厘米，最大腹径27.6厘米，高18.6厘米，矮直口，圆肩，上腹圆鼓，下腹斜收，平底内凹，两侧肩部设对称半环形耳，耳内衔圆环，灰白色胎，器表施青黄色釉，釉层较厚，有凝釉斑，局部有剥落现象[⑪]。肩部、上腹部以弦线划出装饰区域，饰以直条瓦楞纹。

图十一　浙江德清县东坡岭战国墓M5出土原始瓷瓿

将滕州庄里西遗址出土的原始瓷罍与浙江地区出土的原始瓷瓿对比会发现：第一，造型方面都是直口，方唇，短直颈，上腹扁鼓，肩部宽平，下腹缓收，大小趋于一致；第二，纹饰方面都是采用瓦楞纹，灰白色胎体，施黄绿色釉；

春秋晚期越王勾践灭吴国后，将国都迁移至琅琊，滕国成为越国的近邻。司马贞《史记索隐》引《古本竹书纪年》云："于粤子朱句三十四年灭滕"[12]。滕国被越国灭国之后，虽然后来得以复国，但又于公元前296年为宋国所灭。在春秋晚期滕国成为越国的近邻，至后来战国时期灭国后被越国统治期间，滕州地区的贵族阶层应与越国的贵族阶层有较为频繁的往来。庄里西遗址出土的这两件品相精美的原始瓷罍，也许正是这一时期作为某种政治馈赠出现在滕州地区的。

综上所述，可以推断滕州庄里西遗址出土的原始瓷罍不是本地生产的，且山东地区在春秋战国时期不具备烧造原始瓷器的条件。以浙江为中心的江南地区，原始瓷烧造业在战国时期达到顶峰，浙江的德清窑被学术界公认为中国瓷器的源头，滕州庄里西遗址出土的两件原始瓷罍应产自浙江地区。庄里西遗址出土的此种直口，方唇，短直颈，上腹扁鼓，肩部宽平，下腹缓收，平底的原始瓷器，为战国原始瓷器断代，提供了一个很好的判断依据。

四、滕州地区出土原始瓷器的意义

原始瓷器因其具有吸水性弱、玻璃光泽等优点，在商周时期的北方被作为一种珍贵器物为贵族所独有，并在死后随之陪葬，与铜器、玉器等贵重物品同置一处，起到显示墓主人身份和地位的作用。前掌大墓地与庄里西遗址都是高等级墓葬随葬原始瓷器，由此可以看出，从商代晚期至战国时期，在鲁中南地区，原始瓷器历经千年，魅力依旧，依然深受贵族阶层的喜爱和青睐。滕州前掌大墓地出土的这批商周原始瓷器从器物形态和生产工艺来看，大多达到了中原地区原始瓷器的制造水平，这也从侧面说明商周时期滕州方国与中原王朝关系密切、交往频繁，这对于研究商周时期中原文化与东夷文化之间的交流互动具有重要的意义。滕州庄里西遗址出土的原始瓷器不仅对于研究春秋战国时期滕国与吴越的关系，而且对于研究春秋战国时期南北方物料流通以及文化、礼制方面的交流都有十分重要的意义。

注释：

①中国硅酸盐学会：《中国陶瓷史》，文物出版社，1982年，第77页。

②张晓明：《泉州发现国内最早原始瓷古窑址》，《泉州晚报》2016年12月10日第003版。

③中国社会科学院考古研究所：《滕州前掌大墓地》，文物出版社，2005年，第198页。

④李鲁滕：《滕州前掌大村南墓地发掘报告》，《海岱考古》(第三辑)，2010年，第256页。

⑤孙新民、孙锦：《河南地区出土原始瓷的初步研究》，《东方博物》2008年第4期，第97页。

⑥梁中合：《山东地区商周时期原始瓷器的发现与研究》，《东南文化》2003年第7期，第23页。

⑦中国社会科学考古研究所：《殷墟花园庄东地甲骨》，云南人民出版社，2016年，第1640页。

⑧方辉：《滕州前掌大墓地的国族问题》，《东方考古》，科学出版社，2016年，第36页。

⑨郑建明：《江南地区战国原始瓷发展与越国的兴衰》，《考古学集刊》(第21集)，社会科学文献出版社，2018年，第118-119页。

⑩浙江省文物考古研究所、德清县博物馆：《浙江德清亭子桥战国窑址发掘简报》，《文物》2009年第12期，第9页。

⑪浙江省文物考古研究所、德清县博物馆：《浙江德清东坡岭战国墓发掘简报》，《东南文化》2018年第5期，第52页。

⑫[汉]司马迁：《史记》，中华书局，1982年，第1747页。

(作者单位：滕州市博物馆)

狮子山汉兵马俑四号坑“郎官俑”及其对比研究*

◇ 邢艺凡　刘　聪

内容提要：徐州狮子山汉兵马俑是楚王陵园重要组成部分，共发现五处兵马俑坑及一处兵马俑组装场所（该场所原被认为是骑兵俑坑）。其中四号坑出土陶俑 14 件，有观点认为是警卫部队或仪卫俑。北洞山汉墓出土一批俑身书写“郎中”“中郎”等文字的彩绘陶俑，部分与四号坑陶俑形制相同，说明狮子山四号俑坑陶俑属“郎官”俑。此外，“郎官”俑性质认定及“郎官”俑的分布规律可为研究秦陵兵马俑提供重要参考。

关键词：狮子山楚王陵　四号坑　秦陵兵马俑　汉兵马俑　郎官俑

狮子山汉兵马俑坑发掘于 1984~1985 年，共计六条俑坑。一般认为 1-4 号坑为步兵俑和车兵俑坑，5-6 号坑为骑兵俑坑[①]。《狮子山汉兵马俑五号坑的发现与认识》一文对五号坑的性质有了新的认识，认为是陶马俑的组装场所[②]。六号坑于 1981 年砖瓦厂破土时被发现，收集一批骑兵俑。四号坑发现时局部已遭破坏，清理出陶俑 14 件。对于这批陶俑及俑坑的认识有“警卫部队”[③]“仪卫俑”[④]及“象征管理和监督军队行动的机构”[⑤]几说。本文基本认同最后一种观点，并且认为该坑出土陶俑为“郎官”俑。

根据史籍记载及现有研究，“郎官” 出现于先秦，盛行于秦汉，是郎中、中郎等职官的泛称。《汉书·百官公卿表》：“郎中令，秦官，掌宫殿掖门户，有丞。武帝太初元年更名为光禄勋。属官有大夫、郎、谒者，皆秦官……郎掌守门户，出充车骑，有议郎、中郎、侍郎、郎中，皆无员，多至千人。议郎、中郎秩比六百石，侍郎比四百石，郎中比三百石……”[⑥]。汉初三郎指郎中、中郎和外郎，武帝时在郎官制度方面进行了改革，扩大了郎官队伍[⑦]。狮子山汉墓墓主为西汉早期楚王当无异议，兵马俑坑属同一时期。北洞山汉墓同为西汉早期楚王墓，该墓出土了一批保存较好的彩绘陶俑，其中部分彩绘陶俑身侧墨书“郎中”“中郎” 等文字，明确了该类陶俑的身份为“郎官”。此类陶俑在狮子山汉兵马俑一号坑与四号坑均有出土，这为判断郎官俑功能及部分俑坑性质提供了重要参考。

此外，秦始皇帝陵的形制及构建理念为汉代帝王所仿效，狮子山汉兵马俑在俑种、布局及功能上或与秦俑有一定的相似性。如汉兵马俑四号

* 本文是西北大学文化遗产学院 2021 年“提升计划”研究生创新项目（编号：2021WYYCT-04）阶段性研究成果。

坑与秦兵马俑三号坑是否具有相同的性质；汉兵马俑一号坑存在郎官俑现象在秦俑中是否也存在等。

为更好地解决以上诸问题，本文试将发现的线索进行梳理，并初步推理。因对相关领域缺乏深入研究，如有错漏，还请专家学者批评指正。

一、狮子山汉兵马俑四号坑

根据狮子山楚王陵现有调查及发现情况，狮子山陵园由楚王墓、王后墓、陪葬墓、兵马俑坑及各类从葬坑、建筑遗址构成[⑧]（图一）。兵马俑四号坑位于狮子山陵园西部，东距狮子山楚王墓约500米，是陵园重要的组成部分。四号坑于1994年底完成发掘，位于一、二、三号坑东侧，南北向。据简报描述：该坑发掘时已遭破坏，残长26.2米，宽1.65米，深0.2至0.4米，平底。四号坑放置陶俑较少，仅存14件，分数组排列，每组1至2件，间距2米左右。陶俑形制单一，俑周围发现有黑灰色木漆器长条痕迹，一般长20厘米，宽0.4厘米，说明这批陶俑原应手持竹木兵器等。简报称这类陶俑为着战袍俑，除一件出于一号俑坑西段外，余皆出于四号坑（图二）。这类陶俑身着双层深衣，外罩战袍，宽襦下垂，长及足部，露出上翘的鱼尾形履首，腰系带。双手共握于胸右侧，左手居上，右手在下，手中圆孔相通，原双手共握一长器件。高48.5厘米，俑身涂白色颜料，领口、袖口及履施红彩[⑨]（图三）。

兵马俑坑发掘后，考古工作人员逐渐将工作重心转移到寻找兵马俑主人，后发现了狮子山楚王陵墓并于1995年完成发掘，对于兵马俑的相关研究较少。目前比较普遍的观点是兵马俑为狮子山楚王墓的从葬俑坑，象征军队。俑坑陶俑分步兵、骑兵和车兵，1–4号坑为步兵俑和车兵俑坑，5–6号坑为骑兵俑坑。对于四号坑的认识，目前主要有“警卫部队”“仪卫俑”及“象征管理和监督军队行动的机构”几种说法。

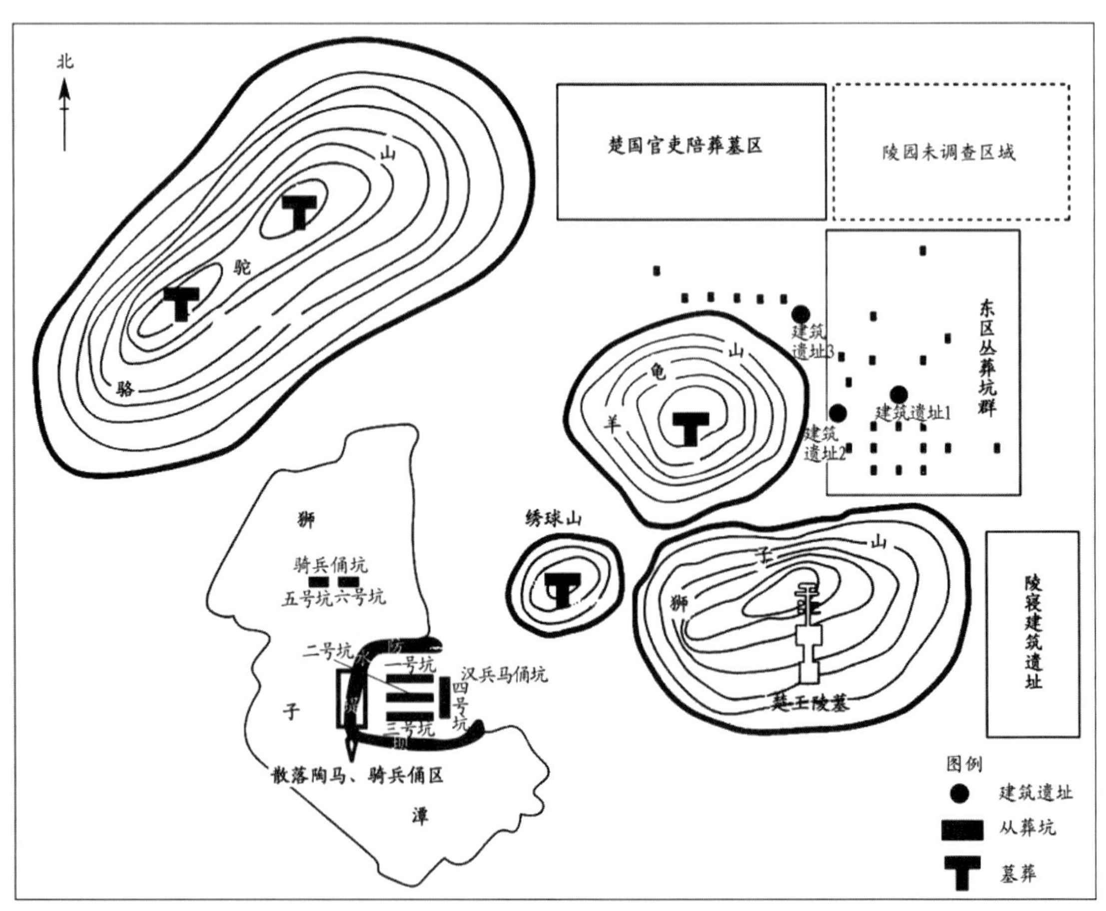

图一　狮子山楚王陵园遗迹分布图

（图片采自：周波、刘聪、邱永生：《江苏徐州狮子山汉兵马俑五号坑的发现与认识》，《东南文化》2019年第4期。）

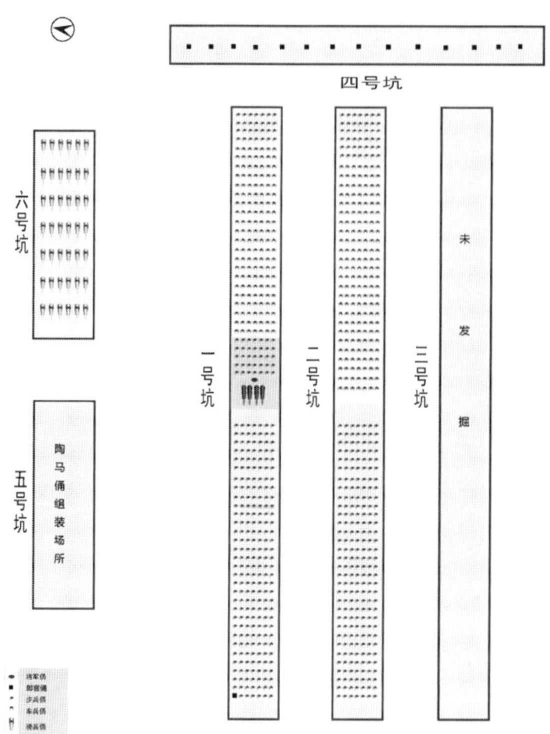

图二　狮子山兵马俑坑及“郎官”俑分布示意图

(图片改编自：葛明宇：《狮子山楚王陵》，南京出版社，2011 年，第 144 页。)

图三　狮子山汉墓四号坑出土陶俑

(线图采自：王恺：《徐州狮子山兵马俑坑第一次发掘简报》，《文物》1986 年第 12 期，第 11 页。)

“警卫部队”说由王恺先生在《秦汉兵马俑的几个问题》一文中提出；“仪卫俑”说由邱永生先生在《徐州汉兵马俑研究》一文中提出，“警卫”或“仪仗”说在《徐州狮子山楚王陵》[10]一书中亦有提及；“象征管理和监督军队行动的机构”由刘照建先生在《徐州狮子山兵马俑坑出土跪坐俑名实考》一文中提出。以上几种观点均根据陶俑形制不同明确了与其它俑坑的不同功能。狮子山俑坑陶俑均向西而立，背对主墓。四号坑位于 1–3 号坑后方，双手持兵，神色严肃。从其分布上看，更像“管理和监督军队行动的机构”。若要更准确地把握四号俑坑的性质与功能，则需对俑坑出土陶俑身份进行更准确的界定。

二、四号坑陶俑为“郎官”俑

四号俑坑出土陶俑较为特殊，这种形制的陶俑除四号坑外，一号坑最前方右侧第一个陶俑也是这种形制。二号坑西段未完全清理，不知是否也存在这种陶俑。这种形制的陶俑除一号坑与四号坑外，在狮子山陵园东区从葬坑也有发现，更重要的是西汉早期另一位楚王墓，北洞山汉墓也出土了一批这种形制的陶俑。北洞山汉墓出土的陶俑保存较好，俑身彩绘清晰可见。部分陶俑身侧墨书“郎中”“中郎”等职官名称，证明了这类陶俑的身份。

北洞山汉墓共出土各类陶俑 430 件，主要出土于墓室及小龛内，墓室内陶俑彩绘多脱落，带有文字的陶俑主要出土于龛室。报告将龛室内陶俑统称为彩绘仪卫陶俑，共 224 件。具体又分为拱手俑、执兵俑和背箭箙俑三类。带有“郎中”“中郎”文字的陶俑见于执兵俑和背箭箙俑当中(图四)。《北洞山西汉楚王墓彩绘仪卫俑身份考辨》[11]一文对这批陶俑的出土位置、形制特征及功能进行了更深入的论述，认为这批彩绘文字的陶俑身份明确，均为郎官，其主要职能是警戒护卫宫殿。狮子山兵马俑四号坑出土的陶俑属北洞山执兵俑一类。在此基础上，通过以下几点来论证狮子山这类陶俑亦为“郎官”俑。

第一、狮子山与北洞山同为西汉早期楚王墓，且无论从墓葬形制还是从出土文物看，两墓时代相近，墓主极有可能为前后相继的两位楚王。北洞山汉墓与狮子山汉兵马俑坑出土陶俑形制多有相似之处，可置于一共同时空范围内研究。

第二、狮子山汉墓四号坑出土陶俑与该区其他兵马俑坑陶俑差异明显，最重要的特征是身着两层深衣及足。这类陶俑属于北洞山汉墓执兵俑一类，而这类执兵俑自铭为“郎官”俑。

第三、同一时空范围内，陶俑形制及属性具有排他性，因此狮子山四号坑出土陶俑及一号坑右前方陶俑均为“郎官俑”。

图四　北洞山汉墓出土郎中、中郎彩绘陶俑

（图片采自：南京大学历史系、徐州博物馆：《徐州北洞山西汉楚王墓》，文物出版社，2003 年，第 83–85 页。）

此类长袍及足、双手共握的执兵俑（亦有学者称之为拔剑俑[12]）较为特殊，目前仅发现于徐州地区。除北洞山楚王墓及狮子山从葬坑外，位于徐州东郊的顾山汉墓陪葬坑以及徐州北郊的李屯汉墓亦有发现。顾山汉墓属西汉早期偏晚，可能为楚王亲近的贵族墓葬。该墓的陪葬坑除陶俑外，还出土有陶仓、陶灶等遗物[13]。李屯汉墓属西汉中期，与徐州地区西汉早期陶俑相比，体态略显丰腴[14]，这两处执兵俑均与军事无关，应具有警戒侍卫功能。除此之外，其它地区出土的兵马俑中，未见此造型，说明陶俑的形制存在明显的时空差异。

三、狮子山汉兵马俑与秦兵马俑

在对狮子山汉兵马俑四号坑陶俑性质进行界定后，再对秦汉兵马俑进行比较。此时我们发现，秦始皇陵兵马俑与狮子山楚王陵兵马俑有惊人的相似之处。首先，秦俑与狮子山楚王陵兵马俑均背向主墓，秦俑面朝东，狮子山兵马俑面朝西；其次，狮子山兵马俑排在前方的 1–3 号坑规模较大，兵马俑数量多，而其后的四号坑规模小，秦俑排在前方的一号坑与二号坑规模大，兵马俑数量多，而靠后的三号坑规模小；再次，根据发掘情况及现有研究可知，狮子山兵马俑四号坑与秦俑三号坑陶俑在性质与功能上有极高的相似性，或均属于“郎官”系统（图五）。

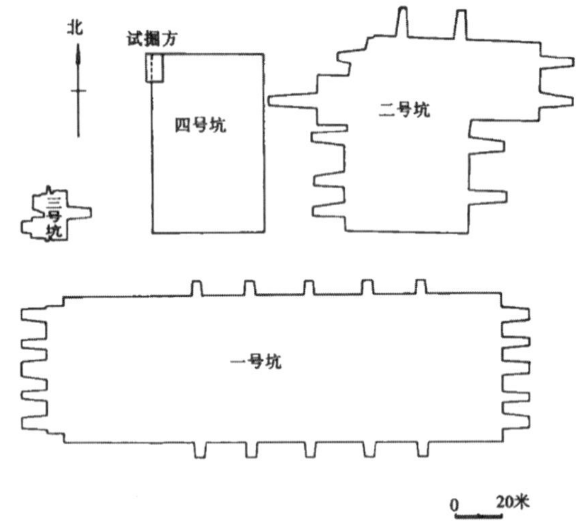

图五　秦陵兵马俑坑分布示意图

（图片采自：刘占成：《秦兵马俑“四号坑”质疑》，《秦文化论丛》（第 13 辑），三秦出版社，2006 年，第 391 页。）

根据《秦始皇陵东侧第三号兵马俑坑清理简报》，发掘者认为三号俑坑可能是统帅第一、二号俑坑的指挥部，即军幕，陶俑类型则多似警卫[15]。此后，张仲立先生撰文认为三号坑是军伍社宗，并指出这样做的一个重要目的是把军队的一切置于遵从皇帝和国家信义的监督和环境格局的制约之下[16]。至此，可以将狮子山汉兵马俑四号坑与秦俑三号坑再次联系起来，“警卫部队”“仪卫俑”“象征管理和监督军队行动的机构”等说是学者对狮子山三号俑坑性质的认识，这与学者对秦俑四号坑的认识十分一致。狮子山兵马俑四号坑若为郎官俑，则秦俑三号坑陶俑是否为郎官俑呢？

关于秦俑的性质及功能，前辈学者多有研究。黄今言先生结合文献记载，从秦俑三号坑的位置、形制以及出土的陶俑、驷乘车等方面分析认为三号坑应是象征郎中令统领的宫廷侍从——郎卫[17]，这与狮子山兵马俑四号坑的特点十分相似。而刘占成先生认为，秦兵马俑中存在郎官俑，并进一步指出位于一号坑东段(前端)的介帻俑属郎官系统[18]。若此说成立，则又与狮子山汉兵马俑一号坑前端存在郎官俑相对应。秦陵兵马俑中是否存在郎官俑，本文不再深入考证，但从秦陵兵马俑与狮子山汉兵马俑的比较中可以得出以下结论：

1.秦始皇陵兵马俑与狮子山楚王陵汉俑有诸多相似性。

2.秦俑三号坑与一号坑前段介帻俑或与狮子山四号坑陶俑身份相同。

3."监督管理"应是狮子山汉兵马俑四号坑与秦俑三号坑陶俑所代表身份的主要职能。

四、结语

狮子山汉兵马俑四号坑与北洞山汉墓出土的执兵俑为"郎官"，属郎卫系统。其具体职能因其出土位置而异。北洞山汉墓"郎官"位于墓道两侧的龛室内，应具警戒守卫职能；狮子山汉兵马俑坑"郎官"为兵马俑军阵的一部分，应具监督管理职能。

狮子山汉兵马俑与秦始皇陵兵马俑发掘至今均已数十载，研究成果层出不穷，已解决了诸多问题，但仍有部分问题需要探讨。兵马俑的性质及功能至今仍有争议；秦俑四号坑是否为未完成的空坑值得思考。有观点认为狮子山汉兵马俑五号坑为陶马俑的组装场所，秦俑四号坑是否具有相似的功能呢。秦俑个体远大于汉俑，在俑坑内或俑坑附近完成组装更为合理，从四号坑的位置及试掘情况看，该坑存在为陶俑组装场所的可能。若想准确判断四号坑的性质，尚需深入考古钻探发掘。

注释：

①王恺、邱永生：《徐州狮子山兵马俑坑第一次发掘简报》，《文物》1986年第12期；邱永生：《徐州汉兵马俑研究》，《徐州师范学院学报(哲学社会科学版)》1987年第2期，第24–28页；刘照建：《徐州狮子山兵马俑坑出土跪坐俑名实考》，《中国国家博物馆馆刊》2013年第12期，第72–79页。

②周波、刘聪、邱永生：《江苏徐州狮子山汉兵马俑五号坑的发现与认识》，《东南文化》2019年第4期，第18–22、67页。

③王恺：《秦汉兵马俑的几个问题》，《文博》1987年第1期，第18–22页。

④邱永生：《徐州汉兵马俑研究》，《徐州师范学院学报(哲学社会科学版)》1987年第2期，第24–28页。

⑤刘照建：《徐州狮子山兵马俑坑出土跪坐俑名实考》，《中国国家博物馆馆刊》2013年第12期，第72–79页。

⑥[汉]班固：《汉书·百官公卿表》，中华书局，2010年，第256页。

⑦史云贵、于海平：《外朝化与平民化：中国古代郎官考述》，《史学月刊》2004年第1期，第20–27页。

⑧刘聪、周黎、周波：《徐州狮子山西汉楚王陵园考古调查及初步研究》，《中原文物》2019年第6期，第96–105页。

⑨王恺、邱永生：《徐州狮子山兵马俑坑第一次发掘简报》，《文物》1986年第12期。

⑩王恺、葛明宇：《徐州狮子山楚王陵》，生活·读书·新知三联书店，2005年，第29页。

⑪刘蕾、孟强：《北洞山西汉楚王墓彩绘仪卫俑身份考辨》，《南方文物》2021年第3期，第288–292页。

⑫王晨仰：《秦、西汉时期兵俑研究》，西北大学硕士学位论文，2015年。

⑬刘尊志：《江苏徐州市顾山西汉墓》，《考古》2005年第12期。

⑭徐州博物馆：《江苏铜山县李屯西汉墓清理简报》，《考古》1995年第3期。

⑮秦俑坑考古队：《秦始皇陵东侧第三号兵马俑坑清理简报》，《文物》1979年第12期，第1–12、98页。

⑯张仲立：《秦俑三号坑性质刍论》，《文博》1990年第5期，第107–111、343–346页。

⑰黄今言：《秦代中央军的组成和优势地位——兼说秦兵马俑所反映的军制内涵》，《文博》1994年第6期，第24–28页。

⑱刘占成：《秦兵马俑中的"郎系统"》，《唐都学刊》2013年第5期，第54–57页。

(作者单位：西北大学文化遗产学院 徐州汉兵马俑博物馆)

唐代金银笼子及其用途考

◇ 王　堆

内容提要：资料所见唐代笼子多为金银等贵金属材质，造型精美、装饰典雅、工艺精湛，使用者为皇室贵胄或达官显贵。目前多数研究者认为笼子是一种贮茶器或烘焙器，这种观点已成为博物馆展览、著作等的学术基础，但也有学者认为笼子可能为香具。本文在此基础上，考证笼子就是日常生活中常用来盛装物体的器具，可以用作储茶器。

关键词：茶笼　贮茶器　烘焙器　熏笼

笔者查阅资料，仅见考古出土、流传存世的唐代笼子6件，均为金属材质，极为珍贵。目前研究者多认为笼子是一种茶器，这种学术观点被广泛应用于大唐宫廷茶艺表演及博物馆临时展览，如国家博物馆“大唐风华展”、台北历史博物馆“盛世皇朝秘宝——法门寺地宫与大唐特展”、陕西历史博物馆“唐天子的茶——陕西国宝系列特展之法门寺出土皇家茶具”、西安博物院“千年人文·长安茶风——传统茶器文化展”等展览，但也有学者认为笼子是熏笼。本文在此基础上试图对资料所见笼子进行集中考察，考证笼子就是生活中常用的盛装物体的器具，普通百姓所用多为竹子编制，皇家或者贵族多用金银等材质的笼子。

一、公开发表的有关笼子的资料

（一）鎏金镂空飞鸿球路纹银笼子（图一），1987年法门寺塔地宫出土，《衣物帐》载“笼子一枚，重十六两半（重654克）”，通高17.8厘米、盖高4.6厘米、盖径16.1厘米、腹深10.2厘米、足高2.4厘米。圆柱形，通体镂空，底部边缘錾刻“桂管臣李杆进”六字[①]。

图一　鎏金镂空飞鸿球路纹银笼子

（二）金银丝结条笼子（图二），1987年法门寺地宫出土，《衣物帐》载“结条笼子一枚，重八两三分（重355克）”，通高15厘米，长14.5厘米，宽10.5厘米，笼体为椭方形，笼底原有木片垫底，出土时木片已腐朽[②]。

图二　金银丝结条笼子

(三)鎏金镂空飞鸿球路纹银笼子(图三),1991年河南洛阳伊川县鸦岭唐齐国太夫人墓出土,直径7.5厘米、高6厘米,盖、提梁已残,圆柱形,通体镂空,外底錾刻“三两七分半”③。

图三　鎏金镂空飞鸿球路纹银笼子

(四)鎏金银镂空鸿雁球路纹铜笼子(图四),潘振元先生收藏,高18.5厘米,口径15厘米,笼盖圆隆,直口,直腹,平底,圆柱形,通体镂空④。

(五)2011年陕西历史博物馆征集到一件银笼子,通高10厘米,笼体高8.3厘米,重80克(图五),圆柱形,通体镂空⑤。该器物现陈列于陕西省历史博物馆“陕西古代文明”第三展厅。

(六)美国古董商、收藏家安思远收藏一件局部鎏金镂空银笼子,高10.5厘米,2015年被纽约佳士得拍卖(图六)⑥。

图四　鎏金银镂空鸿雁球路纹铜笼子

图五　银笼子

图六　局部鎏金镂空银笼子

二、笼子的类型

《唐六典》记载了唐代14种金银加工工艺：销金、拍金、镀金、织金、砑金、披金、泥金、镂金、捻金、戗金、圈金、贴金、嵌金和裹金，现代语言表达为：铸造、锤鍱、鎏金、掐丝、炸珠、金银珠焊缀、焊接、錾刻、镶嵌、金银错、金银平脱、铆接、切削和抛光。一件金银器的完成，工匠们往往综合运用了多种工艺，上述6件笼子亦不例外，但依据器身的主要工艺，笔者将其分为两类：

(一)金银丝编织工艺。法门寺金银丝结条笼子、陕西历史博物馆银笼子即属此类。编织，即用金丝或银丝或单股或多股编织成器形，但做成立体式器皿则需要"堆灰"，即先用白芨液调和炭塑出器形内模，再在外表用金丝银丝累丝，器形完成后将炭模烧毁取出，形成中空的金丝或银丝器物，法门寺《物帐碑》又称编织工艺为"结条"。这种工艺精细、耗时，艺术效果却是玲珑剔透。陕西历史博物馆银笼子整体用银丝编织而成，纹饰呈球路纹。与其相比，法门寺金银丝结条笼子更加富丽堂皇，散发着皇家气派，笼子用银丝编织成双层胡椒眼状孔图案，此件器物工艺精巧，令人叹为观止，代表了唐代金丝编织工艺的最高水平，也证实了唐代金银编织工艺已经进入了成熟阶段。

(二)模冲成型，通体镂空。法门寺鎏金镂空飞鸿球路纹银笼子、齐国太夫人鎏金镂空飞鸿球路纹银笼子、潘振元收藏的鎏金银镂空鸿雁球路纹铜笼子、安思远收藏了的局部鎏金镂空银笼子归属此类。模冲即在金银器物的表面，以事先预制好的模具冲压出凸起的花纹图案，模冲工艺呈现的纹饰形象逼真，具有省时省力的优点。镂空，錾刻的一种，即用工具錾刻掉设计中需要去除的部分，形成透空的纹样，又称透雕。

三、笼子的"主人"

唐中期以前，政府设置少府监掌治署、少府监中尚署金银作坊院专门机构来掌管皇家金银器的制作，中后期又设置文思院，与此同时金银器制作开始突破中央政府的垄断，出现了地方政府甚至私人经营的作坊。法门寺出土的金银器诸如茶槽子、茶罗子等錾刻有文思院，金银丝结条笼子虽未錾刻或者墨书文思院制作，但出自文思院的可能性比较大。唐肃宗、代宗、德宗三朝，进奉之风日益盛行并逐渐形成制度，法门寺鎏金镂空飞鸿球路纹银笼，据冉万里先生考证为李唐皇室贵胄宁王李宪之孙"李扦(李杆)"在唐代宗至唐德宗时期的进奉之物[⑦]，应为地方政府金银作坊院制作。这两件笼子都是唐僖宗咸通十四年(874)送还法门寺佛骨时，用来供养佛祖，以祈求佛祖降福，保国泰民安的。河南洛阳伊川县鸦岭出土的鎏金镂空飞鸿球路纹银笼子的主人齐国太夫人，濮阳吴氏，生于唐代宗广德元年(763)，卒于唐宪宗长庆四年(824)，是唐金吾卫大将军吴希光之女，唐成德军节度使王士真之妻、唐成德军节度使王承宗之母，吴希光、王士真、王承宗三人两《唐书》均有记载。吴氏先被封为燕国太夫人，后又改封为齐国太夫人，身份显赫，墓葬出土文物多达1659件。潘振元先生收藏的鎏金银镂空鸿雁球路纹铜笼子，虽然质地没有银质的笼子好，但也应为贵族所用，极有可能是皇帝对功臣的赏赐之物……极有可能是由少府监中尚署直属的金银作坊院制作，是为官作[⑧]。陕西历史博物馆征集的银笼子及安思远收藏的局部鎏金银笼子征集、收藏经过不详，难以考证其主人，但在唐代金银器作为身份地位的象征以及其本身的稀有性，几乎为皇室贵族所垄断，因此这两件笼子的主人也应为达官贵人且多为官府制作。可见这些金银等贵金属材质的笼子，拥有者为皇室或者达官显贵，显示了他们身份的高贵，也佐证了唐人"美食不如美器"的思想观念及奢华的生活。

四、笼子的用途

关于这些笼子的用途，目前多数研究者认为其为茶具，在饮茶活动中具体用途有以下几种观点。

(一)贮茶器。孙机先生在《法门寺出土文物中的茶具》一文中提到笼子"它们大约是盛茶饼用的"，沈冬梅先生在《茶与宋代社会生活》中也提到"法门寺地宫出土茶具中的两款鎏金银茶笼，说明唐人也用茶笼贮放饼茶"等等。陆羽《茶经·六之饮》记载唐代茶叶有四种：粗茶、散茶、末茶、饼茶，但以生产饼茶为主，粗茶、散茶、末茶极少。饼茶通过蒸茶、解块、捣茶、装模、拍压、出模、列茶(晒干)、穿孔、解茶、贯茶、烘焙、成穿、封茶等步骤制成，有圆形、方形、花形等形状，如不妥善加以保藏，会很快变质，香气散失，味道不良，甚至发霉而不能饮用，所以唐人十分重视茶的存储，保持茶的品质。唐韩琬《御史台记》记载："兵察厅掌院中茶，茶必市蜀之佳者贮于陶器，以防暑湿。御史躬亲监启，故谓之御史茶瓶。"考古出土实物资料也证实唐人用漆盒、瓷罐、滑石罐等储藏茶叶。除此之外，唐人还特别重视茶叶的包装，唐代诗人卢仝《七碗茶歌》"口云谏议送书信，白绢斜封三道印"，《茶经·四之器》记载唐人用纸囊"以贮所炙茶，使不泄其香也"。可见唐人常用纸或绢类等细薄丝织品来包装茶饼，以达到藏茶的目的。至于用笼子储藏茶饼，《茶经》并没有记载。《茶经·二之具》所载"籯，一曰篮，一曰笼，一曰筥，以竹织之，受五升，成一斗、二斗、三斗者，茶人负以采茶也"。《茶经·四之器》又载"筥，以竹织之，高一尺二寸，径阔七寸。或筥用藤作木楦，如筥形织之，六出圆眼，其底盖若筐口铄之"。可见笼子是一种盛物竹筐，这里分别被用作采茶器和煮茶器。所以笼子的具体用途，需要参考具体的活动场景。当然唐宋人也习惯用笼子盛装茶饼，因此笼子也可视作储茶器，唐代康骈《剧谈录》就有这样的记载：慈恩寺老僧的红牡丹，被人掘走，取花者谓僧曰："窃知贵院旧有名花，宅中咸欲一看，不敢预有相告，盖恐难于见舍。适所寄笼子中，有金三十两，蜀茶二斤，以为酬赠。"宋人的饮茶之法继承了唐代，使用的茶具大致相同。北宋蔡襄《茶录·论茶器》记载"茶笼，茶不入焙者，宜密封裹，以笼盛之，置高处不近湿气"。指出了茶笼为储藏茶饼的器物，具体用法是放置高处，但茶笼的具体形制并不清楚[⑨]。而辽国社会生活中的饮茶之法又深受宋代的影响。1993年河北宣化辽张文藻墓前室东壁《童嬉图》(图七)，整个画面展示了选茶、碾茶、煮茶、点茶的全套茶具，画面最右侧，一名茶童手撑双腿跪于地上，另一位髡发童子双足踩在他的肩上，双手伸向吊篮去取装在里面的桃子，这个篮子不仅器型与唐代金银材质的笼子颇为相似，笼子在画面中的情景与蔡襄文字描述的茶笼较为吻合，但它明显没有用于储藏茶饼，篮子里的桃子应为饮茶时所搭配的果品[⑩]。因此笔者认为笼子是生活中常用的盛装物体的器具，一般用竹篾编制而成，可用于储藏茶饼，但镂空的笼子虽然便于通风干燥，但当空气湿度大时也容易致茶饼潮湿，所以笼子适宜于临时性、短时期内盛装茶饼。

图七　辽张文藻墓前室东壁《童嬉图》

(二)烘焙器。唐宋盛行的饼茶，水分含量比较高，茶饼需要烘焙，使水气蒸发，考古专家韩伟先生在《从饮茶风尚看法门寺等地出土的唐代金银茶具》一文中首次认为笼子为烘焙器，之后韩生《法门寺地宫唐代宫廷茶具》、张高举《从法门寺地宫出土的茶具看中国茶文化与日本茶道》等等学者也支持笼子是烘焙器，具体用法是将茶笼至于炭火之上[⑪]。陆羽《茶经》记载烘焙器为育"以木制之，以竹编之，以纸糊之。中有隔，上有覆，下有床，旁有门，掩一扇，中置一器，贮塘煨火，令温煴然"。北宋蔡襄《茶录》称烘焙器为茶焙"编竹为之，裹以蒻叶。盖其上，以收火也；隔其中，以有容也。纳火其下，去茶尺许多，常温温然，所以养茶色香味也"。宋徽宗《大观茶论》又称其为"焙篓"，我们有幸在《文会图》中一览"焙篓"的形制(图八)，其造型与"育"、茶焙等的文字描述较为吻合，另外南宋审安老人《茶具赞图》也配有韦鸿胪即焙篓的插图。本文所列笼子笼体中空，没有隔层，也没有放置炭火的地方，这与文献中所记茶焙、育的形制完全不符。另外唐人饮茶第一道工序是"炙茶"，《茶经》记载所用工具为竹夹"持以逼火，屡其翻正，候炮出培塿状虾蟆背，然后去火五寸，卷而舒则本其始，又炙之"。让茶从外到内被烤热，又不能把茶烤焦，除了掌握好火候外，还需要不时的翻动茶饼。如果茶饼置于笼子内进行炙烤，一会“逼火”、一会“去火五尺”，还要“屡其翻正”，操作还不如用竹夹子方便。但笼子置于炭火之上，的确也能去掉茶饼的水分。笔者认为笼子只是能起到烘焙器的作用，但不是专门的烘焙器。部分学者还认为笼子既是贮茶器又是炙茶器。如呼啸《陕西历史博物馆近年新征集金银器举要》“(茶饼)平时，用纸或箬叶之类包存，放在茶笼里，挂在高处，通风防潮。饮用时随手取出，如果茶饼已受潮，还需要将茶笼放在炭火上稍作烤，使茶饼干燥，便于碾碎”[12]。

图八 《文会图》

(三)熏笼。当然也有专家认为金银笼子不是茶具，如王郁风《法门寺出土唐代宫廷茶具及唐代饮茶风尚》“(茶笼)因陆羽《茶经》和历代茶文献均无记载，是否确系唐代茶具，还有待进一步考证”[13]。法门寺鎏金镂空飞鸿球路纹银笼子出土时内装两件香囊：鎏金雀鸟纹镂孔银香囊和鎏金双蜂团花纹镂孔银香囊。满城汉墓铜熏炉出土时也是放置于铜提笼子中（图九），孙机先生认为二者应为一套器物，有学者认为法门寺两件笼子造型及用途上应与满城汉墓当中的提笼相同，笼子应为香具之一的熏笼[14]。古人熏染衣物，直接放在熏炉上熏当然是不可行的，为解决这一问题，设计出了与熏炉配套使用的器具即熏笼。熏笼最早可能出现于秦汉时期，是一种罩在香炉外面的笼形器物，分为衣熏笼、被盖熏笼、手巾熏笼。长沙马王堆一号汉墓曾出土竹质的熏笼（图十），这是目前看到的最早的熏笼实物。明代画家陈洪绶依据白居易《后宫词》绘制了《斜倚熏笼图》(图十一)。实物、图像资料证实，笼子形制近似半球体或者锥体，具体用法是将其罩在香炉外。而本文所涉及的笼子与熏笼的造型差异是显而易见的。笼体镂空虽然便于香烟飘散出来，但笼底镂空不便于放置熏炉。假设笼子是熏笼，需要熏香的衣物只能放置于笼盖，然笼盖装饰复杂，以法门寺金银丝结条笼子为例，盖心以金丝编织成塔状物，并衬以金丝花瓣，塔状物四周各有一朵金丝团花，这样的笼盖如何放置熏物，笼子如何发挥熏笼的功能？镂空飞鸿球路纹银笼子内装的香囊，内部采用了持平装置，即承接香盂的两个同心圆持平环是可以活动的，无论香囊如何转动，香灰都不会洒出来，因此这种香囊可以直接放入被褥熏香，也可以随身佩戴，还可以悬挂于室内或者车舆之中，可见这种香囊在熏衣物时是不需要熏笼的，笼子不应是熏笼。

图九 满城汉墓铜熏炉

图十 长沙马王堆一号汉墓竹质熏笼

图十一 《斜倚熏笼图》

除上述情况外，1985年唐郑绍方墓中出土一件短柄铜勺，出土时也是存放于笼子之内[15]。1988年唐中宗韦皇后之弟韦浩(葬于708)墓出土的《携婴饲鸟出行图》中的笼子装满了无花果(图十二)，等等。因此笔者认为香囊、铜勺、无花果、桃子、茶饼等放置于笼子，恰恰说明笼子是人们日常生活中常用的一种盛物器。

图十二《携婴饲鸟出行图》

注释：

①陕西省文物考古研究所：《法门寺考古发掘报告》，文物出版社，2007年，第130页。

②陕西省文物考古研究所：《法门寺考古发掘报告》，文物出版社，2007年。

③严辉、杨海钦：《伊川鸦岭唐齐国太夫人墓》，《文物》1995第11期，第24-44页。

④潘振元：《鎏金银镂空鸿雁球路纹铜笼子》，《收藏》2010年第11期，第83页。

⑤呼啸：《陕西历史博物馆近年新征集金银器举要》，《文物天地》2018年第11期，第81-82页。

⑥欣弘主编：《729唐 银局部鎏金镂空茶笼子》，《古董拍卖年鉴》，2016年，第133页。

⑦冉万里：《唐代金银器錾文中的"李杆"与墓志铭中的"李扦"小考》，《公众考古学》2020年，第299-235页。

⑧潘振元：《鎏金银镂空鸿雁球路纹铜笼子》，《收藏》2010年第11期，第83页。

⑨1998年福建邵武朱熹弟子黄涣墓出土了一件上层方盒，子母扣合，通体银丝编织成斜六角形镂空图案。专家依据法门寺出土的两件笼子，认为其是茶笼，这是目前唯一一件宋代银茶笼。

⑩唐人饮茶时配有水果、糕点等茶点，得到了考古实物资料的证实，唐大和六年司马进夫妇合葬墓出土一件茶盘，盘内及沿上摆放盛有水果和点心的盘子以及茶盏，果盘饰绿釉，水果和点心饰粉色釉。见刘富良、张鹏辉：《巩义市东区天玺尚城唐墓M234发掘简报》，《中原文物》2016年第2期。

⑪"(笼子)还可以架(即鹤首银支架)上置笼或直接置茶饼，下置炭火，用箸夹烤茶饼。"令笔者疑惑的是既然支架可以直接放置茶饼，为何还要在支架上再放置笼子，烘焙器的叠加使用，不免有些画蛇添足。见梁子：《伊川齐国太夫人墓出土金银器用途考》，《文博》1997年第4期，第51-52页。

⑫呼啸：《陕西历史博物馆近年新征集金银器举要》，《文物天地》2018年第11期，第81-82页。

⑬王郁风：《法门寺出土唐代宫廷茶具及唐代饮茶风尚》，《农业考古》1992年第2期，第94-101页。

⑭杨海霞：《汉唐熏香风俗对熏香器具设计的影响》，《艺术研究》2010第3期，第66-67页。

⑮邢建洛：《洛阳唐代墓葬出土的茶具综论》，《洛阳考古》2016年第4期，第70-74页。

(作者单位：西安博物院)

考古遗物与出土文献——双重视角下的封泥研究*

◇ 吴剑芳

内容提要:封泥作为具有考古遗物和出土文献双重身份的特殊遗存,其研究范围涉及类型学、功能与使用、职官地理、文字字形释读和书法艺术等多个领域。当前,作为承载文字信息的封泥,已被诸多学者汇编整理,并开展相关研究。对于某些关键的学术问题,某些文献记载无从考证的史实,一枚封泥可能就是破解的线索。但与此同时,需要认识到封泥作为考古遗物的重要性。封泥的功能及其使用差异、墓葬中的出土情境与丧葬仪式的关联、封泥泥料的制作及其在不同地区的差异等问题,目前还知之甚少;更有学者尝试开展对封泥的科技分析,这开辟了封泥研究的新思路。因此,如何更好地整合封泥的考古背景和文字信息共同研究,将是未来拓宽封泥研究领域、深入封泥研究层次的探索方向。

关键词:封泥 考古遗物 历史地理 职官制度

一、前言

封泥又称"泥封",是古代使用玺印的遗迹。以玺印加盖于泥团之上,用火烧烤使其干硬,用于封检文书或各类物品,从而起到密封作用。从战国至魏晋时期,均可见封泥使用的证据,但其主要流行于秦汉时期。魏晋之后,由于纸张和布帛等书写材料逐渐代替木简,封泥的使用渐趋式微。作为具有考古遗物和出土文献双重身份的特殊遗存,封泥的研究范围涉及类型学、功能与使用、职官地理、文字字形释读和书法艺术等多个领域。当前,作为承载文字信息的封泥,已被诸多学者汇编整理,除职官地理外,更有学者对封泥文字字形演变、字义考释等进行研究。封泥文字保存了大量文字形体、秦汉官制和行政地理方面的直接资料,对于研究文字书体演变以及郡国县邑建置沿革等政治、经济制度具有独特价值。然而,封泥作为考古遗物所具有的诸多信息也不可忽视,如何更好地结合封泥的考古背景和文字信息共同研究,将是本文致力探索的方向。

二、封泥的发现与研究

封泥最初在道光年间被偶然发现,为当时金石学家所关注并收藏,但并不清楚其性质和用途。直至清末金石学家刘鹗在其对封泥著录的《铁云藏封泥》一卷中谈到:"泥封者,古人苞苴之泥而加印者也"①,这才了解封泥一物的真正性质和用途。此后,不少学者意识到封泥的重要性和研究价值,纷纷收集封泥并著录成书。直至21世纪初,各类封泥收录数量已达数千个,囊括传世和各地出土封泥。尤其

* 本文受到河南省哲学社会科学规划项目(2020CKG002)的资助。

是上世纪末西安北郊相家巷出土的数千枚秦封泥，引发了封泥研究的新热潮，话题涉及封泥考释、断代研究、职官地理、文字书法研究等多个领域。

封泥的研究内容前文已略提及，具体可分为职官地理、断代辨伪、封检形式与方法、官印体制与文字书法、封泥形态、玺印艺术等。其中，尤以职官地理研究为重，只因封泥文字的史料以反映秦汉时期官制、郡县建置的内容最为丰富，具有其他出土资料与典籍无可替代的直接性和准确性，是古代官制和秦汉郡县制研究的第一手资料。例如，《封泥考略》一书利用封泥这一实物来证史、补史，以《汉书·百官公卿表》和《汉书·地理志》为纲，引用汉代典籍为主注释封泥文字，反之，再以封泥文字推证史书记载之错漏，阐明其中未释的官制、地名，补正史书传讹[②]。这是早期研究者利用封泥资料进行古史研究的最主要方法和成就。20世纪70年代至80年代初，罗福颐《古玺印概论》对晚清以来封泥著录中已获得的地名、官名史料做过一次归纳，并将封泥证史的意义表述为：一、校郡县名之殊异；二、补官制之缺佚；三、辨记载之漏略；四、正史志之违异；五、明沿袭之讹字[③]。这一总结十分妥切地反映了当时封泥与职官地理研究的状况。相较之下，封检形式与方法研究与封泥本身作为考古遗物的角色更为相关。封泥是古代封检的遗物，是研究秦汉时期简牍封检形式的重要实物资料。例如，王国维原著《简牍检署考校注》论述了简牍封检与封泥之间的关系，他提出在简牍时代，封泥与玺印的使用是不可分离的两个方面，而至南北朝时简牍废弛，“朱印之事始著明于史籍。盖封泥之事，实与简牍俱废矣”[④]。此外，有学者注意到不同封检形态的时代性问题，认为不同的封检方法总体上具有一定的演变规律(例如秦及汉初还存在直接封于简牍的简陋方式)，能够成为印文、印式以外的断代条件，为封泥的分期断代研究提供线索[⑤]。

根据封泥的发现和研究历史，有学者将晚清以来的封泥出土、著录和研究分为三个阶段[⑥]。第一阶段为清末时期，围绕封泥的出土和金石学家的收藏著录，开始出现封泥谱录的集辑。而后至民国初期，山东等地出土大宗封泥，一些学者竞相收录整理。新中国成立后，随着科学考古发掘的开展，分布广泛、地点和时代比较明确的封泥陆续出土；这几十年间，学界再度重视封泥的汇编整理，并结合考古学、史料学等学科，使研究步入了更为深入的层次。

近年来，有关封泥的研究不断发表。除相关的资料披露外，不少学者展开综合性的封泥历史地理或职官制度研究，取得了丰硕成果。再有，部分封泥文字是解决历史问题的关键线索，已成为某些重大问题的突破证据。此外，封泥作为考古遗物的类型学研究、墓葬出土封泥及配套设施(如封泥匣)所反映的身份地位研究等拓展了现今封泥研究的范围，带给我们更多的思考和更深的认识。

三、作为考古遗物的封泥

作为考古遗物的封泥，其主要研究包括类型学分析、使用功能、出土情境以及封泥泥料与质地等研究。

有关封泥的类型学研究并不多，目前主要是孙慰祖对中国古代封泥进行了较为全面的分期断代研究，将封泥的演变划分为战国封泥、秦代封泥、西汉封泥、新莽封泥、东汉封泥和魏晋封泥六个阶段，其中西汉时期又具体分为西汉早期、中期和晚期；东汉时期具体分为东汉前期和东汉后期[⑦]。但在其具体的分类标准中，除封泥自身的形态特征、还囊括封检形式、文字风格和具体的文字内容[⑧]，并且往往通过文字反映的时代内容反推此时期封泥的外在特征，这与史前陶器的类型学分析已然不同。尽管如此，封泥的分类仍然具有十分重要的意义，帮助我们把握各个时期封泥的特征，并能够提供对新出土封泥性质和年代进行准确判断的依据。再有学者对汉代封泥进行了系统的类型学分析，根据封检形式和形态，将汉代封泥分为六大类——露布型、附着铜匣型、直接封物型、附着木匣型、四分之一圆球形和其他类型，从中窥探汉代封泥形态的演变与发展[⑨]。这一分类体现了封泥本体的特性，除了形态特征外，还兼顾了封泥使用的配套设施，无疑能够对汉代封泥的使用有更好的了解。

封泥的功能和使用同样是考古学上需要关注的一点。前文谈到封泥的性质和功能已无异议，用以封检物品达到密封作用，但其具体使用流程以及不同人使用(如公印与私印)是否有差异同样是值得讨论的问题。尽管使用封泥的目的一致,但不同的封检形式会造成不同的封泥形态。直接将封泥置于物品之上,在泥背会形成相应的痕迹,诸如谷物痕或织物痕;将泥封于绳结上,封泥多形成不规则的团块状,绳结易朽,泥背则会留有绳孔痕迹;再有更为特殊的封检形式,如合封,即西汉时期出现同时钤抑两印或以上的现象,这可能反映了汉代社会更郑重的封检程序,这无疑有利于理解封泥的使用,及其背后反映的古人对不同封检物品的看法[10]。更有学者从封泥和简牍之间的关系出发,认为连接两者的媒介为"检",并结合出土文献等资料,尝试梳理文书封检及传递过程中形成的规则——封检制度[11]。关于封泥的相关配套设施——封泥匣,也有学者展开了对其功能的讨论。封泥匣内凹处用以放置封泥,因此有些特殊的封泥泥背特征并不与所封文书或物品直接关联,而是与封泥匣有关。封泥匣较为常见的是木质,少量为铜质,其质地的不同显然与所用人群或封检物品相关,如徐州西汉楚王墓出土的铜封泥匣,应为皇室与臣子往来专用,为朝廷的赙赠物品所用[12]。由上述分析可知,尽管总体上封泥为密封之用,但不同人的使用方式和使用器物有别,因此,封泥本身及其相关配件对于理解所封物品的贵重程度、古人对封检程序的认可和不同人的身份地位等都有十分重要的作用。

在考古学研究中,除关注遗存的时空关系外,情境是比时间早晚和空间关系更丰富的一层概念,它关注环境、背景、具体位置以及与其他遗存的关系等等。封泥作为考古遗物,其出土情境同样值得研究。目前来看,封泥主要出土于墓葬或灰坑中。上世纪末出土的西安相家巷封泥,最初学者们对其年代有不同说法[13],其主要原因是仅从封泥文字或风格出发讨论,还未从考古地层上证实其具体年代[14]。但此时也有学者注意到这批封泥出土于一处大型灰坑或早期垃圾堆积,应当是使用后的封泥废弃之地,其年代应当较为纯粹(不会包含秦汉两朝的遗存)[15]。由此可见,封泥的出土背景及其作为考古遗物的信息不可忽视,否则诸多争论难以有定论。除此之外,汉墓中发现的大量封泥一般是为办丧事者或赗赠物品者封检,故此这些封泥并不反映死者名号,可能是家臣或家族中的成员[16]。由此,墓葬中的封泥文字可能体现了死者生前的地位及其人际关系,而不同封检物品和封泥如能对应,无疑有利于研究丧葬制度及相关仪式。再有西汉陵墓中诸多陪葬坑中的封泥内容,如洛庄汉墓的陪葬坑内发现有"吕大官印""吕内史印"等封泥,表明这些陪葬坑代表官府机构,应是模拟政府管理机构的外藏系统[17]。这对理解秦汉陵寝制度、中央集权政体的构建与成熟提供了探索性证据。

最后,封泥作为考古遗物中最基本的属性在于它的原料。这一点在众多封泥研究中极少有人注意到,封泥的质地等自身属性和制作并未像陶器一样得到充分研究,一部分原因在于文字信息往往更为引人注目,再即是其工艺简单,制作可能也较为随意,因此其质地、颜色等属性难以作为区分的标准(不似陶器可用作分期断代的参考)。有学者认为秦代对封泥所用泥料尚无制度性的规定,而汉代似乎已有专门用以公印使用的胶泥[18]。这一论断提醒我们,如果封泥的质地、颜色及其相应配件如封泥匣的使用走向标准化,乃至出现专门负责的机构,那么泥料的制作也应有相应的规程。甚至不同地区这一标准是否统一、中央和地方标准程度是否一致等问题,也会是我们了解古代社会的一个关键角度。如有学者提出封泥的泥料可能经过过滤加工等和陶泥类似的处理过程[19],并有可能添加其他物质提高泥料的强度黏性,使其不易开裂[20]。为更好理解封泥的制作及封泥内可能包含的物质,学者们尝试进行科技分析。杨燕等认为秦封泥的成分是由构成黏土的基本物质如石英、方解石、斜长石等组成,推断其与陶质类似[21],但吕健认为遗址中出土的封泥大多经过烘烤[22],并不是封泥的原始状态,转而对西汉时期墓葬中出土的封泥进行光谱分析,结果证明其与黏土成分基本一致,或有可能添加滑石粉一类的物质[23]。尽管相关研究成果较少,且暂未得出意料之外的结论,但无疑为封泥的深入研究开辟了新的道路。

四、作为出土文献的封泥

作为出土文献的封泥,其研究成果相较于作为考古遗物的封泥更为丰富。正如上文所述,封泥文字是研究古代职官地理的直接材料。同时,职官地理也是封泥文字资料最主要的研究内容。有关这类研究,大体可分为文字与资料整理、历史地理、职官制度三个方面。

封泥文字与资料整理研究可分为两类,一是专门对文字字形音义的研究,二是释读文字后的归纳整理。利用封泥文字进行研究的前提是了解其字形音义,这是准确释读封泥的基础。如朱晨将秦封泥文字与《说文解字》进行字形对比,并系统研究其文字形体的演变和考释[24],在此基础上,重新分析了表示姓名的两个秦封泥的文字形体,做出与旧说不同的新释读[25]。对封泥文字的专门研究在早期并不多见,它往往融进了对封泥文字的考释中,未作专门说明。在准确释读文字的基础上,学者们开展了系统的资料整理研究。相关著录除了将封泥分类逐一介绍之外,也对封泥发现和研究的基本内容进行概述。例如《秦封泥集》一书主要分为两个部分,首先是对封泥的研究内容进行介绍,包括封泥发现与研究历史、封泥与职官地理等研究内容。第二部分是对秦封泥的释读,按照中央职官、地理和地方职官、姓名三个大类逐个阐述[26]。再者随着封泥的不断发现出土,不少文章也对封泥资料进行了披露与整理。如《在京新见秦封泥中的中央职官内容——纪念相家巷秦封泥发现十周年》将封泥分为三公九卿、诸厩、宫苑和贵族"家"印进行逐一介绍[27]。《秦封泥所见安徽史料考》根据地域范围对相关封泥的内容按照郡级、县级等逐一介绍[28]。《于京新见秦封泥中的地理内容》则是对私人收藏的一批封泥的地理内容进行整理,按照首都级、郡级、县级和乡级进行介绍[29]。还有文章对集中出土的封泥资料进行考释整理,如《徐州土山东汉墓出土封泥考略》对土山汉墓出土封泥进行逐一考释[30],《西安相家巷遗址秦封泥考略》对2000年发现出土的116枚保存较为完整的封泥进行了考释[31]。这类研究尽管基础,却是封泥研究中最为重要的一环,因此也是各类研究中最为系统、完整的一环。

封泥中的历史地理研究,主要是对郡县建置、地理分布、资源地理和旅游地理等进行专门研究,其中尤以郡县建置最为重要。郡县建置研究主要涉及郡县设置数量、秦郡命名规律等问题。韦正从出土印章封泥分析了汉初楚国属县的问题,利用近年来在徐州附近发掘的两座楚王陵墓——北洞山汉墓和狮子山汉墓中出土的印章封泥,研究发现汉初景帝前三年之前的楚国属县数量最大可达51个,极大补充了文献中对此时期楚国属县记载的缺失[32]。马孟龙等利用秦代封泥材料的释读和辨伪,对学术界质疑"秦郡不用灭国名"这一论断提出了新的看法,之前所认为"赵郡左田""齐中尉印"和"齐左尉印"三枚秦封泥的发现推翻了"秦郡不用灭国名"的论断,但作者分析发现"赵郡左田"是"杨氏左田"的误释,"齐中尉印"和"齐左尉印"的真伪尚有争议;因此这三枚封泥并不能推翻"秦郡不用灭国名"的结论,就目前出土文献所见秦郡名来看,该结论仍有合理性[33]。地理分布研究主要涉及郡县等位置分布与地望研究,以及对其空间分布特征的研究。张宁统计了秦封泥中涉及郡县的内容以研究其空间分布,发现秦郡县分布的几个特征——原各国都城周围郡县与封泥中名称对应较多、各郡治及其周围诸县在封泥中体现较多、主要交通道路沿线的郡县与封泥中所见郡县对应较多、封泥所示郡县有81.3%在北方[34]。这些特征加深了我们对秦郡县设置及其意图的理解。再有王俊铮研究了辽宁大连张店汉城出土的"临秽丞印"封泥,发现"临秽县"在史籍中不见记载,据其名可知其与东北秽族以及中原王朝对东北边疆的行政管辖有关;通过对地理分布、考古遗存等证据的整合,确定了临秽县治所在吉林市东团山一带[35]。资源地理的研究见于熊贤品对食盐产地的研究,他通过对出土文献中有关盐的记载对食盐生产分布进行归纳论述,认为与封泥中的"西盐""西盐丞印"相关的盐官镇应在天水西南、陇南东北这一区域,秦封泥所见"西盐"的生产区域应当就在今甘肃礼县盐官镇一带,而"江左盐丞""江右盐丞"也指示着秦盐的产地,应在重庆地区[36]。旅游地理的研究则见于庞任隆对秦封泥"旱丞之印"和"底柱丞印"的研究,他认为这是秦代对一些名山设立管理机构的证据,其中"旱"是指"旱(汉)山","底柱"是指"底柱山",均为游览之地[37]。封泥与历史地理的研究是封泥研究的主要内容之一，除了已成体系的郡县建置研究外，资源分布、旅游地理等新角度的切入，也为封泥研究注入了新的活力。

封泥与职官制度的研究主要分为中央职官和地方职官两个方面。在封泥资料的汇编中，常以此为分类标准对封泥进行逐一考释介绍。此外，职官与地理往往也不可分割，上述封泥与地理研究中也涉及诸多职官与官制的内容，只不过论述重点不同。对一定时期官制的研究内容，大多先统计梳理该时期的封泥所反映的具体职官信息，然后再将官制架构起来。如吴荣增对西汉王国官制的研究，利用新旧出土资料，试图复原王国官制，并认为王国官制基本上和汉中央官制相同或类似，将王国官名的职官次序和统属关系进行排列[38]。王伟在其研究中除关注中央职官和地方职官中的职官设置与源流外，还对宦官体系和工官体系进行了梳理[39]。除上述建构官制体系的研究外，还有不少学者对具体职官进行论述分析，内容则较为分散。如对“泰官酋印”进行详细分析，认为“酋府”应是主管“饮”方面的职官，包括酒的生产和供应等；这一封泥为秦封泥职官增添了新的品类，有利于秦官制的研究[40]。再有“齐三服官”这一新公布的临淄汉代封泥，则揭示了服官的具体职官设置，且该批封泥反映出武帝废国置郡后，服官由齐国职官转变为中央设于地方的官工场这一变化，对汉代官制的演变发展研究有重要意义[41]。封泥与职官的研究往往能够补史书之错漏，“饮”官、“服”官与“工”官等封泥的发现则让我们得以了解经济生产、饮食服饰等方面的内容。

五、结语

纵观封泥的研究历史和研究内容，它作为出土文献的一种，具有十分重要的地位。并且封泥材料自身具有与其他出土文献极为不同的特点，文字信息精简而准确。它不像简牍等能够记载具体而完整的史实，往往充当启示性的作用。对于某些关键的学术问题，某些文献记载无从考证的史实，一枚封泥可能就是破解的线索。因此，封泥的新发现和出土往往会掀起一段时间的研究热潮。但与此同时，需要认识到封泥作为考古遗物的重要性。封泥的功能及其使用差异、墓葬中的出土情境与丧葬仪式的关联、封泥泥料的制作及其在不同地区的差异等问题，目前还知之甚少；更有学者尝试开展对封泥的科技分析，这开辟了封泥研究的新思路。封泥作为承载着精准文字信息的载体和包含着丰富考古信息的遗物，在目前已经过了大量的整体研究后，如何走向更深入、更宽广、更细节的研究是未来值得思考的方向。

注释：

①[清]刘鹗：《铁云藏陶》《铁云藏封泥》卷，江苏广陵古籍刻印社，1998年影印本。

②[清]吴式芬、陈介祺辑：《封泥考略》，中国书店出版社，1990年。

③见罗福颐：《古玺印概论》第十一章“古官印及封泥考证举例”，文物出版社，1981年，第111—116页。

④转引自王亮：《王国维先生印学、印事述略》，《中国典籍与文化》2012年第3期，第150—157页。原著为王国维：《简牍检署考校注》，上海古籍出版社，2004年。

⑤孙慰祖：《论封泥本体研究的拓展》，《中国书法》2022年第8期，第5—21页。

⑥孙慰祖：《中国古代封泥》，上海人民出版社，2002年，第11页。

⑦孙慰祖：《中国古代封泥》，上海人民出版社，2002年，第20—241页。

⑧刘瑞：《秦封泥分期释例》，《考古》2013年第10期，第82—90页。

⑨吕健：《汉代封泥的类型学考察》，《中国书法》2022年第8期，第35—42页。

⑩孙慰祖：《论封泥本体研究的拓展》，《中国书法》2022年第8期，第5—21页。

⑪李超：《秦封泥与封检制度》，《考古与文物》2019年第4期，第80—86页。

⑫周波：《徐州西汉楚王墓出土铜封泥匣及其功能》，《博物院》2021年第5期，第80—84页。

⑬周晓陆、路东之、庞睿：《秦代封泥的重大发现——梦斋藏秦封泥的初步研究》，《考古与文物》1997年第1期，第35—49页。张懋镕：《试论西安北

郊出土封泥的年代和意义》,《西北大学学报（哲学社会科学版)》1997 年第 1 期,第 15–20 页。王辉:《也谈西安北郊出土封泥的断代与用途》,《中国文物报》1998 年 1 月 7 日。

⑭其后 2001 年中国社会科学院考古所汉长安城工作队在相家巷进行发掘,从地层关系上证实了这批封泥时代应属于战国晚期或秦代,不会晚到汉。转引自王伟:《秦玺印封泥职官地理研究》,中国社会科学出版社,2014 年,第 30 页。

⑮张懋镕:《试论西安北郊出土封泥的年代和意义》,《西北大学学报(哲学社会科学版)》1997 年第 1 期,第 15–20 页。

⑯郑曙斌:《马王堆汉轪侯墓地祔葬墓身份的考古学观察》,《南方文物》2021 年第 4 期,第 119–126 页。

⑰段清波:《外藏系统的兴衰与中央集权政体的确立》,《文物》2016 年第 8 期,第 53–58 页。

⑱周晓陆、路东之编著:《秦封泥集》,三秦出版社,2000 年,第 21 页。

⑲钱存训:《书于竹帛——中国古代的文字记录》,上海书店出版社,2004 年,第 45 页。

⑳孙慰祖:《封泥:发现与研究》,上海书店出版社,2002 年,第 14 页。

㉑杨燕、王馨怡:《从文物普查探讨馆藏秦封泥的文物性质》,载庞任隆主编:《中国书法与篆刻·秦封泥研究》,陕西人民美术出版社,2015 年,第 110 页。

㉒如徐州土山汉墓中的封泥大部分都有火烧迹象,见吕健、杜益华:《徐州土山汉墓出土封泥原生堆积地点及性质探析》,《东南文化》2015 年第 2 期,第 67–75 页。西安相家巷出土秦封泥也大多经过火焚,见中国社会科学院考古研究所汉长安城工作队:《西安相家巷遗址秦封泥的发掘》,《考古学报》2001 年第 4 期,第 509–544 页。

㉓吕健:《汉代封泥的考古学研究》,南京师范大学博士学位论文,2017 年,第 55–56 页。

㉔朱晨:《秦封泥文字研究》,安徽大学博士学位论文,2011 年,第 22–41 页。

㉕朱晨、吴红松:《秦封泥文字考释二则》,《江汉考古》2016 年第 4 期,第 120–122 页。

㉖上编主要是对封泥发现研究的概述,下编则是对秦封泥的释读例言,依照中央职官、地理与地方职官和姓名的架构论述。

㉗周晓陆、刘瑞、李凯等:《在京新见秦封泥中的中央职官内容——纪念相家巷秦封泥发现十周年》,《考古与文物》2005 年第 5 期,第 3–15 页。

㉘周晓陆:《秦封泥所见安徽史料考》,《安徽大学学报（哲学社会科学版)》2003 年第 3 期,第 89–95 页。

㉙周晓陆、陈晓捷、汤超等:《于京新见秦封泥中的地理内容》,《西北大学学报（哲学社会科学版)》2005 年第 4 期,第 116–125 页。

㉚李银德:《徐州土山东汉墓出土封泥考略》,《文物》1994 年第 11 期,第 75–80 页。

㉛刘庆柱、李毓芳:《西安相家巷遗址秦封泥考略》,《考古学报》2001 年第 4 期,第 427–472 页。

㉜韦正:《从出土印章封泥谈汉初楚国属县》,《考古》2000 年第 3 期,第 75–80 页。

㉝马孟龙、何慕:《再论“秦郡不用灭国名”——以秦代封泥文字的释读、辨伪为中心》,《中国历史地理论丛》2017 年第 2 辑,第 18–25 页。

㉞张宁:《秦封泥所见郡县空间分布研究》,《华夏考古》2014 年第 3 期,第 83–92 页。

㉟王俊铮:《“临秽丞印”封泥与“临秽县”考》,《地域文化研究》2020 年第 3 期,第 80–92 页。

㊱熊贤品:《出土文献所见秦、楚食盐产地的分布》,《盐业史研究》2016 年第 1 期,第 19–23 页。

㊲庞任隆:《秦郡县封泥的历史地理学意义》,《文博》2009 年第 3 期,第 43–53 页。

㊳吴荣增:《西汉王国官制考实》,《北京大学学报(哲学社会科学版)》1990 年第 3 期,第 110–124 页。

㊴王伟:《秦玺印封泥职官地理研究》,中国社会科学出版社,2014 年。

㊵李超、郭金龙、周率:《秦“酒”职官考》,《农业考古》2020 年第 1 期,第 228–234 页。

㊶熊长云:《齐封泥与“齐三服官”》,《国学国刊》2019 年第 3 期,第 48–56、142 页。

(作者单位:武汉大学历史学院考古系)

青铜器宴乐纹饰中所见方京建筑图像考

◇ 李　乐　王心依

内容提要：东周青铜器纹饰以写实风格为主，其中包含大量的宴乐画像纹样。通过对纹饰和文献的比对研究，可以确定这些纹饰中宴饮娱乐的主人公皆为当时的国君及其他高等级贵族，纹饰描绘了他们在方京辟雍的“京宫”里举行带有礼仪性质的教学或娱乐活动。“京宫”在青铜器铭文中亦称为“京”“京室”或“泮宫”，它是坐落于两周时期辟雍里的高等级建筑，有着较高的礼法地位。

关键词：青铜器　东周　纹饰　铭文　建筑

方京，作为西周政治中心之一，有着独特的礼法地位，是研究两周历史无法回避的课题。“方京”的“方”在金文中写作[金文字形]，今隶定为[字形]或方。为行文方便，皆写作“方”。历来学界对方京的研究集中在其地望上，汉代郑玄认为其为北方地名，当代学者依托新的史料及考古出土物对此提出了不同的意见。经过王国维、黄盛璋①、王玉哲②和杜勇③等学者的研究，基本断定方京的地理位置靠近于镐京，大抵坐落在今西安斗门镇南部。但少有学者关注方京内的建筑及其礼法地位。本文拟在前贤时彦研究成果的基础上，考证方京建筑的形制，并将其与古文字字形、西周礼法制度相结合，来复原两周时方京内建筑的大致面貌，并探索其用途。

一、青铜器宴乐纹饰中建筑图像分类

在河南辉县赵固村战国文化遗存、江苏镇江谏壁镇东周文化遗存等遗址中均有发现此类纹饰，按图像中建筑物台基形制的不同可分为三型：碎土台基、碎土墩台和干栏式(表一)。

A型　碎土台基。房屋以碎土为台基建于其上。

标本一　战国宴乐射猎纹铜鉴(图一)④，河南辉县赵固村战国墓出土，中国国家博物馆藏。器上刻画一座三层建筑，底层分外廊及碎土台两部分，外廊由檐柱及临近的内柱共同承载二层回廊的楼板和外挑平台。第二层建筑的中间柱子下刻有柱础，并结合该图像中用单线表示地面，用双线表示人工建筑的绘图习惯，可推知一层中间部分是碎土台，二层中间的五根柱子便是立于碎土台之上，建筑物的最低点位于碎土面之下。

表一　图像中建筑物台基形制

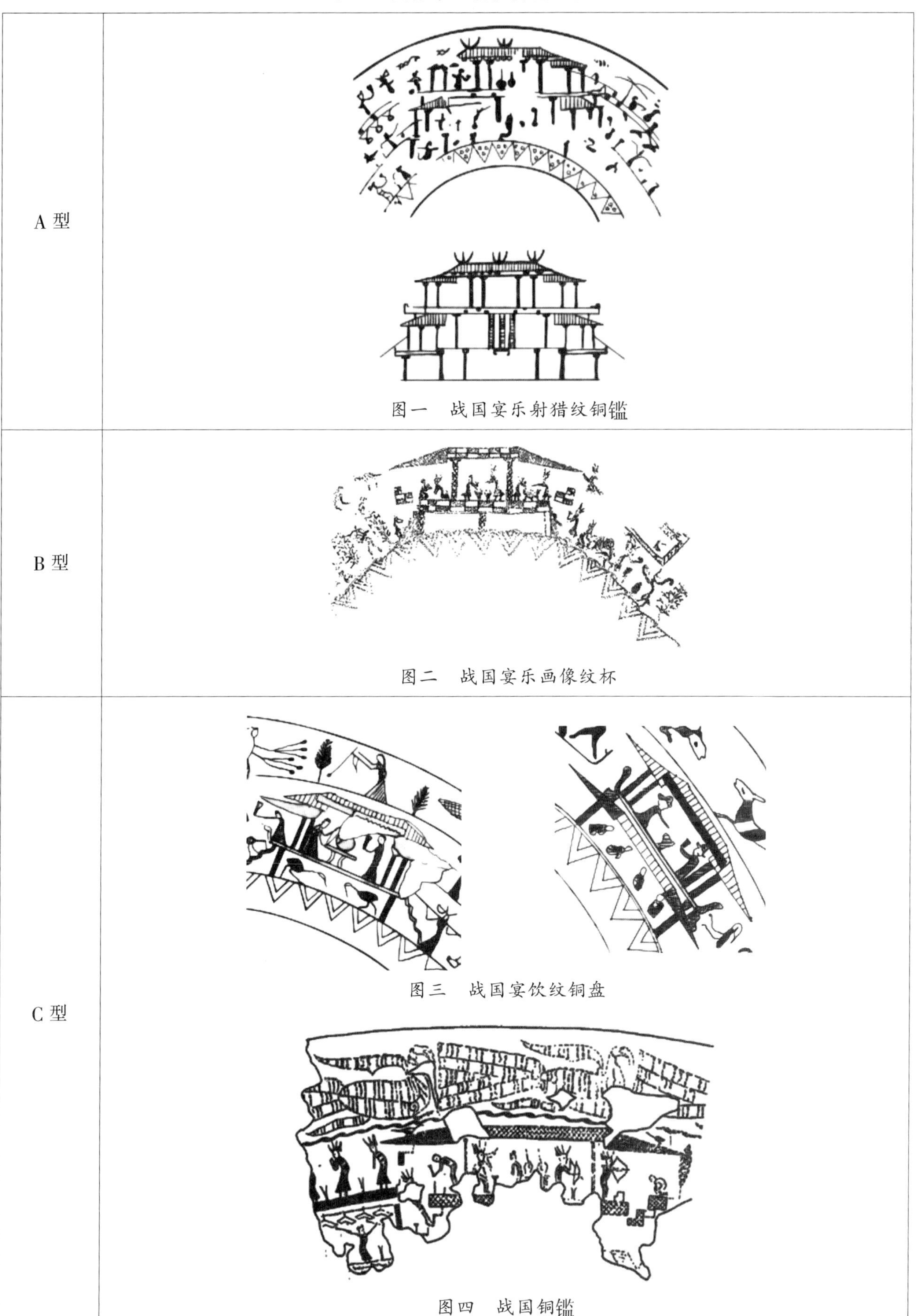

类型	图像
A 型	图一　战国宴乐射猎纹铜鉴
B 型	图二　战国宴乐画像纹杯
C 型	图三　战国宴饮纹铜盘 图四　战国铜鉴

B型　碂土墩台。其特征是在建筑的室内，于碂土台基面向下挖出矩形土坑，坑内立石础木柱，上架地面枋，铺木板或施土坯，构成室内架空的地面层。且底层空间内无人或动物活动。这种建筑形式的实物资料可参考汉未央宫第四号建筑遗址和王莽九庙遗址。

标本一　战国宴乐画像纹杯（图二）[⑤]，上海博物馆藏。器壁錾刻有建筑图像，为一座二层建筑。图像一层平台左右两侧的登阶踏步画成实心，可推测其从外观上是由碂土筑成的高台。碂土内部刻画有边柱或中柱上承楼板，可见其内部为中空。

C型　干栏式。形近碂土墩台式，底层空间内有人或动物活动。

标本一　战国宴饮纹铜盘（图三），江苏镇江谏壁镇东周墓出[⑥]。器内壁錾刻建筑两座，底层空间皆有人或动物活动，可见下层应是敞开的。

标本二　战国铜鉴（残）[⑦]，江苏镇江谏壁镇东周墓出（图四）。内壁錾刻建筑两座：一座大部分残损，仅可见下部平台，难以复原；另一座余建筑左侧一角，可知其为二层建筑，下层明显表示用厚墙承接楼板，墙内有人，当仍为碂土墩台式建筑。

以上所引建筑纹饰皆与宴饮娱乐相配合，除此之外，在东周青铜器中还常见其他类型的建筑图像。如台北故宫博物院所藏的战国狩猎纹铜钫，但这类器物纹饰并非是着力于刻画人们宴饮娱乐的场景，而且建筑形式与本文所探讨者迥然有异，故不在此篇讨论范围之内。

将这些纹饰中的建筑图像与青铜器的铭文相比对，可以确定这些在青铜器上表现的略有差异的建筑图像，实是同一个设施。这种建筑通行于两周时期，并有着自己的专用名称。

二、宴饮娱乐所用建筑物名称

该类青铜器上的宴饮娱乐画像，其建筑物皆是采用剖视的手法描绘。原因是鼎内的食物和壶内的液体高度都清晰地表现出来，如果是正视图的话，理应是器物的外壁展现在纹饰之中。

这些建筑的剖面形制与两周青铜器铭文中的“京”有着密切联系。在青铜器铭文中，“京”写作（《克钟》《集成》204）、（《京姜鬲》《集成》641）和（《寓鼎》《集成》2756）[⑧]等。文字的下部类似建筑物的支柱，搭建起房基；上部的笔画与建筑物的二层基本相同，文字顶部呈屋脊形。二者在形态上极为相近，结合后文考证，可以认为“京”即是此类建筑的专名。

在传世的涉及两周历史的纸本文献中，常将“京”与“丰镐”连用，称为“丰京”“镐京”。但遍览两周金文，仅在平王东迁秦人占领丰镐之后，有一例关于“镐京”的记载，除此以外，再无所见。两周金文中涉及到“丰镐”的，皆是统称为宗周。铭文中亦有单称“丰”者（表二）。

表二　两周金文中涉及到“丰镐”“丰”

铭文	器名及编号
宗周	《㝬鐘》（《集成》260）《獻侯鼎》（《集成》2626）《匽侯旨鼎》（《集成》2628）《堇鼎》（《集成》2703）《□□方鼎》（《集成》2729）《史頌鼎》（《集成》2787）《□□鼎》（《集成》2790）《小克鼎》（《集成》2796）《善鼎》（《集成》2820）《大克鼎》（《集成》2836）《大盂鼎》（《集成》2837）《弔簋》（《集成》4132）《□伯□簋》（《集成》4169）《史頌簋》（《集成》4229）《�簋》（《集成》4266）《同簋》（《集成》4271）《班簋》（《集成》4341）《士上卣》（《集成》5421）《乍册魆卣》（《集成》5432）《□乍父乙尊》（《集成》5986）《士上尊》（《集成》5999）《麥方尊》（《集成》6015）《士上盉》（《集成》9454）和《□乍父辛器》（《集成》10581）
丰	《興鼎》（《集成》2742）《小臣宅簋》（《集成》4201）《作册魆卣》（《集成》5432）和《裘卫盉》（《集成》9456）

可见"丰京""镐京"的称谓在两周金文中被"宗周"代替,具体的用法是"某在/于/间宗周",如"王在宗周""太保于宗周"和"侯见于宗周"等。此时并不把"京"作为"丰镐"的后缀称谓,"丰京""镐京"当是后人为体现出丰、镐二都的重要性而后起的用法。这种用法也体现出"京"这一称谓应具有独特的含义。

"京"在两周金文中的用法共计四种:一、将其作为"莾"这个地方的专用名称,称"方京";二、指此地驻扎的军队,如克钟、多友鼎等器铭中的"京师";三、指周边的少数民族,如"京夷",见于訇簋、师酉簋;四、作为人名使用,京弔盨、伯吉父彝等可见。

这里主要探讨"方京""京"与青铜器宴乐纹之间的关系。

"方京"铭文青铜器共见13器,计有:《井鼎》(《集成》2720)《□□方鼎》(《集成》2725)《寓鼎》(《集成》2756)《白姜鼎》(《集成》2791)《奢簋》(《集成》4088)《遹簋》(《集成》4207)《静簋》(《集成》4273)《静卣》(《集成》5408)《士上卣》(《集成》5421)《士上尊》(《集成》5999)《麦方尊》(《集成》6015)《士上盉》(《集成》9454)和《史懋壶》(《集成》9714)(图五)。

《尔雅·释丘》:"绝高为之京,非人为之丘。"⑨《说文解字》:"京,人所为绝高丘也。"⑩可见汉以前人对于"京"的理解并非和后人一样,后人将"京"作为首都或极重要城市的称谓,是某地政治地位的代名词。而汉代以前,人们将"京"作为与"丘"相对应的地形名词使用,认为丘是自然形成的高地,并非人力所为;而京则是假以人力而建成的高地,或引申为人力经营而成的城市。

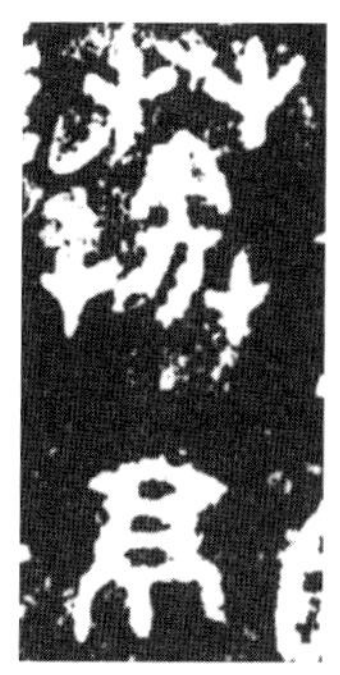
1 寓鼎

2 伯姜鼎

3 静簋

图五 "方京"铭文

关于"方京",《作册麦方尊》(《集成》6015)铭文记载"王命辟邢侯出䛗侯于邢。粤若元侯见于宗周,亡尤。合王祼方京,肜祀。粤若翌日,在辟雍,王乘于舟,为大丰。王射大鸿,擒。侯乘于赤旂舟从,司咸。之日,王以侯入于寝,侯赐幺玄琱戈。粤王在斥,祀月,侯赐诸扬臣二百家,剂用王乘车,马,金,衣,□。唯归,扬天子休,告亡尤。用恭义宁侯顀考于邢侯。作册麦赐金于辟侯,麦扬,用作宝尊彝,用献侯逆周,扬明命。唯天子休于麦辟侯之年铸,孙孙子子其永亡终。用周德,绥多友,□旅走命。"

大意即王在方京会同其他贵族,举行各种祭祀典礼,并进行狩猎活动。这些场景的刻画与青铜器宴乐画像纹所表达的画面如出一辙,可见这些纹饰便是表现了当时的贵族们在方京内的种种活动,参考金文"京"的字形结构与宴乐画像内建筑的相似性,可以确定"京"便是这种建筑的专名。

两周金文除"方京"外,还见有称"楚京"与"高京"者。

"楚京"铭文见于《驫羌钟》(《集成》157),但其铭文保存状况较差,难以辨认"京"前之字是"楚"还是"莾",二者在字形上极为相似,故而不排除因字迹涣散而隶定错误的情况。

铸"高京"铭文者见《逦簋》(《集成》3975),"高京"乃是平王东迁,秦人霸西戎后对周镐京的称谓。镐京在东周时的领土应已包括镐的旧有土地外加方京。秦人将"京"作为"高"或"镐"的后缀使用,当时因为这是镐京的范围已包括方京,以"高京"来作为两地的统称。

综上所述,可见宴乐画像中的建筑当有其专名,叫作"京"。画像所描绘的便是当时的贵族们在方京中畅饮娱乐的景象。

三、方京与辟雍的关系

"京"在金文中,用来作城市后缀时,常与"莾"连用。方京,在周代有着独特的礼法地位。

"方京"一辞见于周代青铜器铭文中者近三十例,其地望经过学界长期讨论后今已有定论。清人方浚益首先指出,"'方京'即《诗·小雅》中之'方',安、方古今字也"。《说文解字》中不见"莾"字,王国维谓"当时从艸旁声之字。方京盖即《诗·小雅》'往城于方'及'侵镐及方'之方"[11]。这些注解都是可信的。其具体的地位,因荞常与镐连称,可见其地理位置应相差不远。郭沫若曾认为金文中之方京即是文献上之丰京,其依据是丰、荞古同纽,音亦相近,至于青铜器铭文中的丰镐、丰,他则认为其当理解为丰沛之丰。但这种说法很快就被推翻了,因为周代青铜器铭文中有不少"王在丰"(《興鼎》《集成》2742)"同公在丰"(《小臣宅簋》《集成》4201)的记载,这里的"丰"明确的被作为地名使用,既非指"方京",更不是表达丰沛的意思。

"方京"从铭文中来看,是周王常常居住、狩猎和举行礼仪的地方。《诗经》记载"侵镐及方,至于泾阳"。与上文联系起来考察,可见镐及方虽不指同一地区,但其地理位置应相差不远,皆应位于泾渭二水相汇的区域之内。唐兰在其《方京新考》中说:"镐及方之所以称镐京或方京者,总言之为京或京室;析言之为高及方,是盖其子邑也。"之后更是明确的指出:"这个方京是和镐京在一起的,是宗周的一部分。"[12]其意便是说方京有着独立的地名和区位,但在行政关系上,方京应当是从属于镐京的。王玉哲在此基础上,结合秦阿房宫的得名,推测方京的具体位置当不出今沣水以东,滈水与皂河之间的渭河南岸[13]。

将众多青铜器的宴饮娱乐图像和静簋的铭文相结合,可以确定那些方京重要的政治地位来源于其域内的一处特殊存在,辟雍。

《静簋》(《集成》4273)铭文记载,"唯六月初吉,王在方京。丁卯,王命静司射学宫,小子、暨服、暨小臣、暨夷仆学射。越八月初吉庚寅,王以吴令、吕犅合豳芳师邦君射于大池。静教无尤。王赐静鞞鞢。静敢拜稽首,对扬天子丕显休,用作文母姞尊簋,子子孙孙其万年用"。

这篇铭文记载了周王在方京举行射礼、聚会和进行赏赐。而这些功能,在周代是有一个特殊的区域来进行的,即辟雍。就射礼而言,西周、春秋时代贵族所举行的共有四种,即乡射、大射、燕射和宾射。乡射礼具有军事教练的性质、大射礼是作为高级的乡射礼而存在的,静簋记载的射礼当属于大射礼的范畴,一般青铜器上常见的宴饮娱乐图案中的射礼当属于燕射或宾射的范畴,即单纯为了娱乐或是为了款待来宾而举行。"射"作为古代君子六艺之一,是有专门的地方进行教学的,这个地方便是辟雍。

西周在方京中设有辟雍是有铭文佐证的,麦尊记载"王格方京配祀,粤若翌日,在辟雍,王乘于舟,为大丰,王射大鸿,擒。侯乘于赤旂舟从"。这段铭文明确记载了周王在方京辟雍里举行大丰礼,而且亲射鸿雁来作为礼仪的一部分。《诗经·大雅·文王有声》歌颂文王建丰、武王建镐的成就,其中有讲到"镐京辟雍,自西自东,自南自北,无思不服,皇王烝哉"[14]。结合《礼记·王制》"大学在郊",可以断定辟雍是设立在方京内的,虽然方京只是附属于镐京的一个小邑,但由于它建有辟雍,招徕了四方贵族前来求学,所以它独特的地位使得它能够拥有属于自己的名称。

《弭叔簋》(《集成》4253)记载方京建有宗庙的太室,周王常在此举行册命礼,发布命令和赏赐臣下。《史懋壶》(《集成》9714)记载周王曾在此地的宫殿里命令史官准备好占卜用的蓍草。周王在方京所营造的建筑,当时是为了配合在辟雍进行活动和进行祭祀活动的需要。而文献中对这类建筑形制的描绘,与我们在青铜器宴乐纹中所见的建筑几乎相同。

整合文献记载,可以重建出古代辟雍的大致面貌。它建设在郊区,四周有水池环绕,中间建有厅堂式的草屋,附近有广大的园林。园林中有鸟兽、水池中有鱼与飞禽。

对于辟雍中间厅堂式的草屋,文献的记载常称其为明堂。《大戴礼记·盛德》"明堂者……以茅盖屋,上圆下方……外水曰辟雍"[15]。《吕氏春秋·召类》"明堂茅茨蒿柱,土阶三等"。《吕氏春秋·慎大》又载"周明堂外户不闭"[16]。《淮南子·主术训》"明堂之制,有盖而无四方"[17]。《史记·封禅书》记载汉武帝时公王带所献明堂图,"中有一殿,四周无壁,以茅盖,通水圜宫垣,为复道,上有楼,从西南入"[18]。除了将其称为明堂外,也有文献将其记为"泮宫"。《礼记·王制》"大学在郊""诸侯曰頖宫"[19]。《礼记·明堂位》"頖宫,周学也"[20]。《说文解字》"泮,诸侯乡射之宫，西南为水，东北为墙”[21]。这里明堂的形制，与前文所探讨的宴乐画像纹中的建筑如出一辙。

杨宽曾总结过西周辟雍的特点，即西周大学不仅是贵族子弟学习之处，同时也是贵族成员集体行礼、集会、聚餐、练舞、奏乐之处，兼有礼堂、会议室、俱乐部、运动场和学校的性质，实际上就是当时贵族公共活动的场所。其功用虽多，但主要还是以教学功能为主，礼乐和射是其主要内容[22]。

上文在论证西周“京宫”形制时，所引用的青铜器皆为东周时遗物。其原因在于西周青铜器的纹饰以夔龙、凤鸟、几何纹和素面等为主体，基本没有写实性的纹饰。写实性的青铜器纹饰诞生并流行于春秋战国时期，在讨论“京宫”建筑问题时，援引东周青铜器纹饰来论证西周的历史当是可行的。因为春秋战国时期的诸侯们出于培养和招揽人才的目的，在各诸侯国国都附近都仿建有西周的辟雍、京宫。如燕昭王的黄金台、齐景公的大台、卫灵公的重华台和晋灵公的九层台等。现今考古发掘出土的此类宴乐画像纹青铜器并不完全出于西安丰镐地区，亦散见于河南、江苏等地即可作为旁证。

至此，将青铜器上的宴饮娱乐图像与京宫、辟雍等相结合，可以复原出这些纹饰的具体内容：高等级贵族们，在辟雍内的明堂里，这种建筑亦称为京宫或泮宫，召集子弟们对他们进行礼乐和射礼的教学，同时在此进行其他的娱乐性活动。

注释：

①黄盛璋：《周都丰镐与金文中的方京》，《历史研究》1956 年第 10 期，第 63–81 页。

②王玉哲：《西周方京地望的再探讨》，《历史研究》，1994 年第 1 期，第 46–57 页。

③杜勇：《〈诗经·六月〉与金文方京的地理问题》，《中国史研究》2018 年第 3 期，第 23–42 页。

④傅熹年：《战国铜器上的建筑图像研究》，《傅熹年建筑论文集》，文物出版社，1998 年，第 89 页。

⑤中国青铜器全集编辑委员会：《中国青铜器全集·东周·1》，文物出版社，1998 年，第 153 页。

⑥刘建国、谈三平：《江苏镇江谏壁王家山东周墓》，《文物》1987 年第 12 期，第 29 页。

⑦周亚：《丹徒谏壁王家山东周墓部分青铜器的时代及其他》，《上海博物馆集刊》，1992 年，第 168 页。

⑧中国社会科学院考古研究所：《殷周金文集成》，中华书局，2007 年。以下所引皆简称《集成》，器名后数字为器物编号。

⑨《尔雅》，中华书局，2014 年，第 436–448 页。

⑩[汉]许慎：《说文解字》，中华书局，1963 年，第 111 页。

⑪王国维：《周方京考》，《观堂集林》，中华书局，1959 年，第 68–112 页。

⑫唐兰：《西周青铜器铭文分代史征》，中华书局，2016 年，第 255–259 页。

⑬王玉哲：《西周方京地望的再探讨》，《历史研究》，1994 年第 1 期，第 52 页。

⑭周震甫：《诗经选译》，中华书局，2005 年，第 273–275 页。

⑮黄怀信：《大戴礼记译注》，上海古籍出版社，2019 年，第 196–207 页。

⑯《吕氏春秋》，中华书局，2011 年，第 465–513 页。

⑰刘康德：《淮南子直解》，复旦大学出版社，2001 年，第 373–458 页。

⑱[汉]司马迁：《史记》，中华书局，2014 年，第 1631–1695 页。

⑲《礼记》，中华书局，2017 年，第 240–289 页。

⑳同⑲，第 602–619 页。

㉑[汉]许慎：《说文解字》，九州出版社，2001 年，第 664 页。

㉒杨宽：《西周史》，上海人民出版社，2016 年，第 706–720 页。

（作者单位：南京大学历史学院）

丹阳吴家村南齐帝陵考辨

◇ 王国生　阙　强

内容提要:1968年8月,南京博物院在丹阳胡桥公社宝山大队吴家村清理发掘了一座南朝时期的砖室大墓,发掘者根据墓葬规模、砖印壁画、随葬器物认定该墓为南朝齐和帝萧宝融的恭安陵。但据笔者通过实地踏查并从墓葬位置、墓室结构、模印拼砌砖画的细节以及对墓内石质随葬品综合分析,推定吴家村南朝砖室大墓应为南齐早期的帝陵,不排除为齐宣帝萧承之的陵墓。

关键词:丹阳 吴家村 南齐 陵墓 砖画

丹阳吴家村南朝墓为一座已遭盗毁的带甬道的长方形砖室大墓,砖室内长8.2、最宽处5.19、残高5.1米,墓内出土28件文物,发掘者认为此墓为南朝齐和帝萧宝融的恭安陵①。由于此墓发掘于"文革"期间又与同年10月发掘的丹阳建山公社管山大队的金家村南朝墓同出一篇考古发掘报告,该报告将两墓出土文物及墓葬形制交代得含混不清,且吴家村墓完整的画像砖资料至今未公开发表,给日后研究带来了较多不便。就吴家村南朝砖室大墓,罗宗真先生认为可能是齐宣帝萧承之永安陵或齐高帝萧道成泰安陵,与文献记载地理位置相近,并有地面遗迹②。徐苹芳③、邹厚本④等学者也附会此观点,但均一笔带过未作详细论述。据笔者实地踏查及走访吴家村的老同志,吴家村大墓前尚未发现有陵墓石刻遗迹,极有可能是上述学者将吴家村大墓与狮子湾、赵家湾南朝陵墓相混淆,未进行实地考察而望文生义。也有学者是通过比较吴家村南朝墓与南京宫山南朝墓及金家村南朝墓墓壁的"竹林七贤与荣启期"(以下简称"七贤")木模印拼砌砖画的差异和错讹来判定吴家村墓葬为南齐末代皇帝萧宝融的恭安陵⑤。

一、墓葬位置及形制

吴家村墓位于经山山脉最北边,坐北朝南,方向155°,背靠北山,东为庙山,西有西山,墓室整体呈长方八角形,长方形甬道为券顶,主室为穹窿顶(图一)。吴家村与金家村两墓的考古发掘报告开篇便指出吴家村与金家村两座墓葬的结构、壁画、时代等方面大致相同,接近文末又说金家村墓与过去发掘的修安陵(即仙塘湾南朝大墓)对照,其墓室结构、壁画内容等亦完全一样⑥,这样的措辞极为含糊,就胡桥仙塘湾南齐大墓的考古发掘报告来看该墓室为四壁偏椭圆形,尤其是后壁圆弧凸出厉害,与吴家村墓室规整平直的八边形结构差别较大,又如仙塘湾墓和金家村墓的"羽人戏虎图"的图像,其中不仅虎、羽人、天人的图像一样,甚至连细部也完全相同,也就是说它们可能是同范所制⑦。金家村出土"羽人戏虎"拼砌砖画宽2.4米,高0.94米,约占墓室西壁四分之一,既然"羽人戏虎图"为同模所制,则金家村墓室应当与仙塘湾墓室一样,墓室东西壁微弧才是。且金家村墓与仙塘湾墓相近,可知此二墓形制相似,但与吴家村墓墓室结构相比是有明显差异的。曾布川宽认为:吴家村墓墓壁本来应该如仙塘湾墓那样四壁外弧,全体近椭圆形,但是却将四角切去,变成一八角形,很明显是仓促间建造的[8]。

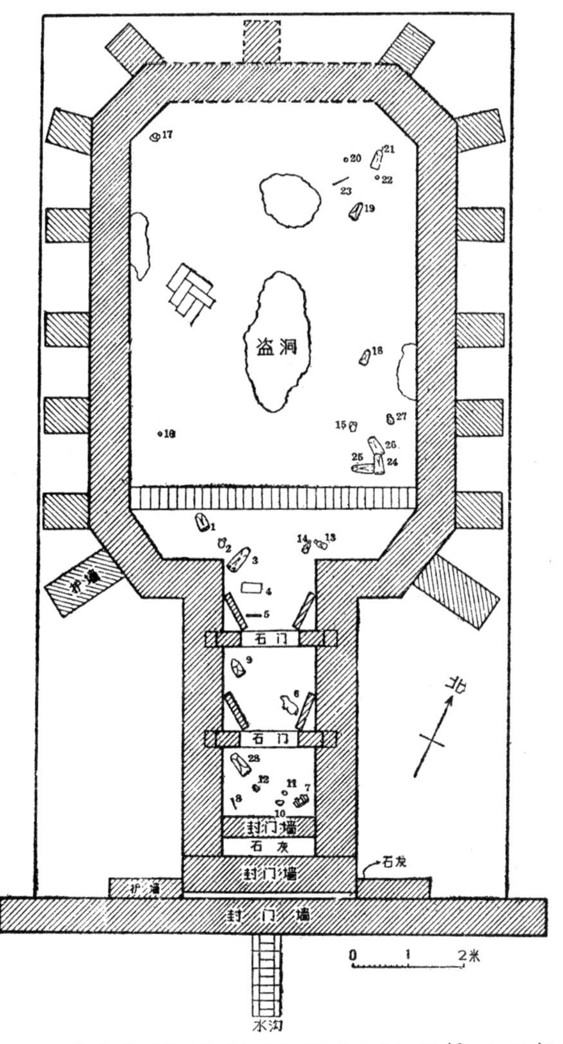

1、2、3、9、18、19、21、24、25、26、28.石俑,4.石板,5.石门杠,6.石马,7.石马槽,8、23.铁棺丁,10.青瓷碗,11、12、16、20.铜饰,13、14、15、27.陶俑,17.青瓷片,22.五铢钱

图一　吴家村墓墓室示意图

从以往考古发掘的六朝帝陵来看,东晋初期的帝陵为祔侧室的多室墓、甬道中设两道木门,到东晋中后期及刘宋时期便流行长方形单室墓,到了南齐帝陵开始出现墓室左、右壁及后壁向外弧凸,四角被抹去的长方形墓室,萧梁帝陵仍然沿用这种形式,但墓室更加纵长、转角更加圆弧,整体上变成一椭圆形[9]。南朝后期帝王陵墓呈长椭圆形的特点更加突出,吴家村墓室这种长八角形更像是东晋向南朝时期过渡的帝陵形式,其形制已表明墓葬年代要早于金家村和仙塘湾南朝大墓。通过笔者实地考察吴家村墓圹遗址其面积及深度要大于金家村和仙塘湾墓圹遗址,吴家村墓封土高达8米墓室有15条护墙以及3道封门砖墙,仙塘湾墓封门墙为2道而金家村墓仅1道封门墙,拼砌砖画的拼砌错讹也较少,可见吴家村墓室建造得较为精心。

对南朝帝王陵寝剖析表明,南朝帝王陵墓无论是陵区内各陵之间,还是每个陵园各墓之间,多以长者、尊者居右为常[10]。纵观分布于经山南侧的南齐帝王陵墓前石兽位置,其墓葬均为坐北朝南(图二),吴家村帝陵与赵家湾帝陵和狮子湾帝陵相距较近似乎为同一帝陵区,这样看来目前吴家村墓的辈分及地位是最高的,而萧宝融作为南齐亡国之君禅位于梁武帝,后被废为巴陵王,齐和帝归葬如此尊贵的山陵的可能性较小。南朝陈代时顾野王所著的《舆地志》卷十五载:"泰安陵、景安陵、兴安陵在故兰陵东北金牛山。"金牛山即丹阳经山,乾隆《丹阳县志》卷二《山》记载:"经山,在县东北三十五里,昔有异僧讲经于此,故名。上有金牛洞,一名金牛山,一名金山。"顾野王并未提到齐宣帝萧承之的陵墓,奇怪的是在《南齐书》中也没有记载齐宣帝的陵号,仅在卷二十载:"高昭刘皇后讳智容……宋泰豫元年殂,年五十。归葬宣帝墓侧,今泰安陵也。"出现"宣帝墓"字样,而齐宣帝陵号最早记载见唐李延寿撰《南史》卷四:"追尊皇考曰宣皇帝,皇妣曰孝皇后,陵曰永安。"最早记载齐宣帝陵墓位置见唐代李吉甫所著《元和郡县图志》卷第二十五:"南齐宣帝休安陵(实为永安陵),在县北二十八里。"若按《元和郡县图志》记载,则齐宣帝陵墓与吴家村墓葬位置正合。

吴家村南齐帝陵孤零零地位于经山一脉西北侧,除了其尊贵的身份外也与当时运输陵寝建筑材料的途径有关。在《南齐书》卷二:"四月庚寅,上谥曰太祖高皇帝。奉梓宫于东府前渚升龙舟。丙午,窆武进泰安陵。”如现公布为齐宣帝“永安陵”石刻所在的地名为狮子湾,毁于上世纪60年代的齐高帝“泰安陵”石刻地名为赵家湾,现公布为齐景帝“修安陵”石刻地名为仙塘湾等,都昭示着水运对于陵墓营建及运送石刻的重要性。如2008年在南京江宁发掘的赵家山遗址为南朝中晚期的一座石器加工场,其产品主要为小型石器,有生活用具如石磡、柱础等,有随葬用品如石座、器足等,石材均取自青龙山或附近山体。赵家山遗址西边还有数条源自青龙山的河流汇入秦淮河,交通便捷,加工场所生产的石制品可通过水路运往建康及其他相关地区[11]。丹阳南朝帝王陵墓内的石质随葬品有可能来源于建康地区类似于赵家山这样的石器加工厂。丹阳经山一脉的西侧有大运河,北侧有长江,东侧有夹江,夹江西侧有王港、太平港、江港、包港、小港、柳泗港、超瓢港、龙门港等诸多港湾,光绪《丹阳县志》卷二:“包港在县东七十里,北通大江,东连嘉山。”依托于经山周围便利的水道北通长江,可将在南京地区烧制好的画像砖、雕琢好的陵墓石刻以及随葬品运抵丹阳南齐帝陵区。

至今在吴家村墓周围还存有汪家湾、上湾、枫树湾、沙湾、毛湾、大塘里湾、小塘里湾等水湾。经山一脉正处于大运河与夹江之间,而南齐帝王陵墓集中分布于经山周围,除了考虑到风水因素,经山周围的水系起到了较大的作用,从萧港(即肖梁河)两岸巨大的梁代石兽以及其直通皇业寺可以推测南齐帝王陵墓砖及石刻的运输并未舍近求远而绕道肖梁河,南齐帝陵的营建以及筑墓材料的运输仍依托于经山周围便利的水运条件。

图二 丹阳南齐帝王陵分布示意图

(原图出自:〔日〕曾布川宽著、傅江译:《六朝帝陵——以石兽和砖画为中心》,南京出版社,2004年。)

二、木模印拼砌砖画

在南朝帝陵中最为瞩目的当属墓壁上的大幅木模印拼砌砖画,这些大幅拼砌砖画中的细节以及错讹是研判墓葬年代的佐证材料,从以往出土有“狮子”“羽人戏龙”“羽人戏虎”“七贤”木模印拼砌砖画的南朝砖室墓来看,这些墓葬等级较高,一般为帝王陵寝。从考古发掘出土的南朝帝王陵等级墓葬中的模印拼砌砖画可知,这些大幅的拼砌砖画演变应当是逐步修正与完善的过程,在此过程中匠师会根据原始粉本和主观意识对拼砌砖画的细节进行改动、增添或删减。值得注意的是在南京地区的南朝墓中出土了部分不成体系的单幅砖画,如南京西善桥油坊村南朝大墓中仅出土有“狮子”砖画,南京西善桥宫山南朝大墓中仅出土了“七贤”砖画,这可能反映了各幅砖画的木模版子分散保管,并未集中管理。又如金家村墓壁的"七贤"拼砌砖画的线条较浅显不凸出,这是由于"七贤"的墓砖的木模板字口雕刻得不深所致,而金家村墓其他的拼砌砖画的线条却凸出有力,这就有可能是金家村的"七贤"的模板与其他砖画的模板不是同一批工匠所作。

由于仙塘湾大墓"七贤"砖画一直未发表暂无法比较,通过比较仙塘湾与金家村出土的"骑马乐队""甲骑具装""执戟侍卫""执伞盖侍从"砖画,二者差距主要在人物脸部,仙塘湾人物脸面圆胖乏神,相比之下金家村人物脸庞清癯显得更为精神,两墓中"甲骑具装"的弓弦方向不一致。通过比较金家村与吴家村出土"七贤"的差异可知两墓中"七贤"砖画细节变动较多,而仙塘湾墓、吴家村墓和金家村墓中出土的"羽人戏龙""羽人戏虎"砖画之间的差距较小。细微之处见风范,毫厘之差定乾坤,以丹阳这三座南齐陵墓墓壁上都有的"羽人戏虎"砖画来分析,仙塘湾墓残存的前半段"羽人戏虎"砖画与金家村墓"羽人戏虎"为同模制作,几乎一致。吴家村墓与金家村墓中的"羽人戏虎"砖画有些微差别,两墓大虎身躯上方三位天人手持物品有所不同。

图三　仙塘湾墓、金家村墓、吴家村墓羽人戏虎砖画羽人左手所持物比较
(左上,仙塘湾南朝墓羽人戏虎砖画羽人左手未持长柄勺;右上,金家村羽人戏虎羽人左手未持长柄勺;下,吴家村墓羽人戏虎砖画羽人手持长柄勺)

在吴家村墓中所出土的"羽人戏龙"和"羽人戏虎"拼砌砖画中,大龙与大虎前导的羽人皆左手持长柄勺右手挥草束,但在仙塘湾及金家村大墓乃至狮子冲梁昭明太子安陵中羽人手上的长柄勺却消失了(图三),这便使得未持长柄勺的羽人左手(右手)伸向虎口(龙口)显得突兀生硬,不明其意,很显然羽人手中本该持有长柄勺,只是在后续流传和制作过程中遗漏了,因而吴家村墓内的"羽人戏虎"砖画时代要早于仙塘湾墓和金家村墓。另外金家村与吴家村出土的"羽人戏虎"虎尻后均有一簇较大的莲瓣团花纹,其中金家村莲瓣团花纹占据3块顺砖,中间为一莲蓬,莲蓬外有12朵莲瓣紧接着为一圆形界格,界格外有8朵盛开莲花,莲花外又一圆形界格,显得较为约束。吴家村虎尻后的莲瓣团花纹呈放射状,占据3块顺砖和4块丁砖,中间为一莲蓬,莲蓬外有8朵盛开的莲瓣,莲瓣之间又向外伸开出8朵盛开的莲花,显得奔放大气(图四);金家村墓最后一小截上翘的虎尾仅占据3块顺砖,同样最后一小截上翘的虎尾在吴家村墓却占据了2块顺砖5块丁砖(图五);金家村虎口前除了缺少长柄勺还缺少一团飘拂的莲蓬纹,尽管吴家村"羽人戏虎"前部上方残缺了两批顺砖和一批丁砖,仍能看出两墓的虎头存有差异,金家村虎头较扁长显得较为慵懒无神,而吴家村虎头布局紧凑得当突显出大虎的生猛威严。再从吴家村墓与仙塘湾墓、金家村墓中"羽人戏虎"砖画上羽人的形象和其衣着、鞋子来看,吴家村墓中羽人嘴唇上及颌下有长须,羽人所着衣裤上装饰有双排勾云纹,鞋子较为具象且刻画出鞋底,而仙塘湾墓及金家村墓中的羽人无须且其所着衣裤上的勾云纹则为单排,鞋子刻画得简易敷衍。从上述"羽人戏虎"砖画可以窥斑见豹,吴家村"羽人戏虎"砖画的模板要优于金家村墓和仙塘湾墓,其砖画模板制作以及拼砌的难度均大于金家村墓和仙塘湾墓,绝非曾布川宽所言仓促间便能造就的大墓。

图四　金家村墓与吴家村墓虎尻后的莲花纹比较（左，金家村羽人戏虎虎尻后的莲花纹；右，吴家村羽人戏虎虎尻后的莲花纹）

图五　金家村墓与吴家村墓虎尾末端所占砖块数量比较

（上，金家村虎尾所占砖块数量；下，吴家村墓虎尾所占砖块数量）

三、石质随葬品

大幅拼砌砖画并非作为判定墓葬相对年代的唯一证据，墓内的随葬品在一定程度上更具有说服力和可信度，在吴家村墓第一重石门后发现一件残长38厘米、残高14厘米的陶犀牛，实为灰陶镇墓兽（穷奇），头两侧长两向后弯曲的尖角（实为双耳），背脊有三个向前曲的尖角，腹勒双角如鸟翼，圆形尾巴上翘，四肢屈伸作行走状，明显属于东汉以来独角类镇墓兽的谱系[12]。吴家村帝陵出土的陶镇墓兽类型与1979年南京黑墨营东晋墓出土的陶镇墓兽类似（图六、图七）[13]，到南朝后期这种镇墓兽身上的角越来越多似鳄鱼的背鳍，吴家村的陶镇墓兽尚属南朝早期的类型。

南朝时期墓葬内开始使用大量石构件和石质随葬品，南朝早期的砖室墓中，开始使用石构件砌筑墓门或者用作石棺床，随葬器物中开始出现石俑、兽、灶、仓等器型[14]。如南京隐龙山南朝M1、M2、M3均为凸字形墓室，3座墓室结构和砌筑方法相同，都是带长甬道的单室券顶墓，棺木前有一长约90厘米，宽70厘米的石案，另出土石俑、石灶、石屋各1件，发掘者认为隐龙山3座南朝墓墓主可能就是葬于岩山陵区的刘宋皇室或陪陵的重要功臣贵族，而前者可能性更大[15]。《陈书》所载陈宣帝遗诏："凡厥终制，事从省约。金银之饰，不须入圹，明器之具，皆令用瓦。"[16]可知到了陈朝时帝王陵寝中的随葬品大多为陶制品所取代。而吴家村墓葬中的劫后所余的大量石质随葬品值得注意，由于石质随葬品的制作难度及量产都要比可复制和批量化生产的陶质明器更为耗时耗力，由于石质随葬品更为坚固保存时间更久，因此墓葬内的石质随葬品的数量种类的多寡在一定程度上能反映出墓葬的等级。吴家村墓即使历经过至少5次盗扰，除了两通石门外，墓内仍出土了10件石俑，这些石俑集中分布于墓室东侧，其中文官石俑持笏板，武官石俑拄剑，女性侍俑结双髻（图八）。还出土有石臼1件、石马1匹、石马槽1件和1块石祭台，这些石质随葬品均由整石圆雕而成，其中大的石俑残高有50厘米，仙塘湾墓残存4件石质随葬品，金家村墓内仅残存3件石质随葬品。韦正先生认为南京隐龙山南朝墓、丹阳南齐帝王墓、南京萧象墓、南京花神庙南朝墓等墓葬中以小石案为中心的器物组合一定程度上替代东晋墓中以陶案或象征陶案榻的砖台为中心的组合，这种石器组合具有时代意义，是与石墓门、石棺床以及地表陵墓石刻等同时出现的等级制因素[17]。吴家村墓内出土的随葬石质器物种类及数量均多于仙塘湾墓和金家村墓，可知其等级较高且时代较早。

吴家村大墓前并未发现有陵墓石刻遗迹，在墓圹前500米有一东西长25米、南北宽20米的水塘，据笔者实地考察，水塘前的地势较为平坦开阔，似乎有神道存在。据《南齐书》卷二十二《豫章文献王嶷》载："上数幸嶷第，宋长宁陵道出第前路，上曰：'我便是入他冢墓内寻人。'乃徙其表、阙、骐驎于东岗上。骐驎及阙，形势甚巧，宋孝武于襄阳致之，后诸帝王陵皆模范而莫及也。”可知在南朝刘宋时期帝陵前便配套有表、阙、骐驎等石刻。按照吴家村墓葬等级来看，原先墓葬前应配置有类似于狮子湾帝陵一雄一雌石兽等配套石刻，但据笔者询问多位吴家村老人，他们均未见闻墓前有石刻，而吴家村的建村史只有三四百年，可能墓前石刻早在建村前已经没入地下，只是尚未被发现，这便有待于今后进一步的考古勘探了。

图六　南京黑墨营东晋墓出土的镇墓兽

图七　吴家村墓镇墓兽

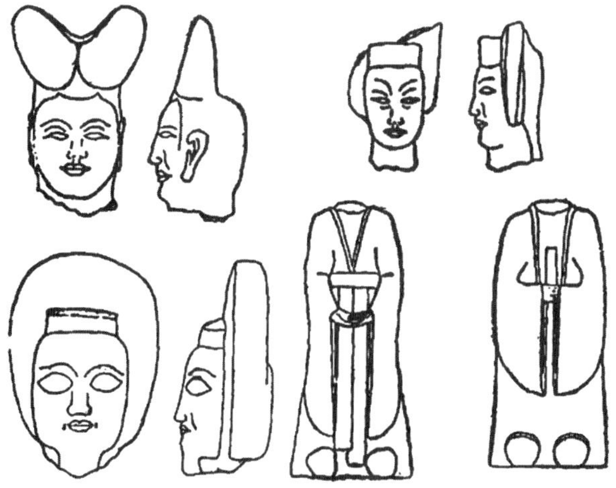

图八　吴家村墓出土的部分石俑

四、结语

关于齐和帝萧宝融恭安陵的记载见《南齐书》卷八：“夏四月辛酉，禅至诏……戊辰，薨，年十五。追尊为齐和帝，葬恭安陵。”[18]并未表明恭安陵的具体地理位置，发掘者据清代朱孔阳《历代陵寝备考》卷二十三：“萧衍军入建康，以太后令依海昏侯故事，追封东昏侯，冢在今镇江府丹阳县东三十一里。”[19]这一条时代较晚的记载而认定金家村墓为东昏侯萧宝卷的陵墓，在此基础上发掘者以吴家村与金家村墓葬形制和随葬器物相似，以及萧宝卷与萧宝融的这层兄弟关系而判定吴家村为齐和帝萧宝融的恭安陵，却不考虑两墓所处的地理位置及距离而判定两墓主人实为欠妥。吴家村南朝墓葬为帝陵等级毋庸置疑，墓内出土有数量丰富的石质随葬品，只是墓前配置的陵墓石刻尚未被发现。吴家村墓葬位置位于南齐帝王陵最西北处，等级相较于赵家湾和狮子湾南齐帝陵更为尊贵，其墓葬年代要早于已发掘的金家村及仙塘湾南齐帝陵，其墓室营建也更为用心，故吴家村南朝墓不应为亡国之君齐和帝萧宝融的恭安陵，更有可能是南齐早期的帝陵不排除为齐宣帝的陵墓。

注释：

①南京博物院：《江苏丹阳胡桥、建山两座南朝墓葬》，《文物》1980年第2期。

②罗宗真：《六朝陵墓及其石刻》，《南京博物院集刊》（第一集），1979年。

③徐苹芳：《中国秦汉魏晋南北朝时代的陵园和茔域》，《考古》1981年第6期。

④邹厚本：《江苏考古的回顾与思考》，《考古》2000年第4期。

⑤［日］曾布川宽著、傅江译：《六朝帝陵——以石兽和砖画为中心》，南京出版社，2004年，第112-121页。

⑥南京博物院：《江苏丹阳胡桥、建山两座南朝墓葬》，《文物》1980年第2期。

⑦［日］曾布川宽著、傅江译：《六朝帝陵——以石兽和砖画为中心》，南京出版社，2004，第109页。

⑧［日］曾布川宽著、傅江译：《六朝帝陵——以石兽和砖画为中心》，南京出版社，2004年，第28页。

⑨南京市考古研究所：《南京栖霞狮子冲南朝大墓发掘简报》，《东南文化》2015年第4期。

⑩王志高：《南朝帝王陵寝初探》，《南方文物》1999

年第4期。

⑪岳涌、徐华、陈大海:《南京江宁区发现南朝石器加工场遗址》,《中国文物报》2008年12月10日第2版。

⑫[日]吉村苣子著、刘振东译:《中国墓葬中独角类镇墓兽的谱系》,《考古与文物》,2007年第2期。

⑬南京市博物馆:《六朝风采》,文物出版社,2004年,第273页。

⑭岳涌、徐华、陈大海:《南京江宁区发现南朝石器加工场遗址》,《中国文物报》2008年12月10日第2版。

⑮南京市博物馆、江宁区博物馆:《南京隐龙山南朝墓》,《文物》2002年第7期。

⑯[唐]姚思廉:《陈书》卷五,中华书局,1972年,第99页。

⑰韦正:《魏晋南北朝考古》,北京大学出版社,2013年,第383页。

⑱[梁]萧子显:《南齐书》卷八,中华书局,2017年,第123页。

⑲[清]朱孔阳:《历代陵寝备考》卷二十三,江苏广陵古籍刻印社,1990年,第164页。

(作者单位:丹阳市博物馆)

河南宋代仿木砖室墓饮茶题材与丧祭问题初探

◇ 李永涛

内容提要：宋代仿木砖室墓中出现饮茶类题材或与丧葬祭祀有关，其发展演变经历由简到繁、由抽象到具象、由单一到多元的发展过程：北宋早期构造简单，到了中期人物开始出现，发展至末期趋于简化并与早期构造相似，不同时期该类图式虽有历时性特点，但其范式化成为不同时期的共同特征：桌椅、饮具、人物、食物等要素逐渐出现。本文从图式内容出发，结合雕绘的食物、人物组合、所处的场地，推测该类图式反映宋代社会比较流行的茶饮场景。结合《家礼》《家书》揭示茶祭在宋代丧礼中的地位，该类题材出现在墓内具有歆飨逝者的作用，使丧葬祭祀在墓室内延续，祈求逝者安生者贵。

关键词：河南 仿木砖室墓 饮茶 茶祭

前言

在宋代，茶是日常市民百姓生活中常见的饮品及辅助材料，并且在当时的经济贸易中占有重要比重，根据经济学方面的研究发现宋代财政收入的大头便是茶叶贸易；繁荣的经济促生文化领域的繁荣，也使得茶在文化习俗方面亦占有一定地位，而饮茶类图像被发现于仿木砖室墓中，可见茶对当时社会的影响之广泛。茶与祭祀有了关联，而该类题材在研究中多被称为宴饮图，构造也多被解释为对坐图而其中的人物被另辟蹊径的认为是墓主人。本文则从砖室墓中图像的发现出发，弄清茶出现的原因及其作用，辨析此类图像的含义，窥探宋代丧葬仪式，探究并阐释茶与祭祀的关系。

一、图式的发现

早在五代十国时期便有韩熙载夜宴，该图式是夜宴的一个简缩版，此类场景出现在墓葬内，是冥界生活化的表现，仿木砖室墓为该类题材的出现提供图像展示载体，并且大多时候单独占据一个壁面，可在四边形、圆形、六边形及八边形的仿木砖室墓内窥探他们的样貌。根据统计河南地区发现的宋代仿木砖室墓可知此类图式多发现于河南的中部、西北部及南部区域，东部发现较少，这与考古发掘的偶然性有关系；其位置多位于仿木砖室墓的西壁、西南壁、东壁、东南壁，后期则与庖厨图相联，形成一连续不断的饮食场景，以图像方式向墓主人展示着生人的生活。

该图式一般演变模式是要素层累的增加，由简单到复杂，由冷冰到生机：桌、椅→桌椅、佳肴→桌、椅、佳肴、翁媪→桌椅、佳肴、翁媪、侍者。此类图式以砖雕、壁画两种技艺相辅相成表现出来：早期以砖雕为主；中期以砖雕、壁画相辅，砖雕主要是桌椅、盛器，壁画主要是人物；晚期则多以壁画为主，此外还有少量的砖雕艺术加以表现。

(一)北宋早期图式

根据已发掘的宋代仿木砖室墓资料显示,河南地区宋代早期该类图式以登封双庙小区宋墓、郑州官庄 M16、郑州卷烟厂 M46 为代表。

登封双庙小区宋墓平面呈八边形,方向 186°。该图式位于墓室西壁,中间置一方桌,桌上两边各置一带托茶碗,中置一茶壶,桌两侧各有一靠背椅[①]。该图式的要素为靠背对椅、方桌,桌上置带托茶碗 2、注子 1,此时尚未出现人物形象;另外郑州官庄的 M16 平面呈四边形,该图式位于墓室的西壁,中间砖砌方桌一张,高 51、桌面宽 53 厘米。桌面侧边先划有一道横线,其下雕出波浪形桌布边。两桌腿上有方头装饰,之间有一直枨,刻划出一道凹槽。桌上雕有菜碟,酒注 1,角盏 2。菜碟在左,先在条砖上刻细纹分为各区,然后在中部对称凿出六个圆圈来象征菜肴。酒注在右,直敞口,圆腹,高足,曲柄把手,一侧有流。角盏为敞口、斜腹,下部承以葵口盏托;桌两侧各有椅子一把,通高 66、椅面宽 30 厘米。椅背平直,顶部凸出,两椅腿间有一直枨,亦刻有一道凹槽,桌椅侧面均涂朱红色[②]。该要素主要为靠背对椅、方桌、菜碟 1、酒注 1、角托盏 2,与双庙小区相似,该图式同样没有出现人物形象;郑州卷烟厂 M46 平面呈方形,该图式位于墓室的西壁:北边有砖砌靠背椅子一张,靠背内凹,椅面下 0.1 米处有一直枨。长 0.4 米、高 0.64 米,两椅足相距 0.32 米。南边有砖砌桌子一张,由两行横砖和两列竖砖简单砌成,长 0.48 米、高 0.54 米,两桌腿之间有一直枨,两足相距 0.3 米。桌子上有两件砖雕的器物,北侧为一个注子;南侧为一个带杯托的茶杯,但残损比较厉害,仅余一半。桌椅均为方足[③]。该墓图式为单靠背椅、方桌、注 1、托盏 1,该墓为北宋早期。

从上面三座墓葬看,早期此类图式多以砖雕为主,题材主要为桌椅,并且是单张椅子,未出现人物形象。桌椅形象为直腿,下一横枨。该图式最初被引入墓葬内仅具有抽象性,以简代繁。

(二)北宋中期图式

到了北宋中期,雕刻技术日渐精湛,在原来的桌椅基础上增加了祭祀的贡品,比如果盘、食盒、注子、托盏,在少数地方比如郑州等地已经出现了人物形象。其中主要流行的是桌椅、茶碗、果盘、食盒、注子等;此时桌上的放置以注子为对称轴,托盏及果盘各两件,抑或果盘食盒共计两件。

北宋中期该图式主要发现于河南的洛阳、郑州、驻马店、安阳等地,代表性墓葬如林州北宋砖雕墓、泌阳三座砖雕墓、郑州北二七路的两座砖雕墓、登封城南庄、新安宋村砖雕墓等。

郑州十四中、登封双庙小区、登封唐庄 M3、荥阳官庄遗址 M16 等墓葬为典型的北宋中期墓葬,其中该类图式主要为桌椅、砖雕注子、碟子、托盏等,它们都是与饮茶相关的工具,这一时期大部分地区人物形象暂未出现,仅在安阳等地出现了男女主要人物及左右侍者;在北宋中晚期如郑州尚庄 M1、登封城南庄宋墓等各地陆续在桌椅、贡品等基础上绘制出翁媪及侍从形象。其中唐庄 M3 西南壁中间砖砌一直足、单直枨桌。桌高 0.52、桌面宽 0.53 米,足高 0.49 米,两足相距 0.21 米。足与桌面之间的转角处雕刻锯齿状牙条和牙头。桌两侧砌有一对双直枨靠背椅。左侧椅高 0.57、宽 0.32 米,右侧椅高 0.54、宽 0.39 米[④]。郑州尚庄 M1 西壁壁面中部砖砌一直足直枨方桌和两靠背椅。桌面下饰对称花牙,桌上放置茶盏二、茶注及注碗各一、小橱一,其中一只茶盏倒扣盏托中,桌下放坛一,红碗作盖。靠背椅足较高。左侧靠背椅旁砖砌方形无座火炉,炉中有茶注及火箸;右侧靠背椅旁有一烛台,三曲齿状足(一足看不到),圆台面上插一高高的蜡烛。火炉、灯台上方见两道红彩竖框,应为壁面上绘的红门,地栿仅在桌旁残存一小段。红门内左侧见五个妇女,前排两人,中排两人,后排一人,皆梳髻,扎巾,面较丰腴,身着白色交领襦。红门中部绘一株红树,树分两枝,上部又有分杈[⑤]。

北宋中期此类图式沿袭早期的形制,简单的桌椅,并在中期将注子、茶托等饮用器具置于桌面之上,将桌椅摆放桌子两侧,为椅子上人物的出现提供植入条件;到了北宋中后期出现了翁媪及侍者使得此类图示具备了所谓宴饮图的所有要素。

(三)北宋末年图式

根据墓内出土随葬品特征及铜钱纪年,北宋末期仿木砖室墓内的此类图式已经渐趋简单化,有的地方诸如郑州等地虽依旧具有中期的特征,但是在河南的南部及西部,诸如洛阳、驻马店、安阳的部分地区此类图式已经渐趋于早期,仅剩下桌椅、器具,有的更是简化到只剩下桌椅的地步。北宋晚期人物更加逼真,数量也较早中期多,工匠们将人物绘于椅子之上与砖雕桌椅搭配而成,展现茶礼在丧葬过程中的具体表现。此类图式主要有小南海壁画墓、登封高村壁画墓、黑山沟壁画墓、登封的唐庄 M2、下庄河宋墓、尚庄 M1、外国语中学 M8、槐西 0803XHM13、宋冀闰壁画墓、新安庄西地宋墓等。

新密平陌宋墓的西壁上绘红色悬幔,蓝色垂帐。画面正中绘一方桌,下围赭色桌布。围绕桌侧坐四人,男左女右。里侧女子服饰妆扮、面貌与西南壁梳妆图中人物相同。其对面坐一男子,面目清秀,白巾束髻,身着窄身黄袍,年龄与女子相当。外侧两人为老年人,可能是长辈或父母。右侧老妪端坐于高背椅上,面容清瘦,脸部皱纹清晰,头发用赭巾束于额顶,上身着对襟蒲色宽身儒,下着素裙,双手插袖,平放于腹前。对面坐老翁,长方脸,头带皂色幞头,身着素色长袍。桌案上放有瓶、碗、盘等器皿[⑥]。

安阳新安庄西地宋墓的画面为:拼砌高桌 1 张、椅 2 张、桌椅之间以砖雕脚踏相隔,桌面以上嵌雕砖三块,砖雕内容为:左右带盏托荷叶盏各一套,中间为温碗及注子,盏托与温碗注子之间各摆水果一盘[⑦]。与之相似的是洛阳耐火材料厂 M13 砖雕墓同样没有人物形象,与早期此类图式相当;M13 东壁主要内容为:桌子居中,上有祭祀器皿。中为注子,小口,圆肩,直腹,平底,圈足,曲圆管长流,环形握手;颈肩两道弦纹;腹部饰水草纹。注子两侧各有一个深腹高圈足碗和一个盛水果的圆盒。桌下有大酒瓮一个,小口,斜肩,深腹,平底,肩腹饰叶纹和弦纹。靠背椅放在桌子两旁[⑧]。

北宋晚期此类图式存在两种模式,在河南中部多以人物+桌椅+器具为主,河南西部及北部则有回归早期图式的特征,仅以桌椅+器具为主,这种特征与当地丧葬习俗及墓主人家族的经济条件有关系,加上宋代末期政局的动荡,宋王朝统治的腹地及周边较近区域局势较为稳定,仍旧保留着中期特征;偏远地区则无力打造"舒适"的地下居所。

二、饮茶类题材相关研究

(一)图式的桌椅型构造

1.桌子+单椅

这一构造要素有方桌、单椅子,一般椅子位于画面的右侧,从郑州卷烟厂 M46 西壁(图一)可以看出,北边有砖砌靠背椅子一张,靠背内凹,椅面下 0.1 米处有一直枨。长 0.4 米,高 0.64 米,两椅足相距 0.32 米。南边有砖砌桌子一张,由两行横砖和两列竖砖简单砌成,长 0.48 米,高 0.54 米,两桌腿之间有一直枨,两足相距 0.3 米。桌子上有两件砖雕的器物,北侧为一个注子;南侧为一个带杯托的茶杯,但残损比较厉害,仅余一半。桌椅均为方足。从砖雕来看桌子为直腿,两腿之间为一横枨,椅子为直靠背,桌椅均为方足。

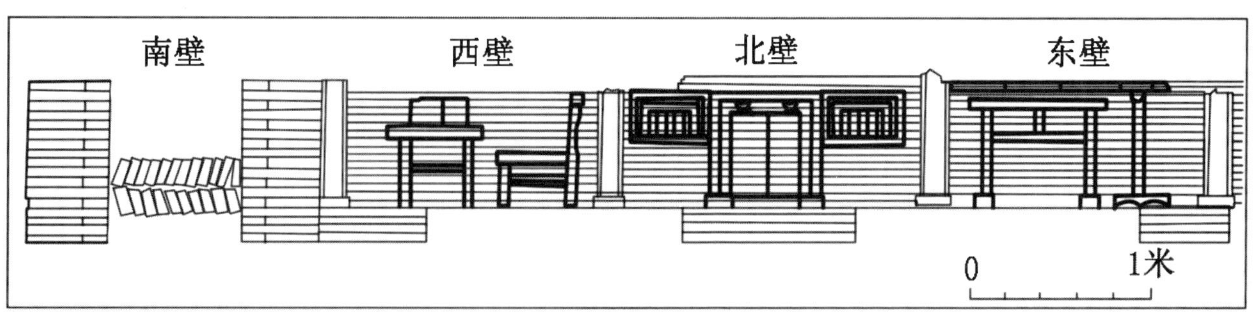

图一　郑州卷烟厂 M46 西壁[⑨]

2.桌子+对坐椅

方桌与对坐椅的图像较多,其特征为方桌位于椅子的中间位置,桌上有食物、器具,椅子上有人物,方桌后有侍者。其中郑州卷烟厂 M54 西壁砖雕、洛阳耐火材料厂 M13 东壁砖雕、洛阳涧西 M179 西壁、荥阳市官庄遗址 M16 西壁砖雕、河南泌阳县三座宋墓均是此类构造的代表。

M54 西壁中间略偏南处(图二),有砖砌的桌子一张，桌高0.56米，桌面宽0.78米，两足相距0.46米。桌面下饰有壶门状牙条，两边有牙头，两桌腿之间有一直枨。桌上放置雕有带注碗的注子一个，高足杯两个，杯放在带圆足的杯托内。两杯中间雕有食盒一个，食盒分为三格，表面雕出如意云纹。桌下雕有小口瓶一个，瓶上覆有盖。注子、注碗雕制精美。桌两侧各砌有一个侧面的靠椅，椅背的后面略向内凹。两椅腿之间有一直枨，通高0.64米，椅面宽0.32米。椅侧面涂有朱红色。南侧砌有一个灯架，上部无存，中立一杆，下有壶门状底座，残高0.44米。

图二　郑州卷烟厂M54西壁砖雕[10]

(二)图式的人物——桌椅型构造

第二大类的图像特征是男、女主人与桌椅，有单人亦有两者共存于同一界面，即其他学者所谓的宴饮图中的男女主角，在这里我们暂且将其称为茶祭中的人物形象。

其一般构图是桌、椅、食物、人物，部分桌子下面有瓮罐，有的桌椅之间有脚踏；有的图像已经简化，与宋代早期形似。其中最为代表性的墓葬为新安宋村砖雕墓、林州北宋砖雕墓、登封唐庄M2、登封高村宋墓、平陌宋墓、下庄河宋墓、登封城南庄宋墓、登封箭沟宋墓、宋冀闰壁画墓、槐西0803XHM13、新安西北地宋墓、泌阳砖雕墓、外国语中学M8等。从所见的砖室墓中，该图像有两种类型Ⅰ：翁媪、侍者与桌椅佳肴，Ⅱ：侍者与桌椅佳肴。

1.翁媪、侍者与桌椅佳肴

以小南海壁画墓、登封箭沟宋墓、登封唐庄M2、登封城南庄宋墓、平陌宋墓、下庄河、尚庄M1等，它们均具有翁媪、侍者及桌椅佳肴等要素，这是最为全面的构图内容，是此类题材不断延续、发展的结果，对于研究此类题材的含义更具说服力。

其中小南海壁画墓(图三)的东壁描述的是一幅家庭生活的场景，画面中部为老夫妇对坐，右为二侍女上茶，左为二男仆恭候老夫妇袖手坐于靠背椅，翁着圆领黑袍，头戴无脚幞头，脚穿翘首靴；媪穿开胸白衫，头扎饰带，下穿齐脚裙，脚穿翘首靴，椅前为一方桌，上置敞口茶碗，两个桌椅凸出。壁面背景为悬帐卷起，露出一幅山水画屏，为水墨画，远山近峰错落有致，近处画古树二株，干枝斜曲苍劲古朴。因而此类题材描述的是生活中的饮茶场景，而该壁画绘制的时代约为北宋末年。

图三　安阳小南海东壁壁画[11]

登封箭沟、唐庄、黑山沟、城南庄(图四)等地发现的宋代壁画墓该类题材在构图及表现的内容上具有相似性，而此类题材的时代多为北宋末年。它们共同的因素为翁、媪、侍者、佳肴等，不同之处体现在侍者数量上，有的为一人，有的为两人，而且人物的特征具有一致性，不同于同时期的安阳、洛阳及邻近的新密地区。然而桌上所摆放的实物多为托盏、果盘、注子等，桌下有疑似酒罐，在尚庄M1、外国语中学M8、耐火材料厂M13此类题材的画面中可见瓮罐，至于其用途发掘者大多认为其为盛装酒的容器；尚庄M1的西壁桌下所置之物为罐，红碗作盖，外国语M8西壁桌下放一黑坛，上覆白碗；而在安阳、洛阳等地则在中期已经出现Ⅰ式的题材，例如新安宋村砖雕墓、林州北宋砖雕墓等。

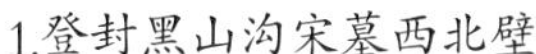

1.登封黑山沟宋墓西北壁

2.登封唐庄 M2 西南壁

3.平陌宋墓西壁

4.登封城南庄宋墓西壁

图四　仿木砖室墓壁画砖雕⑫

2.侍者与桌椅佳肴

主要代表墓葬为尚庄 M1 等，此类图像仅具有桌椅、佳肴及侍者；郑州尚庄 M1（图五）西壁砖雕壁画中壁面中部砖砌一直足直枨方桌和两靠背椅。桌面下饰对称花牙，桌上放置茶盏二、茶注及注碗各一、小橱一，其中一只茶盏倒扣盏托中，桌下放坛一，红碗作盖。靠背椅足较高。左侧靠背椅旁砖砌方形无座火炉，炉中有茶注及火箸；右侧靠背椅旁有一烛台，三曲齿状足（一足看不到），圆台面上插一高高的蜡烛。火炉、灯台上方见两道红彩竖框，应为壁面上绘的红门，地栿仅在桌旁残存一小段。红门内左侧见五个妇女，前排两人，中排两人，后排一人，皆梳髻，扎巾，面较丰腴，身着白色交领襦。红门中部绘一株红树，树分两枝，上部又有分杈。

图五　郑州尚庄 M1 西壁砖雕壁画⑬

该图式经历不同的发展阶段，最后呈现出范式化的特点，正如前面所说，其发展和构图由简到繁：早期仅为桌椅、凳子；到后来在桌子上面添加了两个碟子、杯子；其后开始添加其他点心以及注子等；至于桌椅旁边的侍女和桌子两旁的异性老者的出现则是在北宋中后期。至此人物、桌椅、板凳、注子、瓶、托盘及点心、饭菜一应俱全。

但是时代不同，该图像的构造也不尽相同，根据所搜集的不同图像，从制作类型看可以分为两类：壁画形象、砖雕形象。从画面组合上看主要分为两类：桌椅及佳肴、桌椅佳肴及人物。其要素是不断累加的，现根据不同组合详细分析此类图像的构成及意义。

三、图像内容界定及相关问题

（一）图像内容及依据

我们判断此类图式的含义及作用时，除了观察图像中的人物形象、动作外，还要注意画面中的实物组合，需要识别画面中的实物，以便更加准确的对此类图像进行正名，进而研究其丧葬中的冥事化和现实生活中的社会性意义，此类题材从最初的桌椅，到后来的桌椅、人物、杯盘、碟、壶俱在，其种类更具日常化，现对画面中出现的因素逐一分析，以弄清该题材的具体含义。画面中出现的盛器大多为瓷器类，另有少量的漆木器，瓷器以杯、盏、碗、盘、壶、瓮等为主，漆木器则为食盒等。其中杯盘类瓷器以绘画为主，少量雕塑，漆木器则多雕刻而成，笔者更加倾向于该类题材反映的场景是饮茶。

从碗、盏、杯、盘、瓶、液体、食物及水果等推断此类图式应是饮茶场景，尤其注子器具更是直接印证这一观点。无论是登封城南庄还是郑州卷烟厂以及唐庄和黑山沟宋墓桌上之壶均与白沙宋墓中的注子相似，它们均放于方桌正中，注子置于莲瓣形注碗内，其内注有液体；根据《北宋妇女图画像砖》(图六，1)[⑭]画像砖上的内容，描绘的是一个妇女手持调羹烹茶的场景，其组合为注子、注碗。作为宋代流行甚广的温酒器，注子可提、拎，注碗内的热水可随时更换，有利于调节酒的温度，使用便捷，宋代的注执壶壶身多呈瓜棱形，流、口及柄等高，柄较长，更为实用故为后世流传；而题材中桌上及手中之执壶与之相似，据《资暇录》载："元和初(806)酌酒犹用樽杓注子，其形若罂，而盖、嘴、柄皆具。"清代孔尚任《桃花扇·闹榭》："楸枰停鬬子，磁注屡呼茶。"安徽省宿松县(图六，2)考古出土的青白釉注子、注碗亦与河南发现的宋代仿木砖室墓(图八)中有相似之处，尤其是与白沙宋墓(图七)形制更近，这一点可以得知该场景为饮茶。

1.北宋妇女图画像砖

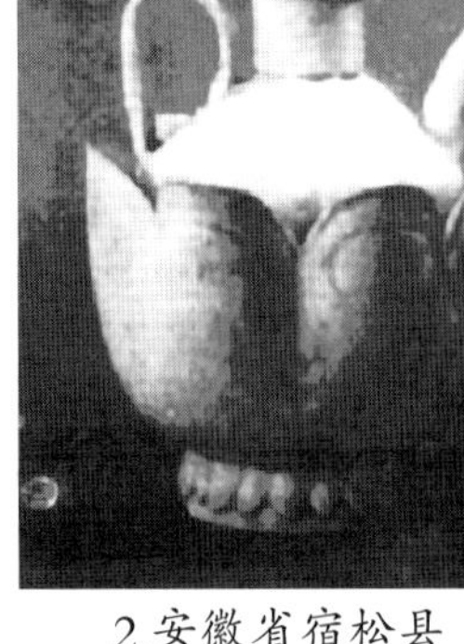

2.安徽省宿松县青白釉注子、注碗

图六　画像砖注子及出土实物[⑮]

图七　白沙宋墓壁画[⑯]

图八　河南林州市北宋雕砖壁画墓墓室东壁宴饮图[⑰]

关于该图像饮茶的另一个印证是"瓶"，在唐代较为普遍，并且常常作为酒器，五代十国至宋代，汤瓶渐渐成为煮水点茶的工具之一，在点茶时用于烧煮或贮盛开水，不在里面放茶末，茶瓶故又名汤瓶。蔡襄在《茶录器论·汤瓶》中说："瓶要小者，易候汤。又点茶注汤有准，黄金为上，人间或以银、铁、瓷、石为之。"杨万里《澹庵坐上观显上人分茶》诗："银瓶首下仍尻高，注汤作字势嫖姚。不须更师屋漏法，只问此瓶当响答。"苏东坡《试院煎茶》中也有"银瓶泻汤夸第二"句。宋代仿木砖室墓中此类图像中的瓶有的位于桌面之上，比如登封高村壁画墓、郑州宋金壁画墓；有的被立于一旁的侍女双手抱着。宋朝点茶以茶瓶煮水，只能耳闻声辨煮水过程中细微的变化，要求茶人的感官相当敏锐，因此宋代茶人多感叹"候汤最难"，蔡襄《茶录·茶论》论候汤："候汤最难。未熟则沫浮，过熟则茶沉。前世谓之蟹眼者，过熟汤也。况瓶中煮之不可辨，故曰候汤最难。"下图(图九，3)描绘的是一侍者正弓腰煽火，其面前的火炉上放一酒注，实为茶瓶；而在洛阳邙山晚期宋墓(图九，4)中可见一侍女所持之物为瓶，另一人所持之物为碗。值得注意的是在唐庄M2及登封黑山沟壁画墓中有侍女持瓶或注子呈倾倒状，此外考古发掘的宋代汤瓶的造型大都侈口，修长腹，执与流在瓶腹肩部，且壶流较斜长、峻削，呈弧形，曲度较大。因而更加印证该图像表达是饮茶之意。

此外盏与盏托合为一副的托盏较为普遍的出现在此类图像中，其与执壶匹配是常见的饮茶器具，加上与周边壁画内容的结合，其常与庖厨、备宴相邻，由侍者相连，因而该画面应为饭前的茶点图，故那些所谓的“开芳宴”“男女对坐”并不完全正确，该画面反映的是茶礼的画面。需要注意的是墓葬壁画中的人物形象不是真正的墓主人女仆或墓主夫妇本人，而更多的是向死者展示死后世界的生活与现实相同，并通过“视觉”的效果呈现给墓主人，是墓葬人物壁画中的“范式”。

1.安阳小南海壁画

2.邛山壁画墓

3.煮茶图

4.高村侍女持瓶图

图九　壁画墓中的汤瓶式样(红色)[18]

(二)茶与丧葬

以茶祭祀的行为最早出现在《南齐书·武帝本纪》卷三：“诏曰：始终大期。圣贤不免。吾行年六十，亦复何恨。但皇业艰难，万几事重，不能无遗虑耳……祭敬之典，本在因心。东邻杀牛，不如两家礼祭。我灵上慎勿以牲为祭，惟设饼、茶饮、干饭、酒脯而已。天下贵贱，咸同此制。”[19]齐武帝遗诏中明确告诫子孙要因心而祭，以礼法祭之，只需在灵位前设下茶饮、饼、饭与酒脯即可，并且希望全国以此为制。这是最早的有据可查的文献，可见茶出现在皇家丧礼中是可信的，在民间同样受到重视。

同样是南朝时期，在刘敬叔《异苑》中记载：“剡县陈务妻少与二子寡居，好饮茶茗宅中先有古塚每日作茗饮先辄祀之，二子患之曰：‘古塚何知，徒以劳祀，欲掘去之’。母苦禁而止。及夜母梦一人曰：‘吾止此塚二百余年，谬蒙惠泽卿，二子恒欲见毁，赖相保护，又飨吾佳茗，虽泉壤朽骨岂忘翳桑之报’。遂觉明日晨兴，乃于庭内获钱十万，似久埋者而贯皆新，提还告其儿，儿并有惭色，从是祷酹愈至。”[20]这种志异小说体现了民间信仰，陈务妻子每饮茶先浇茶于坟前，以祭祀院内古冢，墓主人托梦以十万钱为报酬答谢陈务妻，两位儿子知晓后，祭祷更为勤快，这种以茶祭祀的信仰在民间同样被采用。说明在南北朝时期用茶祭祀逝者的举止无论是皇家还是民间都是广泛存在而且是有意识的行为。

到了唐代又出现了专门的“贡茶”用于清明宴祭祀逝者，以茶为祭既表达了生者对逝者的虔诚、敬重又表达了对逝者的哀思，而在宋代社会中，丧葬礼制进一步规定了茶祭的操作流程，从摆设到祭祀都有特定的程序，而在仿木砖室墓中出现饮茶题材的砖雕、壁画，则是现实丧礼中以茶祭祀的延续，是茶祭丧葬习俗流行的实物证据。

朱熹在《家礼·丧礼》之《通礼》中记载茶在日常的丧葬祭祀中属于必备之祭品并且描述了祭祀时的程序：“正至朔望则参，俗节则献以时食，有事则告……”[21]，宋代平常人家须在每月的初一和十五对逝者进行祭拜，平时的节日则需要供奉日常食物进行祭祀，而每当家中遇有喜事或无妄之灾时需告祭逝者，在朔望之日生者需在龛位前的桌上摆设一大盘水果，另各摆一茶盏、盏托和酒盏。在祭拜的过程中主妇执茶筅，执事者执汤瓶随之点茶；俗节如清明、寒食、重午、中元、重阳之类，不需要以茶为祭，选取乡俗、时令所产诸如豆角、黍物品即可；至于家中有事如正赶上朔日则需献上茶酒再拜讫。

司马光《书仪》中记载了以茶祭祀的做法：设桌摆上贡品、茶酒，跪拜祈祷，供桌两边并无生人，桌前有逝者之牌位，丧葬举行过程中亲友前来吊丧完毕后需斟酒浇茶，将其酹于排位前以示祭奠[22]。此外除了上述行为需酹茶酒外，若主人已成服，则自出受吊毕，若宾请入酹，则主人命炷香斟茶酒于灵座前，家人皆哭主人揖宾遂导宾哭[23]。乃焚香再拜跪酹茶酒“亲賔奠世俗谓之祭，……上賔进烧香退复位与衆賔皆再拜上賔进跪酹茶，酒俯伏兴賔祝执祝辞出于上賔之右西向读之曰维年月日某官某谨以清酌庶羞致祭于某官之灵，……望柩将至賔烧香酹茶酒”[24]，祭祀方面“主人主妇帅执事者诣祭所于每位设蔬果各于卓子南端酒盏匕筯茶盏托醬楪于桌子北端”[25]。影堂之内主人以下皆盛服，男女左右叙立如常仪，主人、主妇亲出，将祖考置于位乃焚香，此时主人以下则均需再拜，执事者斟祖考前茶酒以授主人，主人搢笏跪酹茶酒执笏俛伏兴，帅男女俱再拜次酹[26]，这样在繁杂有序的丧葬礼仪下，逝者子孙弥漫在悲痛之中，通过酹茶的举动，用除哭泣之外的方式表达哀思。

古代用茶作祭一般有这样三种形式：在茶碗、茶盏中注以茶水；不煮泡只放以干茶；不放茶，只置茶壶、茶盅作象征。早在魏晋南北朝时期陶弘景《新录》载：“名茶轻身换骨，古丹丘子黄山君服之”[27]，《食忌》言：“苦茶，久食羽化”[28]，因而茶在唐宋时期是仙药，凡人喝了可以修身养性，最终羽化而登仙。《礼记·祭法》中云：“大凡生于天地之间者皆曰命，其万物死皆曰折，人死曰鬼。”《说文》释鬼为：“人所归鬼，从人，象鬼头，鬼，阴气贼害。”为使生人免受逝者的纠缠，令生者安逝者归于阴，宋代以茶浇在逝者灵位前来慰藉死者，达到祭祀逝者的目的。在仿木砖室墓内以砖雕壁画的形式表现此种场景，旁边两侧绘老妪来品尝生人的祭祀。该题材既装饰了墓室又使其更具生活化，这一时期墓葬宅地化现象相当明显，其目的是使灵魂飨食羽化登仙、以期逝者能够保佑生者。此类图像反映的便是飨食饮茶的场景，这从侧面反映了朱子《家礼》及司马光《书仪》中有关丧葬活动记载的真实性。

四、结语

其一，关于该类题材的命名及内容问题，众多学者研究的宴饮图、夫妻对坐图实际描述的是人们进行饮茶的场景，茶注、茶盏、杯盘是茶事场景的有力印证，而桌面之上的桃子是饮茶之余的点心，因而此类图式笔者更倾向定义为饮茶图像。

其二，该类题材的发展历经由简单到复杂的过程，人物呈增多趋势，画面构造也呈对称布局，到了晚期人物、桌椅等也趋于简单，与早期该类题材构造相似。

其三，该类题材出现在墓内被赋予了丧祭内涵，生者通过茶来祭祀逝者，从视觉角度为逝者再现祭祀场景，仿木砖室墓中的此类图像是宋代丧葬习俗的一个缩影，对了解宋代社会生活和当时的丧葬习俗具有重要的意义。

注释：

①宋嵩瑞、耿建北、付得力：《河南登封市双庙小区宋代砖室墓发掘简报》，《文物春秋》2007年第6期。

②郑州大学历史学院考古系、郑州市文物考古研究院：《河南荥阳市官庄遗址宋墓发掘简报》，《四川文物》2013年第4期。

③郑州市文物考古研究院：《郑州卷烟厂两座宋代砖雕墓简报》，《中原文物》2014年第3期。

④郑州市文物考古研究院、登封市文物局：《河南登封唐庄宋代壁画墓发掘简报》，《文物》2012年第9期。

⑤郑州博物馆、郑州市文物考古研究院：《郑州尚庄壁画墓M1发掘简报》，《中原文物》2021年第3期。

⑥郑州市文物考古研究所、新密市博物馆：《河南新密市平陌宋代壁画墓》，《文物》1997年第12期。

⑦中国社会科学院考古研究所安阳工作队：《河南安阳新安庄西地宋墓发掘简报》，《考古》1994年第10期。

⑧洛阳博物馆：《洛阳涧西三座宋代仿木构砖室墓》，《文物》1983年第8期。

⑨郑州市文物考古研究院：《郑州卷烟厂两座宋代砖雕墓简报》，《中原文物》2014年第3期。

⑩同⑨。

⑪李明德、郭艺田：《安阳小南海宋代壁画墓》，《中原文物》1993年第2期。

⑫图1郑州市文物考古研究所、登封市文物局：《河南登封黑山沟宋代壁画墓》，《文物》2001年第10期；图2郑州市文物考古研究院、登封市文物局：《河南登封唐庄宋代壁画墓发掘简报》，《文物》2012年第9期；图3郑州市文物考古研究所、新密市博物馆：《河南新密市平陌宋代壁画墓》，《文物》1997年第12期；图4郑州市文物考古研究所、登封市文

物局:《河南登封城南庄宋代壁画墓》,《文物》2005年第8期。

⑬郑州博物馆、郑州市文物考古研究院:《郑州尚庄壁画墓M1发掘简报》,《中原文物》2021年第3期。

⑭石志廉:《北宋妇女画像砖》,《文物》1979年第3期。

⑮图1石志廉:《北宋妇女画像砖》,《文物》1979年第3期;图2张振华:《瓷苑妙品:安徽宿松县博物馆藏宋瓷品鉴》,《南方文物》2009年第4期。

⑯宿白:《白沙宋墓》,文物出版社,2002年,第74页。

⑰林州市文物保护管理所:《河南林州市北宋雕砖壁画墓清理简报》,《华夏考古》2010年第1期。

⑱图1李明德、郭艺田:《安阳小南海宋代壁画墓》,《中原文物》1993年第2期;图2洛阳市第二文物工作队:《洛阳邙山宋代壁画墓》,《文物》1992年第12期;图3郑州市文物考古研究所《郑州宋金壁画墓》,科学出版社,2005年,第162-163页;图4郑州市文物考古研究所、登封市文物局:《登封高村壁画墓清理简报》,《中原文物》2004年第5期。

⑲[梁]萧子显:《南齐书》卷三,文渊阁四库全书本,第259册,第48b-48c页。

⑳[刘宋]刘敬叔:《异苑》,卷七,文渊阁四库全书,第1042册,第533d-534a页。

㉑[宋]朱熹:《家礼》,卷一,文渊阁四库全书,第142册,第532a至532b页。

㉒[宋]司马光:《书仪》,卷五,文渊阁四库全书,第142册,第489b页。

㉓[宋]司马光:《书仪》,卷五,文渊阁四库全书,第142册,第489d页。

㉔[宋]司马光:《书仪》,卷五,文渊阁四库全书,第142册,第505d-506a页。

㉕[宋]司马光:《书仪》,卷五,文渊阁四库全书,第142册,第522b-522c页。

㉖[宋]司马光:《书仪》,卷五,文渊阁四库全书,第142册,第525c-525d页。

㉗[宋]李昉等:《太平御览》,卷八六七,影印文渊阁四库全书,第900册,第613页。

㉘[唐]陆羽:《茶经》,黑龙江科学技术出版社,2021年,第132页。

(作者单位:三门峡市文物考古研究所)

岩画的空间神圣性研究

◇ 丁升鹏

内容提要:岩画的凿绘是远古先民自发的一种行为,这种行为或为巫术仪轨,或标记叙事、划定区域等等,都具有目的性。万物有灵观念下先民对于岩画凿绘地点的选择也受到这种思想影响,通过特殊的场域与显圣物的神显使得某个空间脱离了世俗,成为恒久存在的"神圣空间",在神圣空间内凿绘岩画,先民更容易与上天沟通,以期获得能量。这种神圣空间如同世俗宗教建筑一般,依托宗教建筑空间的神圣性,存在着神圣空间的中心——即在岩画点存在一幅或几幅特殊岩画。在实地考察和研究中也发现,受原始思维影响,岩画的空间朝向一般向阳。这种空间神圣性伴随着岩画制作行为的衰落,逐渐消解于历史长河之中。

关键词:岩画 神圣空间 原始思维

近年来,岩画的研究日益深入,从最开始对岩画本身的图案释读与研究,到其后扩展到对岩画点以及周边遗迹现象的区域性范围调查研究,提出了"岩画-墓葬-居址"的三位一体研究模式[①],岩画的内涵被进一步挖掘和扩大。受西方人类学和宗教学学说思维的影响,也有学者尝试通过相关理论对先民凿刻岩画这一行为进行阐释和说明,取得了不少研究成果[②]。岩画的研究从单纯的遗物角度扩展到人类学的研究范围,从"是什么"到"为什么"的研究,对于我们更加深入地了解这一文化行为,窥视先民精神生活有重大意义。

先民将图像留存在岩面上,受制于工具以及资源获取的能力,在岩面制作图像无疑是费时费力的[③]。但在全球范围来看,岩画分布范围广,数量庞大,这背后定然存在着某些原因,这些岩画制作行为或许与原始宗教有关,使得这一行为得以广泛发生并存在着。就目前的研究来说,与原始宗教之间存在着密不可分的联系[④]。原始宗教产生于人类认知的发展,在与自然界做斗争的同时,对于未知未解的事物充满了恐惧,当这种恐惧无法消解的时候,就会出现对未知的屈服与崇拜,由此产生了最为原始的宗教思维,即万物有灵观念。在万物有灵观念的影响下,自然界的万事万物都有着灵性,在一般人的眼中是看不见的,唯有在"灵性"以特殊的外表"显圣"的时候才能被观察得到。这些特殊的外表可能"化身"为动物,即"显圣物"。这些"显圣物"显圣过的地方,就拥有了神圣性,意味着神圣对空间的切入,"这种神圣的切入把一处土地从周围的宇宙环境中分离出来,并使得他们有了品质上的不同"[⑤],这样的地方就成为了永恒不朽的神圣空间,被先民所崇拜和信仰。受限于未知,先民更加倾向于尽可能地生活于神圣之中,或者尽可能地接近已经被奉为神圣的东西。对于早期的人类来说,神圣就是力量,意味着不朽与灵验。

一、神圣空间的定义

前面说到,某一个位置或区域因为显圣从而被人类将其从世俗的自然世界中割裂分离出来,成为一个永恒且不被世俗所影响的空间。神圣是相对于世俗来定义的,神圣空间的理论也是通过对神圣与世俗这对概念的辩证关系而产生的。世俗空间通过营造,空间结构能够超越自身所处的天然环境,与人的感知结构形成一种"同构"与"互证"的关系[6]。这个空间超越世俗时间和空间的束缚,并通过重复性的神显,确保神圣性的持久存在。伊利亚德对于神圣空间的论述提到:"在那个地方,神显重复自身。通过这种方式,空间变成为力量和神圣的永不枯竭的源泉,使人类只要一进入这个空间就能分有那种力量,就能和神圣交流。"[7]综上所述,神圣空间"既是一种通过人工营造界定的一个相对完整的'物理空间',同时又不局限于此,还赋予该空间内的一器一物、一草一木以'神圣性'"[8]。赋予空间高层次的意识形态,且这种意识形态上的神圣性要远高于物理性。

二、洞穴岩画的空间神圣性

在洞穴之中发现的彩绘岩面,学者通过对题材风格的分析,认为彩绘岩画年代较早,约在旧石器时代晚期[9],其后也有学者对彩绘岩画颜料断代,也获得了较为可信的年代数据[10]。洞穴彩绘岩画分布在我国北方、西北以及西南地区,如新疆阿勒泰市富蕴县乌勒肯库斯岩画、内蒙古阿拉善布布岩画、纳仁高勒岩画、云南省丽江市虎跳峡万人洞岩画等。这些岩画主题多以人物和手印为主,采用赭红颜料涂绘或喷绘于洞穴内壁之上。早期的岩画选择在洞窟进行创作,在改造自然环境能力较弱的石器时代,天然的洞穴能够容纳和庇护人类生存。西藏阿里地区梅龙达普洞穴遗址中发现数量较多的打制石器和生活遗迹,同时也在洞穴内壁发现彩绘几何图案,表明了旧石器时代晚期至新石器时代西藏北部还有先民处于穴居生活[11]。在先民的认知中坚硬、粗粝、恒久的物体本身就是一种神显,能够让坚硬的岩石形成洞穴,也只有超自然的力量才能够完成。"它们由于其来源或者外形而被赋予了某种神圣的力量"[12]。先民将石头当作"守卫他们的能量中心。"神圣化的洞穴内壁就有了生殖神力,通过触摸形式就能够使得孕妇生产。而洞穴中的手印,很有可能就是促进生殖的巫术遗留。另一方面来说,由于穴居式生活,族群的生死更替也在洞穴中完成。辽宁省本溪地区洞穴墓葬表明,天然洞穴是人类最早的家园,同时也是人类早期的幽宅——墓地[13]。新生命的诞生对先民来说仍然是神秘的,因此将生殖的伟力归因于洞穴这个神圣空间。新疆多尕特洞穴内,彩绘人像呈舞蹈状,双手叉腰,两腿弯曲,并带有夸张比例的性器官(图一)[14]。这种带有生殖崇拜的巫术仪轨图案以及彩绘手印,即是对洞穴空间神力的赞叹和渴望。触摸石壁的行为在许多地方仍有遗留,与之类似的"蹭石"习俗,可能便是原始的生殖崇拜行为的遗留[15]。

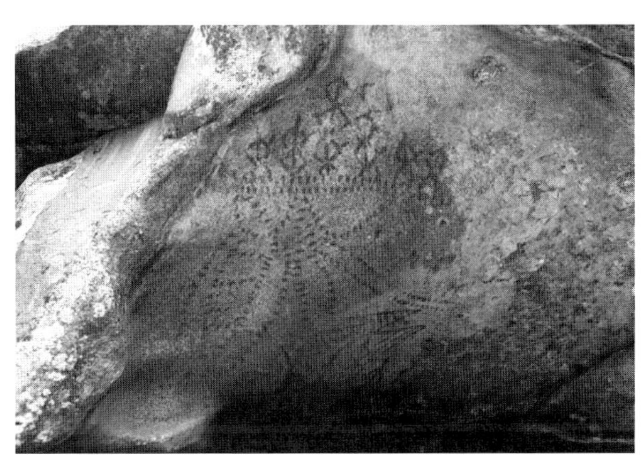

图一 多尕特洞穴岩画

三、山体岩画的空间神圣性

山体凿刻类岩画在我国乃至全球范围内都属大宗,这类岩画根据所处的位置不同,可以分为山顶类和山谷两大类。无论是山顶还是山谷,都与其所处的空间环境的特殊性有关,其背后都是对山石的神圣崇拜,认为山及其山石结构就是神圣的表征,山的亘久、高耸,更加接近高远的神圣与上天的诸神,因此在神圣表征过程中,山峰天然地就有了神圣的属性。在萨满教认知中,山被认为是通天柱或通天的"通道",可以沟通三界,这一通道使一种存在方式通过另一种存在方式的本体论的转换成为可能,因此空间中神圣性的展示便有了一种宇宙的起源[16]。新疆、甘肃、西藏、青海、内蒙古等地均有发现凿刻于山峰峰顶部位的岩画遗存。在原始思维中，人类难以接近的较高区域，就得到了神性，万物由居住在高天的神统御。攀爬山峰，即是通过攀爬的形式借助“梯子”而“升天”，以这种方法分享神圣的状态[17]。因而山顶——那些更加接近高天的地方，更易成为神圣空间，成为人与神沟通和接触的场域。先民选择高山凿刻岩画，其一是因为高耸的山峰具有超自然的力量，在那里神圣的能力可能通过仪式的剥离获得[18]。另一个方面则是在雷雨天气，长时间的阴雨过后，山峰顶部常常被云层遮挡。在阴雨过后，空气中水汽饱和，便会凝结成细微的水滴悬浮于空中，形成云雾。在先民看来，云雾是存在于高天之上的，当云雾笼罩山峰峰顶，就意味着山峰的峰顶进入了神的场域，在那场域就拥有了神圣超验性。因此在山顶凿刻岩画，标记出神圣空间的范围，通过岩画割裂世俗空间与神圣空间。

凿刻于山谷的岩画，常处于“V”形河谷或溪沟。在我国青海通天河流域的岩画，大多凿刻于河流两岸；宁夏贺兰口岩画，亦是分布于山口两侧的溪沟环境之中。这一类岩画凿刻点的选择，其神圣性因素则是视觉与听觉上激发的神圣性，这类区域的神圣性激发，也是与山区的降水或冰雪融水有关。当天气转暖或降水天气来临后，由于其特殊的山地构造，水流会迅速汇集，形成山水，规模较大的就构成了山洪。当汇聚的山水自溪沟汹涌而下时，其巨大的冲击力且伴随着隆隆声势，产生恐惧[19]。原始宗教中认为人类起源于水，水对陆地的侵犯被当作是洗礼，能够吸取罪恶，同时也有净化力量和再生力量[20]。在这类山谷岩画中，高天-山峰-水的神性都融合并展现在奔腾水流之中，因此在晴朗天气下并不起眼的溪沟在山洪暴发下展现了其神圣性。

广西左江花山彩绘岩画（图二）分布于左江流域沿江两岸及其附近的断崖峭壁之上，大多都在河流转弯处。古代左江流域水患严重，河流冲击毁灭居住家园，为了祈求河流的平稳，在悬崖绘制岩画，也是对神圣未知力量的祭祀行为[21]。在这些具有独特性质的神圣场所，先民们通过介质通道，实现将世俗世界与神圣世界沟通的愿望[22]。

图二　花山岩画环境图

四、“神圣空间”与“神圣中心”

神圣空间突破了世俗空间的束缚，虽然它仍存在于世俗，但是处在那样的场域之中，空间所保留的超验性使得先民们将其列为圣地，并在其不远的地方扎根。作为精神寄托和信仰崇拜的一种表现方式，在这种奇特的空间场域凿刻岩画的行为，更可能是与上天沟通过程中的仪轨。从早期彩绘岩画的题材到凿刻类岩画的题材可以发现，几何符号、人物形象较为常见，这类题材极有可能是巫师沟通神圣空间和上天时的特殊仪轨标志，动物题材则更多的是对神显表征物的刻画。万物有灵的观念下先民崇拜万物，但究其思想诞生的根源，是人类本身对万物有需求：为了食物需求，资源丰富的山林就诞生了“灵智”，供给先民食物和庇护场所；为了生存，大型食肉动物也有了“灵智”，先民崇拜它……

神圣空间的产生，其实也是在先民寻求心灵寄托的需求下诞生的。因此，岩画场域的神圣性是先民赋予的，也是有范围边界存在的。岩画的存在，是否也起到了神圣空间边界的标注作用？一如伊利亚德所说“教堂与他所处的街道分属于不同性质的空间，通往教堂内部的门理所当然地代表着一种空间连续性的中断……门槛就是界限，就是疆界，就是区别出了两个相对应的世界的分界线”[23]。类比现存的宗教建筑——教堂与寺庙，他们作为一个神圣空间，这个神圣的空间包含着大门、正殿、偏殿，以及供给僧侣居住的僧房等，建筑所在的空间及其内涵都带有着神圣性，信徒们也会在这个宗教建筑的空间中观摩游走。正殿会是信徒们驻留时间最久和最经常去的地方。也就是说，这个宗教建筑中会存在着一个中心——即供奉佛像或者耶稣的正殿。若将岩画当做神圣空间的“门”，那么所有的岩画都处于一个恢宏的殿堂，这个殿堂之中，也就会存在着类似于“正殿”一般的中心岩画。这样的岩画被当作“中心”而存在，由于其特殊的环境、岩面大小、朝向等更加受先民青睐。笔者通过实地调查发现，这类可能存在神圣中心性质的岩画有如下特征：一、位于岩画群中较高的位置，其岩面较大且平整，朝向向阳，基本处于东南–西南；二、中心岩画周边视野开阔，岩石底部存在较为平整的台面结构，这里结构便于先民凿刻以及之后的祭祀和膜拜仪式进行；三、岩面岩画题材丰富，普遍存在复杂的叠压打破关系，涂抹、凿刻行为延续时间较长。但也存在画面单一的岩画，其涂绘或凿刻画面更为精致。这类岩画在一个岩画群范围内来说，存在数量较少，往往不会处于岩画空间的几何中心位置，环境的选择大于空间的选择。

任姆栋岩画，位于西藏阿里日土县西南 30 公里处，1985 年由西藏文管会文物普查队调查发现，共计 4 组 43 幅岩画。任姆栋岩画凿刻在河流旁的陡崖上，最高的画面距地表约 10 余米，最低处约 0.5 米(图三)。岩画采用凿刻法制作，根据表现形式可分剪影式和轮廓式两大类，岩画题材丰富，动物形象居多，此外还有部分人物以及天象、祭祀、狩猎场景的凿刻。任姆栋岩画所处地点是十分理想的牧场环境，任姆栋岩画所在山岩下有泉水渗出并汇入麻嘎藏布河[24]。就其环境来说，适宜先民生存与牧业的发展，同时山岩之下渗出的泉水更是赋予了岩画点神圣性。在任姆栋岩画 43 幅岩画中，1 号岩画所凿刻的位置处于山体较高的位置，整体凿刻岩面高 2.7 米，宽 1.4 米，距地表 12 米。岩石硬度约 7H，采用石质凿刻工具完成[25]。根据内容和题材来看，属于祭祀场景的刻画，1 号岩画岩面朝向西南，岩画底部有供人站立的台面，整体岩画非同一时期岩画，存在着早期岩画被晚期岩画打破的情况，而与 1 号岩画一个裂缝相隔的 3 号岩画也在同一岩石上。

图三 任姆栋岩画环境及一号岩画

从整体情况来看，先民用石质工具在陡峭的崖面凿刻场面恢宏复杂的祭祀场景，无疑是原始思维影响下的行为，充满着虔诚之心。笔者认为，任姆栋岩画作为一个整体存在的神圣空间，其中的 1 号岩画从题材、环境位置等来说，应属于该地点的“神圣中心”。

青口顶岩画，位于甘肃省永昌县金昌火车站南侧青口顶山，笔者曾亲往调查，共发现岩画 3 区 144 幅。青口顶岩画大多处于山顶至山腰的条带状红褐色岩脉上，岩画主要采用凿刻法，题材多表现为动物、征战、人物以及几何图案。青口顶周围山脉延绵不断，植被覆盖情况较好，距离水源较为接近，故也属于牧羊的理想场所。在整体岩画的调查过程中，西区的一处岩位置特殊(图四)，处于山坡顶部，四周空旷且无障碍物遮挡视线，岩体底部有平整的台面结构，且凿刻题材多样，叠压打破关系复杂。岩面平整独立，朝向东南一侧。在青口顶整体的凿刻环境之中，此岩画显然拥有着特殊的神圣作用，属于岩画空间的中心。

图四 青口顶岩画略图

应当注意到，在不同的岩画群中，不一定存在着唯一的神圣中心，神圣中心存在共地性和历时性，中心岩画会随着不同时间阶段、不同族群对神圣物的选择而做出改变。越早期的岩画制作中所表现出来的神圣中心特征就越为明显，早期的岩画受制于制作工具和制作人群，凿刻的题材较为单一，画面凿刻受到原始思维及生产工具的影响，凿刻过程更加虔诚且用心[26]。在内蒙古巴彦淖尔市乌拉特后旗格尔敖包沟的人面像可以看出，这些人面像凿痕深，呈“U”型，线条流畅，依照石质工具进行凿刻，更是需要大量的时间(图五)。且作为一个祭祀的精神圣地，有必要存在一个确定的地点和中心，因此在一个岩画点中可以发现单体岩画占比较大，制作复杂且画面细腻的往往很少，那么这些就有可能是圣地的中心。而这一副或者几幅岩画所在的岩石作为神圣空间中最重要的中心，更容易被族群延续使用并通过重复的凿刻行为激发其神显，以此获得与上天沟通获得神奇力量。

图五　格尔敖包沟人面像

五、岩画朝向的空间神圣性

先民对于空间的最初认识，最早的记录出现在《管子·宙合》篇中，“宙合之意，上通于天之上，下泉于地之下，外出与四海之外，合络天地以为一裹”[27]。有学者认为“合”通“盒”，为通假字，代指今天的盒子状物体。故《史记·秦始皇本纪》记载“六合之内，皇帝之土”。六合即指天下或宇宙，也表明了空间的六面体结构，包含东南西北四方与上下六面。对于空间六面体结构的认知，在先秦文献《尸子》《文子》以及其后的《淮南子》均有类似论述[28]。岩画点作为现实存在的地理环境，通过神显和人为选择与现实环境的割裂，由此界定了神圣空间。作为空间，自然遵循空间的一般定义，存在六个面的边界。因此在岩画凿刻上，对岩画朝向的选择也具有空间属性，值得我们去关注和研究。

岩画的朝向先民也有选择性。这种选择性不局限于岩石的材质，更多表现出对岩体的岩面朝向的一种选择。笔者在实地调查中发现，岩画的凿刻大多选择南向，若以方位360°计算，以90°-270°(即正东-正西)为界限划分南北两区，南区凿刻岩画的数量远远多于北区凿刻的岩画，但是在岩画点北向的岩体岩面平整度与拥有凿刻条件的岩面并不比南向少。例如西藏阿里地区日土县龙门卡村贡热岩画点，整体山势呈现东南-西北走向，在实地调查中，山峰岩体一致，但山峰北坡却无岩画(图六)[29]。在众多岩画图册与资料中，也有大量著述标注岩画朝向朝南或者避风朝阳[30]。盖山林先生对于阴山岩画的概述中更是直接提到“岩画通常分布在避风向阳的地方，由山的南面山腹，一直延伸到山顶，或在山沟北岸，画面迎南或迎东，面向北的岩画极少。在大面积的岩画中，仅磴口县默勒赫图沟第二地点的岩画是迎北的”[31]。在岩画数量较多的曼德拉山岩画点，岩画的朝向也有类似的情况[32]。这些论著中认为岩画凿刻在南向朝阳面是为了避风，笔者认为有一定道理，但并非全部原因。试想在原始思维影响下对神灵的崇拜，先民使用石质工具在坚硬的岩石上凿刻，这种行为本身就带有很强的宗教狂热性或者虔诚性，根据民族学调查资料，现代西藏人会将石头敲凿后洒落的粉末抹在额头上或者吃掉。

图六　西藏阿里地区日土县贡热岩画点环境（左侧为南坡）

笔者认为这里面或许还有宗教的因素在影响先民对岩面朝向的选择。万物有灵观念下最早出现、影响最为久远的莫过于日月崇拜。太阳带来光明和热量，对于先民来说十分重要。在岩画中发现的环状几何图案、十字状图案以及发光状放射线人面像，都被认为是先民对太阳以及太阳神的崇拜。在甲骨文卜辞和彩陶上亦有展示太阳神崇拜的证据[33]。太阳在东方升起，至南方为正午，为最热的时候，故以南向、东向为尊贵，匈奴亦有"拜日之始生"观念。此外，南向朝阳的方向凿刻岩画，能够长时间接受太阳的照射，传递更多神性能量，故而选择南向凿刻。

此外，就相对位置来说，岩画凿刻于南向，朝拜与祭祀人员则是面北而立，其中更多突出的是对于北向尊位信仰。考古发掘资料表明，在河南偃师二里头遗址的2号宫殿其建筑格局就以"坐北朝南"的方位布局存在了。也就是说至少在夏时期，这种观念就已经存在了。结合古代对北极星为帝星的认知，至少在殷商以前，北位联系着帝星和天宫方位，是至尊无上的神圣方位，而北方位因为帝星的存在而更加尊贵[34]。萨满教流传的神话故事以及宗教传统观念也能为我们提供一些先民对北极星、北斗七星以及北方的神圣崇拜[35]。先秦文献中对北为尊位有较多记载，《易传·说卦传》："圣人南面而听天下，向明而治。"[36]《礼记·曲礼下》："诸侯北面而见天子曰觐。"[37]在先民盟誓之时，也要北向而取信于神明。《周礼·秋官司寇》："司盟掌盟载之法。北面诏明神，既盟，则贰之。"[38]岩画凿刻作为一种向神明传达意愿，获取神圣力量的行为，先民面向北而立，出于对北面的崇敬和对神灵的臣服，似乎可以揭示岩画朝向的空间神圣性。

六、"神圣空间"及岩画的消解与衰落

从岩画遗存的数量和地点来看，不难发现岩画多集中在远离中原的边塞地带，这些地方多为游牧部族聚居生存之地。受制于游牧部族的生产生活习性，原始思维的遗存在游牧部族的流传和影响较中原地区更加深远和持久。在岩画的题材、数量以及凿刻位置上可以窥见：较为久远的新石器时代晚期岩画囿于凿刻工具和万物有灵观念的影响，先民怀着虔诚之心选择神显场域构建神圣空间，选择的题材多以人物、手印、巫师，以及几何图案、动物题材为主，这些画面数量少却精美，位置多在山顶、洞穴，距离水源地较近，表明先民对神圣的崇信以及对自然的依赖程度较重；青铜时代至早期铁器时代，岩画存世数量大、范围广，驯养动物的大量出现，驮畜马匹车辆的使用，对万物有灵观念和神性的崇拜减弱，战争增多，因此岩画多出现征战场景，岩画的凿刻范围和数量扩大也赖于食物供给和机动能力的增强，凿刻工具改进，岩画不再局限于传统的水源地和聚落附近，对环境的适应能力增强[39]，"狭窄的山谷和渡口不再那么重要，不再需要正确的人在正确的时间恰好出现在正确的地点…狩猎可以在任何地点、任何时间由任何人进行"[40]。岩画点岩画凿刻场域的"神圣性"进一步被人为破坏。与此同时，宗教产生并进一步传播，原始思维和巫术观念被宗教吸纳和改变，使得产生岩画的巫术仪式被宗教的信仰所代替[41]。

其次，游牧文明与农耕文明的碰撞、交流与融合也进一步瓦解着岩画以及附着在岩画上的神圣性。例如在两汉时期，随着征战、贸易以及大规模人口迁移，民族融合进一步加速，传统思维观念也逐渐被汉地思维观念所影响和替代——在丧葬习俗上，匈奴墓葬中出现了较为明显的汉化趋势[42]。

最后，文字的出现，成了促使岩画消逝的"最后一根稻草"。岩画凿刻空间的神圣性随着生业方式的改变以及中原宗教思想的冲击逐渐消失，在一些游牧地带仍存在岩画的凿刻行为，充当着他们的文字，承担标注功能。随着北方游牧民族突厥民族文字的出现，使得岩画仅剩下的记录标记功能也被剥夺。约在公元6世纪之后，岩画彻底走向衰落[43]。凿刻的地点失去特意的选择，题材多以文字为主，在早期岩画点的凿刻行为更像是模仿与发挥题记作用。

岩画作为一种原始思维作用下的文化遗产，其题材和制作手法对于岩画的研究有重要意义，受限于岩画测年的复杂性，时下对于岩画的研究应当将物质文化和背后的精神文化研究放在同样重要的位置上进行，注意到这种行为背后的意识形态作用。岩画凿绘行为与地点的选择，更多会受到意识和族群观念影响，对世界的未知和恐惧以及生存的需求催

生了原始的神性，这些未知与神性所在的空间自然也就有着神圣性，近距离地接触未知与神性在一定程度上给予了先民与自然斗争的毅力与勇气。

注释：

①王建新、席琳:《东天山地区早期游牧文化聚落考古研究》,《考古》2009 年第 1 期。

②王炳华:《新疆考古中所见萨满崇拜》,《欧亚学刊》2008 年第 10 期；王炳华:《新疆考古中所见生殖崇拜遗痕》,《欧亚学刊》2005 年第 7 期;汤惠生:《萨满教二元对立思维及其文化观念》,《东南文化》1996 年第 4 期。

③Jin Anni,Robert G Bednarik,Ren Meng,Wang Jianxin,Chao Ge.Scientific research at the hongshankou petroglyph site complex in the eastern tianshan range, northwest China [J].Rock Art Research,2023,Vol.40(1):3–12.

④童永生:《中国岩画中的原始宗教文化考释》,《西北农林科技大学学报（社会科学版）》2013 年第 4 期。

⑤［罗］米尔恰·伊利亚德著、王建光译:《神圣与世俗》,华夏出版社,2002 年,第 5 页。

⑥王子涵:《“神圣空间”的理论建构与文化表征》,《文化遗产》2018 年第 6 期。

⑦［美］米尔恰·伊利亚德著,晏可佳、姚蓓琴译:《神圣的存在：比较宗教的泛型》，广西师范大学出版社,2019 年,第 449 页。

⑧同④。

⑨盖山林:《内蒙古雅布赖山洞窟手形岩画发现与研究》,《文艺理论研究》1991 年第 3 期；王炳华:《阿勒泰山旧石器时代洞窟彩绘》,《考古与文物》2002 年第 3 期。

⑩Wu Yun,Jiao Yanuo,Ji Xueping,Taçon Paul S.C., Yang Zhijian,He Siqi,Jin Mangu,Li Yinghua,Shao Qingfeng High–precision U–series dating of the late Pleistocene - early Holocene rock paintings at Tiger Leaping Gorge,Jinsha River valley,southwestern China [J]. Journal of Archaeological Science,2022,138.

⑪西藏自治区文学艺术界联合会著:《西藏阿里发现青藏高原首个史前洞穴遗址》,《西藏人文地理》2019 年第 2 期。

⑫［美］米尔恰·伊利亚德著,晏可佳、姚蓓琴译:《神圣的存在：比较宗教的泛型》，广西师范大学出版社,2019 年,第 275 页。

⑬李恭笃:《本溪地区洞穴文化遗存的发现与研究》,《北方文物》1992 年第 2 期。

⑭新疆维吾尔自治区文物局编:《新疆岩画》，科学出版社,2011 年,第 122 页。

⑮［美］米尔恰·伊利亚德著,晏可佳、姚蓓琴译:《神圣的存在：比较宗教的泛型》，广西师范大学出版社,2019 年,第 280–282 页。

⑯张嘉馨:《岩画的空间环境及其神圣性研究》,《民族论坛》2019 年第 4 期。

⑰庄鸿雁:《萨满文化视域下的大兴安岭飞龙山岩画解读》,《黑龙江民族丛刊》2020 年第 3 期。

⑱［美］唐娜·L.吉莱特等编、王永军等译《岩画与神圣景观》,宁夏人民出版社,2017 年,第 147 页。

⑲班澜、冯军胜著:《阴山岩画文化艺术论》,远方出版社,2000 年,第 76 页。

⑳张俊福:《水的神话意象研究综述》,《民族论坛》2015 年第 10 期。

㉑陈兆复、邢琏著:《世界岩画 1 亚非卷》,文物出版社,2010 年,第 68–72 页。

㉒苟爱萍:《贺兰山人面岩画的图像学研究》，中央民族大学博士学位论文,2018 年,第 47 页。

㉓［罗］米尔恰·伊利亚德著、王建光译:《神圣与世俗》,华夏出版社,2002 年,第 4 页。

㉔仵君魁、张建林:《西藏日土县古代岩画调查简报》,《文物》1987 年第 2 期。

㉕张建林:《日土岩画的初步研究》,《文物》1987 年第 2 期。

㉖班澜、冯军胜著:《阴山岩画文化艺术论》,远方出版社,2000 年,第 222 页。

㉗[春秋]管仲、房玄龄注:《管子》卷四《宙合第十一》,上海古籍出版社,2015 年,第 74 页。

㉘李海、张仁士:《中国古代对空间的认识》,《理论探索》1995 年第 3 期。

㉙资料版权归属陕西省考古研究院“阿里文物考古援助项目”，系该项目 2021 年度考古调查成果,照

片由陕西省考古研究院提供。

㉚关于避风朝阳的描述,在新疆维吾尔自治区文物局编著的《新疆岩画》概述中有提到:“新疆地处西北,常年刮西北风”,加之朝阳的条件,因此大部分岩画凿刻在岩体南侧。

㉛盖山林著:《阴山岩画》,文物出版社,1986 年,第 5 页。

㉜盖山林著:《巴丹吉林沙漠岩画》, 北京图书馆出版社,1998 年,第 7 页。

㉝王守功:《考古所见中国古代的太阳崇拜》,《中原文物》2001 年第 6 期。

㉞陈春:《何为“坐北”,缘何“朝南”? ——中国传统建筑“坐北朝南”制度探源》,载《工业建筑》杂志社编:《2021 年工业建筑学术交流会论文集(下册)》,《工业建筑》杂志社,2021 年,第 85–88 页。

㉟郭淑云:《萨满教星辰崇拜与北方天文学的萌芽》,《世界宗教研究》2003 年第 1 期。

㊱邓明成、邓泉洲著:《周易解说》, 湖南大学出版社,2014 年,第 85–87 页。

㊲[汉]戴胜著:《礼记》《曲礼下》,西安交通大学出版社,2013 年,第 30 页。

㊳崔高维校点:《周礼》《秋官司寇第五》, 辽宁教育出版社,1997 年,第 67 页。

㊴张宇程、何捷:《基于最大熵模型的通天河流域岩画景观分布研究》,《风景园林》2021 年第 11 期。

㊵[英]史蒂文·米森作、王晨译:《史前人类简史 从冰河融化到农耕诞生的一万五千年》, 北京日报出版社,2021 年,第 189 页。

㊶班澜、冯军胜著.《阴山岩画文化艺术论》,远方出版社,2000 年,第 262 页。

㊷邱黎捷:《从墓葬看汉代黄河上游地区匈奴的汉化过程及原因》,西北师范大学硕士学位论文,2014 年,第 35–40 页。

㊸盖山林编著:《阴山岩画》,文物出版社,1986 年,第 347 页。

(作者单位:西北大学文化遗产学院)

中小博物馆临时展览合作办展模式创新探索

——以宁波博物院为例

◇ 何毓峰

内容提要:为了满足人民群众日益增长的精神文化需求,博物馆要持续不断地向社会推出临时展览。但我国中小博物馆普遍存在藏品不足、研究薄弱、人员短缺、经费紧张等问题,制约了博物馆临时展览的策划与实施。宁波博物院于近年来与国家级科研院所、社会策展人、文物考古单位等社会力量开展跨界合作,还与区(县、市)文博单位和海外友好城市博物馆开展创新合作,为中小博物馆办展模式创新探索提供了有益借鉴。

关键词:中小博物馆 临时展览 模式创新

改革开放以来,中国博物馆事业蓬勃发展。博物馆数量稳步增长,2021 年全国备案博物馆总数已达 6183 家,"十三五" 以来我国平均每两天新增一家博物馆①。博物馆体系不断优化,行业博物馆、专题博物馆、生态博物馆、露天博物馆等多种类型博物馆逐步兴起。2021 年全国博物馆举办展览 3.6 万个,教育活动 32.3 万场。博物馆已成为百姓文化生活和旅游消费中不可或缺的重要组成部分。

展览是博物馆向社会公众提供的最为重要的公共产品,是博物馆藏品征集、保管与研究工作的展现,也是博物馆实现功能、履行职责的基本方式。临时展览作为博物馆展陈体系中不可或缺的一环,因其题材丰富、形式多变等特点,能持续不断地激发社会公众对博物馆的兴趣,是博物馆可持续发展的重要保证。然而与大型博物馆相比,中小型博物馆普遍存在藏品资源匮乏、研究能力薄弱、展陈经费短缺、专业人手不足等情况。2021 年发布的《关于推进博物馆改革发展的指导意见》中提出, 支持联合办展、巡回展览; 同时鼓励社会力量参与展览②。这为中小博物馆创新办展模式提供了政策指引。当前中小博物馆合作办展模式,以馆际合作为主,其中又以国有博物馆之间的合作为多。具体形式大致有藏品借用、展览输出与引进、合作办展等。近年来又多见数家、甚至十数家博物馆以"博物馆联盟""专业委员会"等名义或以"长三角""大运河"等地域范围为纽带联合办展。例如宁波博物院于 2012 年曾联合蓬莱、扬州、广州等八座"海丝城市"的博物馆,举办了"跨越海洋——中国'海上丝绸之路'九城市文化遗产精品联展",充分发挥各馆的地域特色、藏品优势和研究力量,在国有博物馆间合作办展方面进行了积极的尝试。

然而,目前中小博物馆在藏品体系、人员结构、展陈手段、研究方向等方面日渐趋同,优质学术成果、展览资源逐渐稀缺。如何积极开拓思路、创新合作办展模式成为中小博物馆当前亟待思考的重要问题。近年来,宁波博物院在合作办展模式创新方面进行了有益的探索,与科研院所、社会策展人、文物考古单位等社会力量开展跨界合作,还与区(县、市)文博单位和海外友好城市博物馆开展创新合作,充分发挥合作对象的优势,举办了多个深受百姓欢迎的临时展览。

一、与科研院所开展合作

宁波没有自然科学类专题性博物馆,作为区域综合性博物馆的宁波博物院承担着传播自然科学知识的任务,因此宁波博物院每年暑期都会推出自然科学主题临展,如"地球王者——侏罗纪恐龙化石大展""龙行浙江——浙江出土恐龙化石展""小贝壳大世界——中外珍奇海贝展"。此类展览一般都引进自省内外自然科学类专题性博物馆(如浙江自然博物院),展览资源有限、供不应求;宁波博物院收藏的自然标本数量少,也没有专业人员开展研究。在这种情况下,宁波博物院开展跨界合作,于2019年和2022年与中国科学院古脊椎动物与古人类研究所(以下简称"中科院古脊椎所")两次合作,先后举办"我从海洋来——从鱼到人生命之旅"和"我们的恐龙"展。

图一 "我从海洋来——从鱼到人生命之旅"展

中科院古脊椎所是我国目前唯一专门从事古脊椎动物学、古人类学、古环境学及相关生物地层学研究的学术机构,是国内规模最大的古脊椎动物、古人类化石及石器标本的标本馆,馆藏标本达23万多件。"我从海洋来——从鱼到人的生命之旅"是宁波博物院首次与国家级科研院所合作办展,也是中科院古脊椎所与文博机构的首次正式合作。该展依托中科院古脊椎所强大的具有国际学术影响的科研力量与丰富珍贵的自然类藏品,将这些深藏在库房的珍贵动物标本与藏品,通过博物馆独特的艺术展示与信息传播,活灵活现地呈现在观众的面前,让观众流连忘返,观众日流量创建馆11年来历史新高。宁波博物院与中科院古脊椎所的这次跨界合作,让宁波市民在家门口就能学习到该领域国际前沿的研究成果,欣赏到国家级研究机构深藏的珍贵自然标本,可谓是一场视觉盛宴。这种跨界联合办展的方式,既解决了宁波博物院藏品资源匮乏的窘困之境,也为博物馆创新办展提供了新的借鉴模式。2022年,双方再次携手推出"我们的恐龙"展。此次合作中,宁波博物院在展览策划和内容设计等环节的介入程度更高,不仅直接参与了展品组织、展览文本撰写等工作,还设计制作了"从恐龙到鸟"互动装置。

通过与中科院古脊椎所的两次合作,可以总结出博物馆与科研院所在展览方面开展合作有以下几点优势。一是让自然标本"活起来"。自然科学类研究机构保存有大量珍贵实物资料,但多用于科研和教学,极少用于公开展示,更鲜有围绕实物展开社会教育活动。通过与博物馆合作,这些自然标本可以被社会公众广泛认识,助力科学知识的普及。二是能向社会传播最新的科研成果。科研院所取得新的研究成果后,一般都以论文、课题等形式发表,普通百姓很难有机会了解到。在与博物馆共同策划展览中,研究人员可以将新发现、新认识通过多种多样的展示手段进行表达,让社会公众更快、更好地了解到学术前沿和发展动向。三是锻炼博物馆展陈团队。标本承载着有关自然的各种信息,但由于绝大多数观众没有相关知识背景,无法通过对标本的观察直接释读出其蕴含的意义,这就要求博物馆对自然标本进行阐释,将研究成果转化为展览中的阐释性材料,帮助观众理解。这对博物馆展陈团队提出了很高的要求:一方面要对研究成果有充分的理解,确保展览内容的科学性;另一方面又要运用博物馆特有的陈列语言将内容以利于理解的方式传递给观众,实现预设的传播目的。在"我从海洋来——从鱼到人生命之旅"和"我们的恐龙"展中,宁波博物院展陈团队在文字表述、展品组合、辅助手段、空间形态和视觉效果等多个方面进行努力，力求将专业知识用非专业的方式进行阐释，以求获得信息传播上的成功。这样围绕传播目的进行展览策划、设计和制作的实践，让展陈团队得到了很好的锻炼，积累了宝贵的经验。

值得关注的是，虽然两个展览都获得了极佳的社会反响，但对于双方的合作成效缺乏评价机制。在 2021 年印发的《全民科学素质行动规划纲要(2021-2035 年)》中提到要“完善科普工作评估制度”③。已有学者提出，在科研院所与博物馆等公共文化机构合作开展科普工作中需要加强对各合作方的监督管理，探索建立健全科普合作工作绩效动态评价体系，对合作各方的科普效果进行评价考核④。这样不仅有利于对合作过程与结果进行科学评价，也能够发现合作中存在的问题，取长补短，进而更科学、更有效地开展合作。

二、与社会策展人开展合作

2018 年，宁波博物院举办“甬上留香——弘一法师翰墨展”。此次展览由慈溪市人民政府、宁波市文化广电新闻出版局、宁波市民族宗教事务局主办，由宁波博物院、慈溪市弘一书画院承办。展览汇集了上海博物馆、浙江省博物馆、温州博物馆、平湖李叔同纪念馆等多家单位的藏品 103 件(组)，展品涵盖了弘一法师的书法、手札、书籍和日用品等实物。展览通过 “云水有痕”“翰墨留香”“鸿雁往还”“前尘旧影”四个部分，完整讲述了弘一法师至少八次到达宁波的详细经过，展现了弘一法师法度严谨、气韵恬淡的书法风格。展览作为当时省内展出作品最多、规模最宏大的一次弘一法师书法展，引发了极大的社会反响。

宁波博物院并无与弘一法师有关的实物收藏，也没有开展与弘一法师相关的学术研究，此次展览的策划实施是以与社会策展人合作的形式进行的。慈溪市陈之佛艺术馆副馆长胡迪军长期致力于研究弘一法师生平及艺术创作，长期搜罗弘一法师在宁波的史迹，考证出弘一法师于 1924-1932 年期间先后八次造访宁波的经历，曾先后发表《弘一法师慈溪踪迹考》《云水留痕——追寻弘一法师的足迹》《弘一法师在宁波》等文章。胡迪军作为此次展览的策展人，提供了原始文献、研究成果、图片影像、拟展出文物信息等相关资料作为展览内容设计的基础，宁波博物院安排内容设计工作人员与其配合，最终完成展览内容设计文本。宁波博物院根据策展人提供的展品意向清单，向省内外有关文博单位商借展品，并完成合同签订、文物运输、展品点交和布撤展工作。

图二 “甬上留香——弘一法师翰墨展”海报

“甬上留香——弘一法师翰墨展”是宁波博物院首次与社会策展人进行合作，充分发挥双方优势、取长补短：宁波博物院能够提供场地条件和高性能展柜、恒温恒湿设备等文物展出条件，以及配合展览开展讲解、宣传、社教活动的团队，实现珍贵文物的充分利用，发挥展览的社会影响力；社会策展人拥有专业的研究能力和丰厚的研究成果，为展览选题和内容设计提供了有力的支撑，弥补了博物馆学术研究的空白。但在合作中也暴露出一些问题，如展览文字量过大且晦涩、展品分布不合理等，主要是由于社会策展人对博物馆工作不熟悉、不了解，对博物馆的传播特点认识不足。这就要求博物馆与社会策展人进行充分沟通与配合，明确展览传播目的和内容重点，梳理研究成果，做到研究内容的博物馆化，力求以博物馆陈列语言表现内容。

抛开展览策划、设计与实施等技术性问题，博物馆与社会策展人合作的模式还需面对政策、资金等问题。例如，社会人士能否进出文物库房查看藏品资源？博物馆以何种标准、何种方式向策展人支付酬劳？展览知识产权如何分配？这些问题不仅仅是博物馆与社会策展人合作时可能遇到的，也是当前社会力量参与公共文化服务时所遇到的困境。社会力量因其欠缺专业性、缺乏资金等可支配资源，导致自身参与公共文化服务能力有限[5]。这就要求政府建立健全引导和鼓励社会力量参与公共文化服务的保障机制，积极搭建社会力量参与公共文化服务的平台[6]。只有这样，才能吸引更多的社会人士参与到博物馆展览建设工作中来。

三、与文物考古单位合作

与宁波市文化遗产管理研究院(原宁波市文物考古研究所)合作办展也是宁波博物院近年来探索办展模式创新的又一实践。自2016年起，双方先后联合主办"发现——宁波新世纪考古成果展""新鄞州 新发现——2016年以来鄞州区考古成果展"和"汇流——宁波建城1200周年特展"，其中"新鄞州 新发现"和"汇流"是宁波博物院主导开展选题策划和内容设计的展览。

"新鄞州 新发现——2016年以来鄞州区考古成果展"呈现了2016年宁波区划调整以来新鄞州区范围内开展考古调查与发掘工作的成果，包括鄮县故城考古调查、凰山岙地块墓葬考古、天童禅寺塔院考古调查和东钱湖窑址考古发掘四大重要项目，展现了鄞州丰富的古代物质文化与历史遗迹。"汇流——宁波建城1200周年特展"则是紧扣重要历史节点，依托20世纪70年代以来宁波中心城区40余项考古发掘成果，完整呈现了宁波建城1200年来政治、经济、文化方面的发展概貌，系统勾勒出宁波古代城市的真实形态。

目前，越来越多的博物馆与当地文物考古单位联合办展，主要是因为文物考古单位能弥补博物馆研究力量与展品资源的不足。宁波市文化遗产管理研究院是专业的考古发掘和研究机构，不仅承担考古调查和田野发掘任务，还是宁波历史文化研究的重要力量。丰富的出土文物和出色的研究人员，可以为博物馆展览提供学术支持和实物支撑。在"汇流——宁波建城1200周年特展"中，宁波市文化遗产管理研究院不仅提供了城市考古项目出土文物标本200余件(组)和发掘现场照片等相关资料，还提出了与宁波古代城市发展演变相关但又争议颇多的"小溪(鄞江)"问题的新观点、新论据。

但在合作中也发现一些问题。一是如何将专业的考古学内容转化为观众愿意看、看得懂的博物馆展览。这在此前几次考古成果展中一直困扰着宁波博物院展陈团队。在"汇流——宁波建城1200周年特展"中展览摒弃传统考古历史类展览的叙述逻辑，以空间地理方位将内容分为"双城格局""东南区域""东北区域""西北区域"和"西南区域"五大板块，同时五大板块实际对应展厅地理方位；运用古今对照的手法，将各遗址点与当前地标名直接对应，并采用通俗易懂但不失准确的文字表述进行介绍。通过这些手法，观众可以直观地建立起时空坐标，更易于理解。但要如何在一个展览中同时满足专业人士、普通市民、青少年观众等不同群体的认知需要，仍要在未来的实践中继续探索。近期有学者针对考古成果在博物馆中的不同传播模型进行了分析，为探索实践提供了理论依据[7]。二是展品的可看性较差。考古发掘出土的文物标本虽然有重要的历史价值，但大多残破不堪、污损腐坏。大量文物标本在展柜中集中陈列，难免影响展览的观赏价值。在"汇流——宁波建城1200周年特展"中，一方面通过大量图文版面阐释，帮助观众透过展品不起眼的外貌了解其隐含的历史价值；另一方面则挑选与展出考古项目相关的馆藏文物，还制作了三艘宁波出土唐宋古船复原模型，有效提升了展览的视觉效果。

图三 "汇流——宁波建城1200周年特展"

四、与其他文博机构的创新合作

除了向其他文博机构借展、借文物等传统交流方式外，宁波博物院还与区(县、市)文博单位和海外友好城市博物馆开展创新合作，探寻办展模式的创新。

近年来，宁波博物院在中国文物报社组织下，陆续参与了“金鸡报晓”“骏犬啸天”“金猪拱福”等系列生肖文物图片联展。在2018年举办的“戊戌狗年新春生肖文物图片联展”中，宁波博物院在中国文物报社提供的文物图文版面基础上，向全市各级文博单位商借与狗相关的文物近50件(组)。展品时间跨度大，种类丰富，与图文版面结合形成了更为完整和立体的展览体系，凸显本地特色。该展览在宁波博物院结束后，即赴象山博物馆、余姚博物馆等地巡展。这一实践不仅有效整合了全市文物资源，还为基层博物馆提供了优质展览资源。此后至今，宁波博物院依此模式举办生肖文物展，深受社会公众好评。未来，宁波博物院将继续发挥区域龙头博物馆的带头作用，尝试从整合文物资源向整合研究资源、人力资源转变，带动全市各级文博单位共同发展。

2020年，宁波博物院还与英国诺丁汉城市博物馆和美术馆联合举办了“曼妙丝语——诺丁汉蕾丝及蕾丝制造”展。宁波与诺丁汉为友好城市，蕾丝是诺丁汉的城市名片，诺丁汉城市博物馆和美术馆收藏有7万余件蕾丝藏品。宁波博物院依托这一优质资源，与诺丁汉城市博物馆和美术馆合作策展，通过295件(组)展品从历史文化、工艺和用途等角度全面展示诺丁汉蕾丝工艺。同时，宁波博物院还策划推出了“百年花边——萧山万缕丝”展，展示与蕾丝“同源一体”的省级非物质文化遗产“萧山花边”的魅力。此次展览也是宁波博物院为数不多的与海外博物馆合作的案例，筹备期间又逢新冠肺炎疫情肆虐，但也为未来利用海外友好城市博物馆馆藏资源举办展览提供了重要借鉴。

图四 “曼妙丝语——诺丁汉蕾丝及蕾丝制造”展

五、结语

从上述案例中不难发现，宁波博物院近年来积极创新临时展览合作办展模式，主要是为了解决馆藏文物不足、研究力量薄弱等问题。这也是国内中小博物馆普遍面临的困境。但合作办展不等于“拿来主义”“坐享其成”，它还是要求博物馆人以开阔的思路和专业的手段，将各种实物资源和研究成果“博物馆化”，充分发挥好博物馆“以物证史”的叙事特点，和深入浅出的叙事方式，在展览建设过程中准确把握观众的认知特征，制定合理的传播策略，提升观众的学习效益[⑧]，满足人民对美好精神文化的需求。

注释：

①尤越：《致广大而尽精微——从中国博物馆实践看博物馆的力量》，《中国博物馆》2022年第3期。

②国家文物局：《关于推进博物馆改革发展的指导意见》[EB/OL].(2021-05-24).[2023-02-23].http://www.ncha.gov.cn/art/2021/5/24/art_722_168090.html

③国务院：《国务院关于印发全民科学素质行动规划纲要（2021-2035年）的通知》[EB/OL].(2021-06-03).[2023-02-23].http://www.gov.cn/gongbao/content/2021/content_5623051.htm

④李洋、温亮明：《我国公共文化机构科普服务合作研究》，《图书馆研究与工作》2022年第11期。

⑤汪亚楠：《社会力量参与公共文化服务——基本逻辑、现实困境及应对之策》，安徽财经大学硕士学位论文，2021年。

⑥荆晓燕、赵立波《社会力量参与公共文化服务体系建设研究》，《中共福建省委党校学报》2017年第5期。

⑦黄洋：《考古成果在博物馆中的传播阶段与模型》，《东南文化》2022年第6期。

⑧严建强：《在博物馆里学习：博物馆观众认知特征及传播策略初探》，《东南文化》2017年第4期。

（作者单位：宁波博物院）

胶东红色文物活化利用路径研究

——以烟台为例

◇ 董 艺

内容提要:以烟台为主的胶东地区,是一片红色的热土,中国共产党胶东地方组织在带领军民为民族独立和人民解放不懈奋斗的历史进程中,创造了具有鲜明地域特色的胶东红色文化,留下了见证和印记革命历史的红色文物。本文在刚刚过去的建党100周年及当下"让更多的文物和文化遗产活起来"的背景下,总结了近年来以烟台为主的胶东红色文化建设及文物挖掘和利用所取得的重要成果,通过实地调研发现了红色文物利用方面存在的问题,进而根据红色文物活化利用的现状提出了几点红色文物活化利用的建议。

关键词:胶东 红色文物 活化利用

以烟台为主的胶东地区,是中国进行红色革命最早的区域之一,也是山东红色革命的发祥地之一。胶东地区在长期波澜壮阔的革命历程中形成了胶东红色文化,留下了宝贵的红色文化遗产,成为中华民族精神宝库中的一颗灿烂的明珠。纵观整个胶东地区红色文物资源非常丰富,每一件红色文物的背后都是一场场惊心动魄的战斗、一个个扣人心弦的斗争故事、一首首传唱至今的革命赞歌……在刚刚过去的建党100周年的时代背景下,响应习总书记的重要指示精神,"切实把革命文物保护好、管理好、运用好,发挥好革命文物在党史学习教育、革命传统教育、爱国主义教育等方面的重要作用"[①]"要让更多的文物和文化遗产活起来,营造传承中华文明的浓厚社会氛围"[②],探索胶东红色文物进行活化利用的路径,是当前所面临的重要课题。

一、以烟台市为主的胶东红色文化建设及文物利用所取得的成果

(一)加强对重点红色文物及资料的挖掘、整理

2013年,烟台市委、市政府做出重要战略部署,明确提出,全市上下要立足丰厚的红色资源优势,全面推进以烟台市为主体的胶东红色文化建设,将烟台打造成为胶东红色文化龙头城市。为此,烟台市专门成立了"胶东红色文化"建设领导小组办公室[③],向全市发布了《关于征集胶东革命史料的公告》。烟台市档案局贯彻落实市委部署要求,为使馆藏档案资源更好地为"胶东红色文化"建设服务,将馆内专题资料库——"红色革命史料库"中的8000余件档案资料按照史料征集整理工作实施方案,重新编目登记,编辑更加符合"胶东红色文化"建设主体要求的红色革命史料目录。此外,还着手进行全文数字化工作,目前"胶东红色文化史料库"中的革命历史档案目录数据库和全文数据库的数

字化率100%，革命历史资料数据库数字化率达96%，为烟台市"胶东红色文化"建设提供准确的档案资料。与此同时，烟台图书馆、烟台市博物馆、以及各县市区的图书馆、档案馆、博物馆、纪念馆等纷纷整理各单位收藏的胶东红色史料并上报。为进一步扩大胶东红色史料的收集范围，烟台市专门到中央档案馆、中国人民革命军事博物馆、中国国家博物馆等单位进行史料征集，并搜集胶东革命亲历者、见证者线索，完成对数十位老将军和亲历者的采访，整理有价值影像资料1700多分钟。"胶东红色文化"建设领导小组办公室先后征集普查各类史料5300多件，遴选确定了30多个重要事件、100名重要人物、70处重要遗址、700多件重要史料，推出了胶东红色文化丛书《风云》《先导》《见证》《印记》四部，以图文并茂的形式生动梳理了烟台的胶东红色文化，为胶东红色文化建设和文物的活化利用奠定了重要基础。

(二)加大对红色文物的保护力度，开发红色文物资源

近年来，烟台市加大红色文物资源保护和开发力度，使一批重要的纪念地、遗址、名人故居、文物文献等得到妥善保护和修缮，确定了一批红色文物保护场所并推出了精品旅游路线。根据现有的不可移动红色文物资源情况，本着"可读、可看、可游"的原则，选取红色旅游资源集中、景区(点)之间交通连接通畅的28处红色旅游景点，结合当地的历史文化、自然生态、民族风情等旅游资源，策划推出了三条"红色旅游精品线路"。并引进烟台大学文字专家团队参与红色旅游导游词的编写，在线路设计、语言组织、图片展示等方面充分体现红色文化与开埠历史、海防历史和自然景观的有机融合，促进红色旅游与观光游、自驾游、微旅游等旅游方式的优势互补，编著了《烟台红色旅游指南》一书。在此基础上，健全完善配套的基础设施建设，实现红色旅游线路上的吃住、游览、娱乐、购物一条龙服务，提升服务业，推动产业结构优化。

(三)构建红色文化宣传推广体系

为积极推动"胶东红色文化"建设工作，烟台市积极构建红色文化宣传推广体系，通过影视作品、大型歌舞、展览宣讲、学术研讨等各种形式，全方位加大对红色文化的宣传推介力度。早期以胶东革命为背景的红色影视作品主要有《地雷战》《苦菜花》《三进山城》等，这些影视作品的经典片段出现在各个博物馆近现代展厅的电子屏幕上，作为重要的红色文化宣传方式。近年来，以纪念"杨禄奎事件"为主要内容的大型原创吕剧《烟台山》，获得第九届全国电视戏曲节目"兰花奖"剧情类节目"三等奖"。中央电视台第四频道《国宝档案》栏目组拍摄播出反映胶东革命重大事件和重要人物的大型专题片《胶东烽火》，一部反映胶东抗战历史的电视剧《大秧歌》在全国成功上映，歌舞剧《胶东儿女》、音乐剧《审判日》等众多反映革命历史的文学作品也应运而生。

为营造红色文化建设的良好氛围，在庆祝新中国成立64周年之际，由中共烟台市委宣传部、烟台市文化广电新闻出版局、烟台警备区政治部、中共烟台市委党史研究室联合举办，烟台市博物馆承办"巍巍丰碑——胶东红色文化图片展"，纪念中国人民抗日战争暨世界反法西斯战争胜利70周年，举办了"胶东抗战纪实主题图片展"，在建党100周年之际，举办的"伟大的历程——庆祝建党100周年胶东五市革命文物联展"，并且还组织了进机关、进学校、进军营、进社区等流动展览。招远市为保护宣传珍贵的红色文物，建起了中国夼上艺术区，其中红色文物展馆面积3000平方米，分为中国共产党成立展示厅、胶东革命史展厅、抗日战争展厅等七个展厅，陈列革命文物10000多件，是目前国内规模较大、展品较丰富、历史年代跨度较广的近现代革命史综合场馆[④]。为脱离文物展示的静态化与僵硬化，该馆与当地的相关机构合作，围绕所藏文物经常举办各类形式的主题讲座以及邀请革命老前辈现身说法等，生动地弘扬了爱国主义和革命传统。

二、胶东红色文物活化利用方面的现状及所面临的问题

(一)缺乏整体性合作机制

由于各类不可移动遗址类红色文物单位和收藏不可移动红色文物的单位在机构职能、管理所属等方面尚未统一，各红色文物之间也存在级别、规模等方面的差异，导致各红色文物在活化利用方面

存在内容单一、关联性不强的问题。各类红色文物单位基本上都立足于本单位的红色文物资源,在研究、展览、宣教等活化利用方面存在着严重的局限性,特别是一些规模较小且相对偏远的遗址类红色文物单位,基本处于无人问津的状态。从文物活化利用的角度看,遗址类红色文物在展览、宣教方面应与不可移动红色文物有机地结合在一起,同时可以采取引进展览、联合办展等方式更生动地还原历史,增强感染力;应与其它遗址类红色文物连成片区,才能连成红色旅游专线、打造红色旅游片区。因此, 对红色文物的活化利用一体化的理念尚未形成, 对红色文物的利用缺乏整体性的合作机制,从而影响红色文物最大限度地发挥其价值。烟台市博物馆在建党 100 周年之际, 举办的 “伟大的历程——庆祝建党 100 周年胶东五市革命文物联展”,是联合青岛市博物馆、威海市博物馆、日照市博物馆以及潍坊市博物馆四个地级市博物馆推出的一次联合展览。但在平时的展览中,各红色文物机构之间缺乏合作机制,很多场馆自身的红色文物展览也处于常年不变的状态。

(二)宣传展示效果欠佳

从目前胶东各红色文物单位对红色文物的展览方面看, 除了部分单位在展厅对少数红色文物以及一些红色事件的展示上使用了声、光、电等科技要素外, 能够积极使用现代先进的技术手段全景多方位展示红色文物的单位几乎没有, 即使是一些被评为国家一级博物馆的地市级博物馆在此方面的引进力度也比较薄弱。大多数机构单位还是以实物陈列为主,配合使用图片展板、简单的视频,讲解方面采用讲解员解说的传统方式,缺乏与观众的参与互动,观众缺乏沉浸式的体验。此外,由于对红色文物研究的专业力量薄弱,很多机构缺乏专业的党建、研学方面的专业人才, 致使红色文物的内涵没有得到很好的挖掘, 很多大量有价值的红色文物没有得到宣传利用, 没有实现博物馆等红色文物机构与学校教育的有机结合,达不到研学教育的目的。虽然部分博物馆曾举办过“小小讲解员”活动,但是收效甚微,没有将红色文物背后的故事广泛融入到学校教育中去。

(三)没有广泛调动社会力量

从目前博物馆、纪念馆以及档案馆等单位具有文物征集职能的部门每年征集的文物资料看,征集往往注重具有一定史料价值的实物资料本体,而忽略对参加过革命、经历丰富的老一辈口述史的搜集整理。在这方面值得一提的是,在电影《长津湖》电影上映以后,票房达到 40 亿之多,在得知电影主人公原型就是荣成市本地人的情况下,荣成博物馆借助电影《长津湖》的热度,广泛走访了荣成当地曾参加过抗美援朝且在世的老兵, 并重点采访了参加“长津湖战役”的老兵。在 2021 年春节之际,专门举办了“共庆新春,致敬老兵”的专题展览,收到了良好的社会效应。除此之外,红色文物机构没有广泛调动社会的力量组建一批多行业、多学科、多年龄段的志愿者团队,满足不了不同年龄、不同认知群体的多样化的讲解服务需求。没有建设统一的红色文物数据共享开放平台,虽然有些单位利用微信公众号推出了《红色百宝箱》等红色文物简介,但是缺乏对文物全方位的展示,对一些文献缺乏数据的采集提供,致使很多致力于红色文物研究的学者由于得不到全面的数据资料,影响其对红色文物蕴含的历史内涵和时代价值的深入挖掘。

(四)与其他领域融合度不高

胶东境内的部分市区以及县级市在红色文物活化利用与其他领域融合发展方面, 曾采取了一些创新的举措,取得了一定的成果。最典型的就是注重把一些近现代具有历史价值的遗址和红色教育相结合,共同打造党性教育基地。比如,烟台市把位于烟台山下曾为在烟外国侨民提供公共娱乐和商会议事的“芝罘俱乐部”,改建为“胶东革命纪念馆”,并作为胶东(烟台)党性教育基地的主体馆、核心馆。烟台市旅游部门在市胶东红色文化领导小组的统一部署下, 组织力量, 对全市红色旅游资源进行了实地访查, 对史料记载的红色遗址及事件发生地进行了深入调研,确定了一部分红色旅游景点及线路。但是胶东红色文物与其他领域的融合还很不够, 主要表现在红色文物融合发展的领域还不够多, 红色旅游景点经常无人问津,红色休闲路线以及精品路线偏少,红色旅游片区没有完全形成,与促进生态文明建设、乡村振兴等方面还存在一定差距。

三、对胶东红色文物活化利用的几点建议

(一)加强红色文物数据库建设,加大对红色文物的保护力度

在现有的"胶东红色文化史料库"数据库的基础上,进一步扩大红色文物收集的范围,将目前胶东地区各个博物馆、纪念馆、图书馆、遗址类机构等在全国第一次可移动文物普查以及第三次全国文物普查中的不可移动红色文物数据纳入数据库,提供照片、尺寸、级别、收藏单位等多项信息,建成胶东红色文物数据统一共享开放平台,方便各红色文物机构和社会人员的便捷检索、统计分析和学习研究,同时设置留言区、研究成果展示区、讨论群等公共服务平台,为广大红色文物爱好者提供交流学习的平台。

胶东各地方政府应落实主体责任,全面摸清红色文物的保存状况,对于一些年久失修,急需保护的红色文物实施抢救性保护,给予政策上的支持和资金上的保障。并强化科技支撑,对一些材质比较脆弱、病害严重的馆藏红色文物实施文物本体保护修复,推进红色文物机构收藏环境的达标建设,对馆藏的红色文物实行预防性保护,对一些珍贵的红色文物逐步实行数字化保护。

(二)建立协同研究机制,深入系统地对红色文物进行研究

整合胶东各博物馆、档案馆、地方党史研究室、高校、书画院、出版社、社会团体等方面的研究力量,加强对胶东地区红色文化相关的实物、文献、史料、口述史的抢救、征集、整理与研究,深入挖掘其蕴含的思想内涵和时代价值。与此同时,要针对不同的社会群体,设计不同领域的课题研究,比如,针对学龄前的儿童,可以联合书画院和出版社设计出满足学龄儿童看的红色故事题材的绘本,以儿童画面为主,配带少许文字,吸引学龄儿童阅读,家长可以进行简单的讲解。针对老年群体,经历过那些年代的那些事,可以设计一些适合老年人看的老照片、老物件、回忆录性质的图书,和一些老兵讲述红色故事的视频剪辑供他们观看。对于义务教育阶段和高中阶段的学生,可以编写专门的课外阅读教材供其阅读,并可以选取部分内容纳入考试的阅读理解中,有助于学生对红色文化的深刻理解。对于科研院校和文物收藏研究机构,可以由市社科联等机构在红色文物等方面研究比较薄弱的环节,每年推出几项重点研究的课题,鼓励相关单位积极参与,在国庆、建党、建军、五四等重要节日和重大纪念日,组织书画创作、主题演讲和大型主题歌舞表演等活动,并纳入各单位的绩效考核和职称评审当中来。

(三)构建展陈体系,提升展陈质量

目前胶东地区博物馆红色文物的展览基础处于常年不变的状态,展览的形式也基本以图片、说明牌为主,讲解形式单一,很多地方甚至没有讲解员,甚至有些红色场所常年处于无人问津的状态。介于目前这种情况,对于已有的红色展览可以通过重新设计布局、拆旧建新、提档升级进行全新改造,增加 AR 场景体验和大屏幕投影演示系统,并可以增设电脑触摸屏和可视可听智慧导览设备,提升展陈的立体化、艺术化、科技化、智慧化水平。并在各类展览中同步推出线上展厅,对展厅进行全景数字化信息采集,并利用所得数据,通过三维实景技术,搭建全景数字展厅,让观众足不出户通过手机平台便可以实现沉浸式体验效果,实现"云观展"。利用三维数字信息采集获取红色文物的三维数字模型,实现红色文物的三维展示。

此外,应全面优化胶东地区博物馆纪念馆的区域布局,改扩建一批能够反映胶东地区重大红色事件、重要红色人物的博物馆和纪念馆,围绕胶东地区各个时期重大事件、重大节点、重要会议等,研究确定一批重要的标识地,对于具有重大历史意义的村子提倡建设乡村博物馆,对于个人收藏丰富的鼓励并支持建设私人博物馆。与此同时,整合整个胶东地区博物馆、档案馆、纪念馆等红色文物资源,在现有不可移动红色文物的基础上,对其基本陈列进行提升改造,并加强馆际之间交流合作,通过文物借展丰富其展览内容和展陈形式,设计出能够真实再现历史、场景复原的专题陈列,打造党史学习教育基地。按事件顺序串联胶东地区红色可移动文物,用红色文物讲述胶东地区的红色故事,并纳入全省乃至全国文物巡回展和馆际之间交流展行列中。

(四)强化红色服务,创新红色文物宣传教育实践

整合市域红色文物资源,成立红色文物资源点联盟、红色文物志愿者联盟,推出"行走的情境党课周周讲"课程体系,将机关企事业单位、部队、学校、社区的党课以及党员实践活动搬进红色遗址中来,组织党员干部现场参与,通过讲述红色故事、重温入党誓词、诵读党章党规、开展交流分享、唱响红色歌曲等内容设置,使场景教学与浓厚氛围相契合、深度体验与仪式渲染相融合,让党员同志在沉浸式学习体验中进一步感悟思想伟力,砥砺初心使命。党课的讲解人员除了红色遗址的工作人员外,还可以聘请当地高校研究地方史的专家和博物馆、档案馆等单位的近现代文物鉴定专家以讲座的形式现场授课,还可以招募一批各年龄段的"红色文物志愿者",通过角色扮演、互动体验等深度体验的方式引导受众"见人见物见事见精神",厚植爱国情怀。

随着智能终端的发展和移动互联网的普及,视频平台(尤其是短视频、微视频)以及直播平台逐渐被大众所接受和广泛应用,已成为关注度最高最热门的传播平台。利用视频平台和直播平台创新红色文物的宣传也是大势所趋,这两种传播平台最大的优势是可以双向传播,大众既可以是信息的接收者也可以成为信息的传播者。因此可以采取多重传播方式,政府部门以及一些博物馆、档案馆、纪念馆等大型公益性部门可以通过当地影响力较大的直播平台进行专题在线直播,也可以创作一些专门的红色文物相关的短视频、微视频利用官方网站、微博、微信公众号、视频号、头条号、抖音号等进行重复播放,供大众收看、转发和传播。与此同时,也可以设置一些奖励措施,激发公众参与视频制作传播的积极性,鼓励普通大众从自身收藏以及认识的角度,对自身收藏的红色文物以及对红色文物背后的故事进行视频制作,这样既丰富了胶东红色文物传播的主体样态,也提升了胶东红色文物传播的效果。

(五)进一步提升红色旅游业,促进与其他产业资源融合发展

扩展胶东红色文物活化利用的范围,应使胶东红色文物的利用与当地的红色旅游、生态发展、乡村农业资源、民俗资源等产业资源融合发展。红色旅游是一项政治工程、经济工程、社会建设工程、文化工程和国际交流工程合一的产业,因此,红色旅游的开发离不开各行各业的联合和促进。目前胶东地区的红色旅游还没有实现区域合作,一些跨地域、跨年代、教益性强的红色旅游景点(区)以及一些红色旅游路线应实现跨地市、跨省份甚至国际间的合作,延长红色旅游路线,构建红色旅游区域协作联合体。同时将区域内的其他资源与红色旅游相结合,打造综合性产品,产生联合叠加效应。例如,"红色+绿色"组合,将红色旅游与当地的绿水青山以及烟台苹果、大樱桃、莱阳梨等一些特产结合,共建"生态文化公园""生态文化果园"等;"红色+蓝色",将红色旅游与蓝色海洋资源、海产品以及仙境海岸相结合,让游客真正体验到"英雄胶东,鲜美胶东";将"红色+民宿"组合,可以将红色旅游与渔家乐、避暑度假相结合,体验当地的民俗风情,增强红色旅游休闲度假功能。在各类组合中,根据不同的旅游方式推出各类体验内容,例如,推出"走红军路、吃渔家饭、赏乡村景、住海草房、听海浪声"等满足旅游者需求的体验。

对胶东革命文物活化利用的研究,从理论研究和实践举措方面为胶东文物如何更好地发挥其自身的价值提供了更多的创新性、可能性和思考性,为进一步全方位多角度地整合利用胶东红色文物提供了新的视角。这对于传承胶东红色基因,激发胶东人民的爱国热情,促进胶东地区的经济、文化乃至社会发展,都具有一定的理论借鉴和现实指导价值。

注释:

①节选自中国政府网:《国家文物局 财政部关于加强新时代革命文物工作的通知》,https://www.gov.cn/zhengce/zhengceku/2022-01/08/content_5667074.htm

②金瑞国:《让更多的文物和文化遗产活起来》,《人民日报》2022年10月2日第8版。

③刘永春、冯小叶:《胶东红色遗迹与旅游开发研究》,中共党史出版社,2015年,第222页。

④《招远打造红色文化旅游目的地》,《烟台日报》2014年1月19日。

(作者单位:烟台市博物馆)

故宫博物院藏文书雕版概述 *

◇ 周 莎

内容提要:故宫博物院藏品类别丰富,在图书馆保管与典藏的文物中,有众多雕版文物。这批雕版多为清宫旧藏。在清代宫廷所藏的雕版中,有一部分是与文书相关的板片。文书雕版文种多样、内容各异,是不可多得的档案文献资料,为我们记录了清代历史的方方面面,也为学术研究提供了真实可信的资料,其内容是研究清代宫廷历史的重要实物文献。

关键词:雕版 清宫旧藏 文书雕版 监照

一、故宫博物院文书雕版研究资源概述

故宫博物院图书馆收藏的雕版藏品，数量繁多，约有23万余件。这些雕版实物为研究清代历史，提供了实物证据。笔者根据多年以来的库房管理经验将院藏雕版按照所刊内容进行分类，主要有三大类，分别是:书籍雕版、文书雕版和图样雕版。本文的论述对象为其中的文书雕版。此类雕版多将文书格式刻在木质板片上，然后刷印所刻好的雕版，印成格式规范的文书纸。使用时，只需在空格或空行处填写文字，便可以完成一张文书内容。

文书雕版反映了清代政治、经济、军事、文化、科技、外交、民族、宗教、宫廷、社会等各方面的历史状况,具有重要史料价值。

清代档案文书的种类十分丰富,有皇帝的诏令文书,如制、诏、诰、敕、上谕、廷寄语等;臣僚的奏疏,如题、奏、表、笺等;各衙门的来往文书,如咨、照、移、呈等;还有一些专门文书,如科举考试的文书、外交文书等。

为了便于公文往来，有些文书的程式与格式被雕刊在木质板片上，印刷后，再填写相关使用信息，从而提高了手写文书的行文效率。如外交文书中的照会雕版、清代中枢机关雕刊的“饭银库雕版”①。

故宫所藏的文书雕版皆为清宫旧藏,《故宫博物院藏品大系:善本特藏编.19,内府雕版(中)》中所公开发表的雕版影像，是从23万雕版实物中，选取最具代表性的、最精美的雕版。同时，书中对雕版文物的尺寸、刊刻时代及作者等相关信息，进行了注录。根据书中公布的图片类别，我们可以找寻其客观规律，将藏品进行归纳和分类的同时，亦可通过雕版内容对雕版类别进行命名。再根据细类，进行雕版内容的研究，考证、补证清代史料。

* 本成果得到故宫博物院“英才计划”和北京故宫文物保护基金会学术故宫万科公益基金会专项经费资助。

二、文书雕版的样式

文书雕版按照细类划分，主要有仪制性文书雕版、往来文书雕版、凭证雕版、簿册雕版、印信雕版五大类（见表一）。

表一　文书雕版②

序号	雕版名称	类别	雕刊信息			雕版来源
			刊刻时代	刊刻机构	具体朝年	清宫旧藏
1	太宗谥诏	仪制性文书	清代	礼部	顺治二年(1645)	√
2	平南恩诏·四	仪制性文书	清代	礼部	顺治二年(1645)	√
3	登极恩诏·十四	仪制性文书	清代	礼部	顺治元年(1644)	√
4	皇父摄政王旨	仪制性文书	清代	礼部	顺治元年(1644)	√
5	皇帝制诰	仪制性文书	清代	礼部	顺治年	√
6	皇帝敕谕	仪制性文书	清代	礼部	康熙年	√
7	批回	往来文书	清代	内府		√
8	回投-钦派恭办大婚礼仪处值日官收	往来文书	清代	内府	光绪年	√
9	回投—总管内务府值日官收	往来文书	清代	内府	宣统年	√
10	知照	往来文书	清代	内府	康熙年	√
11	内阁—俄罗斯文馆试卷	专门文书	清代	内府		√
12	第　名	专门文书	清代	内府		√
13	赐进士出身	专门文书	清代	内府		√
14	第一甲赐进士及第	专门文书	清代	内府		√
15	第二甲赐进士出身	专门文书	清代	内府		√
16	第三甲赐进士出身	专门文书	清代	内府		√
17	第三甲赐同进士出身	专门文书	清代	内府		√
18	笔帖处值宿表	簿册	清代	内府		√
19	供事值宿档	簿册	清代	内府		√
20	考勤簿	簿册	清代	内府		√
21	太庙各院斋戒表	簿册	清代	内府	宣统年	√
22	会计科	簿册	清代	内府	宣统年	√
23	会典馆	簿册	清代	内府		√
24	修书职名表	簿册	清代	内府	光绪年	√
25	修书处总管事务雕版	簿册	清代	内府	宣统年	√
26	监照	凭证	清代	国子监	同治年	√
27	监照	凭证	清代	国子监	同治年	√
28	卷票	凭证	清代	内府	光绪十六年(1890)	√
29	门照	凭证	清代	内府	光绪二十八年(1902)	√
30	东安门内左翼善后协巡局	凭证	清代	内府	光绪二十年(1894)	√
31	书库执照	凭证	清代	内府	光绪年	√
32	“修书处”封条	凭证	清代	内府	宣统年	√
33	“会典馆书库　月　日　封”封条	凭证	清代	内府		√
34	实录馆蒙文成语书签	凭证	清代	内府		√
35	钦命宁南靖寇大将军府封签	凭证	清代	内府		√
36	书签	凭证	清代	内府		√
37	康熙印章“体元主人”“万几余暇”	印信	清代	内府	康熙年	√
38	乾隆印章“乾”“隆”	印信	清代	内府	乾隆年	√
39	“慎德堂”“道光”雕版	印信	清代	内府	道光年	√

由表一所见,我们目前已知的文书雕版版面内容约有三十余种。例如,仪制性的文书雕版,上面所刊刻的内容为某次历史事件。其中的"太宗谥诏"雕版,是清代顺治皇帝为其父太宗皇帝皇太极上谥的诏命,根据上面的文字及内容,我们可以与史料相比对。查得此雕版刊刻于清代顺治二年(1645),用此方法,可以判断出某一块仪制性文书雕版的绝对年代与日期。如表格所列出的"平南恩诏·四""登极恩诏·十四""皇父摄政王旨""皇帝制诰" 都属于仪制性文书雕版的范畴。

从往来文书雕版刊刻的格式内容上,可以看到代表时间的刊刻文字,如"宣统某年某月某日"。凭证雕版中的监照雕版,在最后的内容列中,直接写有刊刻年代,如"同治某年某月"。专门文书的雕版,有的在内容上面刻有具体使用部门,如"内阁–俄罗斯文馆试卷"(图一)。但在专门文书中,如"第　名""赐进士出身"雕版、"第一甲赐进士及第"雕版、"第二甲赐进士出身"雕版、"第三甲赐进士出身"雕版、"第三甲赐同进士出身"等雕版样式,仅为文字"随形式"木刻板。那么,我们要根据"皇榜"档案等实物文书,查找与其相对应的位置。经查得知,诸如上述雕版,皆用于此类文书的刷印,与雕板样式、大小皆吻合。故而,我们确定此类雕版刊刻的相对年代为清代。

图一　专门文书雕版

(故宫博物院数字信息部提供)

诸如"体元主人""万几余暇""慎德堂"等印信雕版。我们根据史料,可以查出其使用的主人分别是康熙皇帝和道光皇帝,这便是我们确定印信雕版的相对年代之依据。

由上所述,通过不同类别的文书雕版实物,我们可以直接了解雕版所使用的年代,通过刊刻内容,则可以了解其用途,这些文书雕版皆是研究清代宫廷文书的实物证据。

三、文书雕版的内容与研究

(一)仪制性文书雕版

清代的诏令文书、题奏文书及各机关往来文书的种类、程式及办理制度,反映了清代公文制度。仪制类文书雕版有制书、诰书、敕书、册书。所谓仪制性文书雕版,是指刊刻有关皇帝诏令、制诰、敕册、祝文、谕祭文等文书文件内容的雕刻板片。

《清会典·仪制清吏司·颁诏仪》记载有誊黄一事。"诏、诰、敕谕和殿试金榜,都用黄纸墨书,称为誊黄。用刻板印刷者,称搨黄。诏书、诰命经礼部刻板印刷者,又称礼部誊黄。"[③]故宫所藏的皇帝的诏令文书雕版有"太宗谥诏""平南恩诏""皇父摄政王旨"等。我们可以通过雕版上面的文字,来考证准确的历史时间。

(二)往来文书雕版

清代公文具有一定的书写程式。清廷与地方往来的文书有专门的称谓,即中央政府与地方官署往来的文书有上行文、下行文和平行文三种。上行文和下行文的文种暂未发现有雕版存世,平行文有照会雕版存世。

为什么只存平行文文种的雕版呢?因为,清代时期,凡不相隶属的各部门之间,相互行文用照会。照会在往来文书中,使用频繁,有特定的格式,需要经常使用,反复书写。也就是说,清代时期,很多衙署雕刊了不同文种的文书雕版,用于公文往来。他们雕刊此种文书的目的,是为了减少繁复的书写工作,以便提高工作效率。

例如,照会中的起首为「×××为照会事,照得□□□□□」,结尾为「须至照会者,右照会×××」,这些格式,都可以事先刷印出文书用纸。需要书写时,拿出刷印好的文书纸,进行填写便可。故宫现藏的"知照"雕版(图二)、"回投"雕版(图三),亦属于这类雕版。

图二　"知照"雕版

[采自故宫博物院编:《故宫博物院藏品大系:善本特藏编19,内府雕版(中)》,故宫出版社,2014年。]

图三　"回投"雕版

(故宫博物院数字信息部提供)

(三)凭证雕版

所谓凭证雕版,是指刊刻有关文书内容凭证的木质板片,多刊刻需反复书写的文字,空出日后需要填写的内容位置,使用功能较强。如:门照、卷票、监照、通行证等。凭证雕版以故宫保存的监照雕版为例(图四),即《故宫博物院藏品大系:善本特藏编.19,内府雕版(中)》一书中,文物号为"书46774-553/913"监照雕版④,是此类文书雕版的代表之一。

图四　"监照"雕版

(故宫博物院数字信息部提供)

(四)专门文书雕版

清代的专门文书有科举考试文书、赋役财经文书、外交文书。目前故宫保管的专门文书雕版有科举考试类雕版,如"賜進士出身"雕版(图五)、"第一甲賜進士及第"雕版、"第二甲賜進士出身"雕版(图六)、"第三甲賜進士出身"雕版、"第三甲賜同進士出身"雕版、"第　名"雕版(图七、图八)等。这些雕版大多呈竖状长条形。有了这些专门的文书雕版后,配合科举考试的公文文书使用时大大提高了工作效率。而且,这些有关"名次字样"的文书雕版,可以反复刷印使用。

图五　"賜進士出身"雕版

(故宫博物院数字信息部提供)

图六 “第二甲賜進士出身”雕版及“第二甲赐进士出身”雕版刷印样张（故宫博物院数字信息部提供）

图七 “第　名”雕版（故宫博物院数字信息部提供）

图八 “第　名”雕版刷印样张

[采自故宫博物院编:《故宫博物院藏品大系:善本特藏编19,内府雕版(中)》,故宫出版社,2014年。]

赋役财经文书雕版如串票，外交文书如照会。串票是指古人缴纳钱粮的收据,如:一式三联。类似于20世纪80年代至90年代，我们在百货公司买东西的收据联。照会则是指国与国邦交往来的书信形式。为提高工作效率,使行文内容更规范化,往往在木板上雕刻一些固定格式。

(五)文书印信雕版与簿册雕版

文书雕版中,还有一些文书印信雕版,如御宝、宝、印等。在清代文书的印信制度中,有些文书行文内容中需要用印,如御宝、宝、印、关防、图记、条记、钤记等印信。

为了方便印信在文书行文中的使用,清代内府还刊刻有多种印信雕版。如:康熙皇帝的“体元主人、万几余暇”雕版(图九)和“慎德堂”“道光”雕版(图十)等。

图九 “体元主人、万几余暇”雕版（故宫博物院数字信息部提供）

图十 “慎德堂”“道光”雕版（故宫博物院数字信息部提供）

另外，在现存的雕版藏品中，还有一部分是为了便于记录事情而刊刻的簿册类雕版。如“修书处总管事务”职名表雕版（图十一）、“考勤簿”雕版、“太庙各院斋戒表”雕版等。

图十一 “修书处总管事务”职名表雕版

（故宫博物院数字信息部提供）

由前文所述，我们可以根据故宫收藏的不同种类和内容的文书雕版，进行简单的分析与研究。笔者仅列举下述几例，以期抛砖引玉。

例如，故宫收藏的仪制性文书雕版中，内容上刊刻为“登极恩诏”的雕版[⑤]（图十二）。我们根据雕版版面上刊刻的文字内容，可以对其所述的历史事件，结合档案进行对比分析。兹录该雕版版面内容如下（由左至右），用“/”表示换列。

“用托任亲贤、救民涂炭。/乃方驰金鼓旋奏澄清。/既解倒悬非富天下。而/王公列辟文武群臣、暨/军民、耆老合词劝进，恳/切再三，乃于今年十月/初一日祗告/天地、/宗庙、/社稷，即皇帝位。仍建有天下/”

由版面上的文字可知，此诏书共11列74字。查阅档案《顺治朝会典》，可以找到“用倚任亲贤、救民涂炭”的记载。相互比对后，发现“登极恩诏”雕版刊刻的文字为“托”字，这是二者在内容上不相同的地方。版面内容上记载的“十月初一日”，应为顺治元年，即公元1644年十月初一日，顺治皇帝福临在北京登基。

图十二 “登极恩诏”雕版

（故宫博物院数字信息部提供）

又如“太宗谥诏”雕版，根据上面的文字内容“奉天承运，皇帝诏曰，粤稽古昔，帝王茂建鸿图。维新鼎运者，丰功大业……国之令典，实惟至公。恭惟皇考宽温仁圣皇帝，德合乾坤……”。在《顺治朝实录》中亦查到记载，我们看到的雕版内容，与档案相吻合。其具体追谥时间为“顺治二年（1645）辛酉”，事宜为“恭上大行皇帝尊谥”。

前文所述的文物号为“书46774-553/913”的监照雕版，笔者在此处进行详细描述，以“/”表示下一列。

监照雕版呈覆斗形，四周边框处饰有缠枝草叶莲花纹，正文内容上共有14列文字。根据雕版上所刊的内容，可以了解到其正文内容如下：

国子监为给发执照事准，户部咨称御史何其仁奏请将部监空名印照颁发/各省，收捐并酌减银数一摺，本部酌议颁发部照监照数目，并将监银壹百零捌/两之数，每名减银贰拾两止，交银捌拾捌两。其向来每百两内加平余银肆两，免其/交纳，由顺天府暨各藩司，将照均散各厅、州、县，协同绅士劝谕收捐，该捐生一面交/银，立即将部照并监照各一张，填名给领，准其一体乡试并报捐官职，至应交解部/饭银，每百两交饭银壹两伍钱，每捐监一名交部照费贰钱，监照费壹钱伍分，均校/从前酌减，以示鼓励等因。于咸丰三年捌月拾柒日具奏。奉/旨依议。钦此。钦遵行知各省在案，今据　　系

人/年　　岁身　　面

须于同治　　年　　月　　日/在　　捐纳监生相应给予监照，以杜假冒顶替等，弊须至监

照者/　　　　三代曾祖　　　　祖　　　　父/

右照给　　　　　　收执/同治　　　年　　　月

日/　　监

由上述内容可知,这是清代官府颁发的学历凭证,获得这种"学历证书"的前提就是用银钱来买,即捐官。清廷的这种行为,又被称作"卖官鬻爵",以出卖官职、爵位来聚敛财富,反映了清代末期政治的腐败。通过雕版最后的时间列,便可判断出雕刊使用的具体年代,即"清代同治年间"。

在使用时,只需要将监照雕版提前刷印出来,在上面空白部分填写信息即可。雕刊这些雕版也是为了提高书写效率,同时印刷出来的文字体现了监照的"正式性"。即在监照的录文中空白处(图十三),填写捐监人姓名、年龄、容貌、捐监日期,以及祖上三代的姓名,最后填写发予监照时间。正文中我们发现上面刻有"该捐生一面交银,立即将部照并监照各一张,填名给领"的文字,这是给了捐银后,便拿到"立等可取"的学历了。这也是清代"捐监"制度的物证之一。

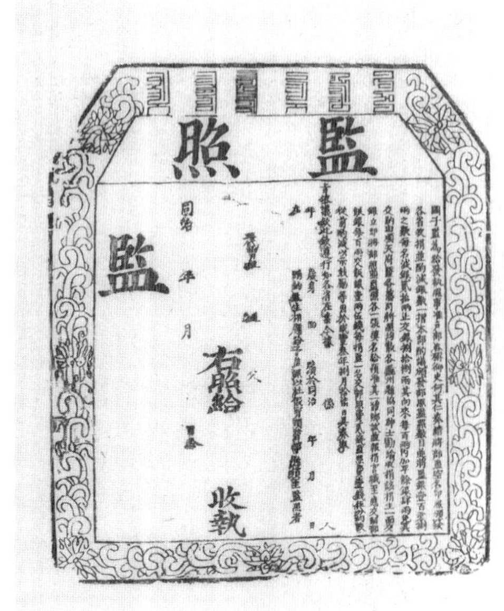

图十三　"监照"雕版刷印样张图

[采自出版物《故宫博物院藏品大系:善本特藏编 19,内府雕版(中)》]

通过上述实物,我们了解了"买卖学历"的这种陋习。即"明码标价,公平合法,公开出售"。由此可见,只要家里"不差钱",也可以和"十年寒窗"取得证书的学子们一样,获得"监生"的称号。有了"监生"的称号后,便可参加乡试。

在文书印信雕版研究方面,我们可以根据印文,知晓印章的主人。另外,还可依据印章样式,比对古籍拍卖会上的书籍。如根据"体元主人、万几余暇"雕版的刷印样张(图十四)和使用后的样式可知两方印章为有机的整体,二者不可拆分。若钤印在某书上套印,皆为两方印文同时使用。

图十四　"体元主人、万几余暇"雕版刷印样张

[采自故宫博物院编:《故宫博物院藏品大系:善本特藏编 19,内府雕版(中)》,故宫出版社,2014年。]

根据 2022 年中国书店·北京海王村拍卖"2022春拍内府典籍资料专场珍品撷英"公布的拍卖资料来看,这次拍卖的藏品《御选唐诗》一书中,其"御制序"后钤印有康熙皇帝的"体元主人、万几余暇"印信。

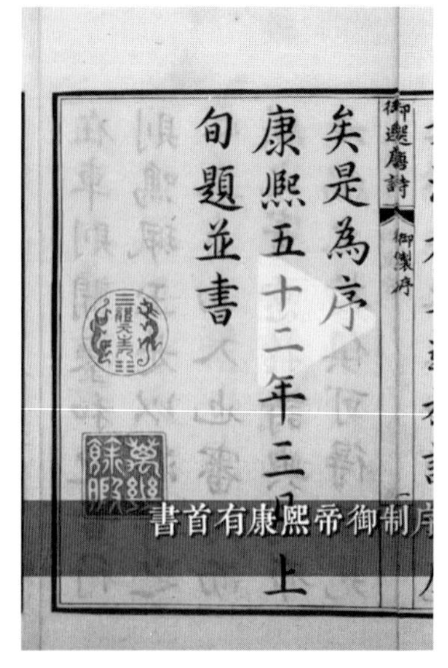

图十五　《御选唐诗·御制序》中的印信

(2022 年春拍北京海王村拍卖视频)

诚如上言，通过雕版实物上所刊内容，可以研究考证其历史。也就是说，文物便是文献，这也是文物学最基础的研究方法之一。通过多学科交叉研究，运用文物学、历史学、文献学、档案学、博物馆学等知识，将雕版实物所蕴含的文化内涵正确解读，研究出与其历史时间相符合的历史瞬间或事件，便是文书雕版研究的意义之一。

四、结语

由上述所举，我们看到了清代文书雕版实例，通过文书雕版的内容信息，可以对清代宫廷档案进行比对研究。

故宫博物院收藏的清代内府、清代各衙署刊刻的文书雕版，其内容为我们考证清史提供了大量翔实可靠的资料。诸如仪制性文书雕版，让我们从雕刊内容上，看到了某一历史事件，刊颁天下的制诰文书原文雕版。但制诰原文发布时，皆为纸质文书，在其印刷前的文字大小、格式等信息，在《清实录》中是无法看到的。文书雕版的存在有助于我们了解清代仪制性文书的格式，可补史之缺、证史之误。因此，文书雕版的存在意义更显弥足珍贵。

综上所述，本文是笔者根据前人成果，通过多年库房实践经验，按其内容规律，对故宫博物院藏文书雕版藏品类别进行的归纳总结，其细类为暂时命名，以用于研究，敬祈同仁斧正。

注释：

①饭银库，又叫饭银处，专管饭银和收支。详见中国第一历史档案馆：《清代文书档案图鉴》，岳麓书社，2004年。

②本表格内容整理自故宫博物院编：《故宫博物院藏品大系：善本特藏编19，内府雕版(中)》，故宫出版社，2014年，笔者将本书中属于文书雕版的公开资料，进行了分类汇总。

③中国第一历史档案馆：《清代文书档案图鉴》，岳麓书社，2004年，第52页。

④故宫博物院编：《故宫博物院藏品大系：善本特藏编19，内府雕版（中）》，故宫出版社，2014年，第198页。

⑤故宫博物院编：《故宫博物院藏品大系：善本特藏编19，内府雕版（中）》，故宫出版社，2014年，第189页。

（作者单位：故宫博物院图书馆）

关于推进文物规划体系中管理专项规划的思考*

◇ 李标标　魏唯一

内容提要：文物保护规划作为文物古迹保护、管理、研究、展示、利用的综合性工作计划，是文化遗产的重要"身份牌"，是开展各项工作的"说明书"。但是我国目前主要开展的是文物保护总体规划，属于纲领性的规划文件；随着文化遗产各项工作的细化、文化遗产与社会相关领域融合发展的需求增大，及文物管理部门工作职责的强化，深化并推进各类专项规划的诉求显得越来越关键。本文将围绕这一点，重点对文物规划体系中作为核心支撑环节的管理专项规划进行相关分析和探讨。

关键词：文物　文化遗产　文物保护规划　管理专项规划

一、引言

文物和文化遗产承载着中华民族的基因和血脉，是不可再生、不可替代的中华优秀文明资源。党的十八大以来，以习近平同志为核心的党中央高度重视文物保护利用和文化遗产保护传承，党的十八届三中全会将文物事业改革发展纳入全面深化改革战略布局，党的十九大和十九届五中、六中全会对加强文物保护利用做出整体谋划，对做好新时代文物工作作出一系列重要指示和全面部署，强化了顶层设计和规划部署。

在"增强历史自觉、坚定文化自信"的新时代背景下，文化遗产开始"活起来"，成为传承弘扬中华优秀传统文化、促进经济社会发展的重要资源，我国的文物工作方针也由"保护为主、抢救第一、合理利用、加强管理"转变为"保护第一、加强管理、挖掘价值、有效利用、让文物活起来"，创新管理机制和模式，盘活文化遗产资源。这是我国文化遗产事业发展的关键机遇和重要阶段，也对保护管理提出了新的挑战和压力，尤其是文物管理部门，需要在新形势下不断提升部门工作能力。作为综合性工作计划和依据的文物保护规划，亟须加强理论研究和实践探索，深化文物规划体系，为文化遗产事业的发展提供坚实保障。

由于我国文物数量众多、等级不同、区位迥异，给文物部门的管理带来了难以想象的难度，近年来国土空间规划的推进，文物保护规划也相应地产生了诸如规划体系构建、规划衔接等问题，需进行科学的探讨和完善。结合国家文件、理论成果和实践发展等信息，从文物部门的职能、文物规划体系研究等多个方面进行探讨，论证推进管理专项规划的

* 本文是陕西省教育科学"十四五"规划2023年度青年课题"立德树人"理念下文物与博物馆学专业育人模式的探究与实践(SGH23Q0311)、河南省哲学社会科学规划课题"考古学视野下安阳殷墟国家考古遗址公园建设研究(2020CKG002)"阶段性成果。

充分性和必要性。

二、我国文物管理和保护规划的现状分析

(一)文物管理工作现状

我国文物管理采取属地管理机制,各级文物保护单位的管理职权均落实于所在地政府或文物管理部门。文物管理部门是指具有行政职权的文物行政管理部门,并依照法律法规履行相关权利和义务。我国文物管理系统主要涉及"国家-省-市-县"四级,早期设置了各级文物局,之后随着机构改革,市县级文物局合并入"文广新局",但其机构职能并未改变,包含对文物的普查、登录、管理、巡查、保护等相关工作,是衔接上下级、对接同级部门的关键环节。在一定意义上,属地文物管理部门对辖区内的文物古迹具有最直接的权利和义务。

在社会发展过程中,各级文物管理部门落实保护管理措施,使得大批文物古迹得到了有效保护和管理,其中市县级文物管理部门发挥了不可估量的重要作用。但是由于基层部门面临着人才、财力、部门职权限制等多种因素制约,导致在部分工作方面存在一定的缺失;而且随着文物事业的发展,所涉及的保护性事务更加繁多、展示利用的业态更加新颖、相关工作要求更加严格,基层文物管理部门作为保护管理的重要"履职者",如何切实推进文物管理工作、提高工作效益是一个亟须思考的问题。

(二)文物规划体系现状

2004 年《全国重点文物保护单位保护规划编制要求》《全国重点文物保护单位保护规划编制审批办法》的公布,我国正式推进专门的文物保护规划,编制体例、审批、规范等日趋完善,成为文物保护管理、展示利用、旅游和文化产业等工作的基础依据,在文物事业领域发挥了重要意义。

近年来我国推进的主要是文物保护总体规划,覆盖了部分国保和省保,一方面,总体规划具有全面性和纲领性,而规划内容丰富、编制周期较长、编制和实施资金量较大等多种因素,导致总体规划的推进存在诸多问题,部分总体规划在编制、征求意见、申报审批等过程中被搁置。另一方面,地方文物管理部门作为总体规划的执行者,由于人力和财力的局限,较难细化并落实总体规划中的各项工程,且在协调与相关部门关于旅游发展、土地调整、城乡建设、产业发展等方面也存在诸多问题,进而导致总体规划执行度有限,甚至部分总体规划夭折或被作为一项任务公布后而束之高阁。

总之,随着文物事业的发展、国土空间规划体系的推进,对文物管理不断提出了新要求,但是文物保护总体规划编制进度有限,文物的遗存信息、保护区划和管理规定等内容有待明确,各项管理工作亟须实施依据,且对接国土空间规划体系是文物规划面临的急迫性问题。依据文物管理和相关工作的实际需求,文物规划需反思自身体系的问题,适时深化各类专项规划编制,尤其是作为核心保障的管理专项规划,强化文物规划体系的保障性和执行力。

三、推进管理专项规划的充分性

(一)理论研究发展的基础

在数十年的探索历程中,文物保护和管理方面的理论深化,为我国文物事业发展逐步成熟提供了强大保障。尤其是作为综合性手段和文件依据的文物保护规划的理论研究,涉及到价值阐释、保护原则和理念、利用规范和方式、规划衔接、文旅融合、土地协调、社会居民调控等多个领域,从不同的理论视角深入探讨了文物保护规划的编制体例、框架、逻辑等内容,也为细化总体规划、深化各类专项规划奠定了坚实的理论基础。基于此我国推进了大量的文物保护规划工作,包括区域性文物保护规划、大运河等"线性"文化遗产规划。

在当前推进国土空间规划体系、文物事业不断繁荣的前提下,文物管理部门亟须在新的标准和框架下明确各个文物古迹的遗存范围和保护区划,这些现实性问题为在理论层面研究文物规划体系提供了直接契机。结合《中国文物古迹保护准则(2015)》和《全国重点文物保护单位保护规划编制要求》等文件中关于各类专项规划的阐述,及国家陆续开展了规划相关文件的修编工作,也为探讨文物规划体系的发展提供了支撑和引导。

故而,两个层面的理论发展直接丰富了文物保护规划的研究成果,也促使文物保护规划开始思考自身,拓展总体规划,深化管理、保护、利用等重要

专项规划，构建架构完整、科学高效的文物规划体系，持续推进文物保护规划的研究和创新。

(二)业态发展与管理工作的发展需求

早期阶段文物管理部门的文物工作主要侧重于保护与管理，文物事业发展较为缓慢，业态较为单一。时至今日，文物事业发展逐渐呈现出百花齐放的趋势，国家陆续印发了《文物建筑开放导则》《大遗址利用导则(试行)》《关于鼓励和支持社会力量参与文物建筑保护利用的意见》等文件，坚持“保护第一、加强管理、挖掘价值、有效利用、让文物活起来”的新时代文物工作方针，明确了“文物活起来”的发展目标和要求，保护、展示、产业、景观、生态、城乡发展、公共文化等业态类型多样且新颖。而且这些业态均与文物管理密切相关，其中深化研究、履行规范和监管、协调权责关系、落实保护责任、引导相关产业发展等均成为了管理工作的重要内容，也是“文物活起来”的核心保障。这为文物管理部门带来了新的机遇和压力，尤其是基层文物部门。

基层文物管理部门由于人力、财力等方面的限制，直接影响了应对新挑战、把握新机遇的能力，促使基层文物管理工作捉襟见肘；而且由于文物保护总体规划侧重于内容的综合性和法规文本的纲领性，条目简洁，部分工作未能细化，无法成为基层文物部门开展实际工作的“指导说明”，在面对各项管理和业态发展等问题中发挥的作用有限。

在文物事业深度和广度不断发展的形势下，无论是我国新时代文物工作方针的理论深化，还是“文物活起来”的实践发展，都需要文物管理部门发挥统筹、协调、管理、规范等作用，这为文物部门带来了直接的管理压力。尤其是单个文物具有独特性，文物管理部门需要一套具有针对性的管理模式以服务“文物活起来”、以契合文物古迹的特性，满足保护和利用等管理工作的要求，为文物部门针对文物点开展管理工作提供科学保障。

四、推进管理专项规划的必要性

(一)丰富文物规划体系

文物保护规划作为保护、管理、研究、展示、利用的综合性工作计划，从规划内容和工作类型两个层面来看，其包含了与文物相关的各项工作，是一个有逻辑的规划体系；从工作深度方面来看，在文物保护总体规划的指导下，保护、管理、研究、展示、利用等都是具有相对独立框架的工作内容，能够扩展为单独的专项工作规划。

管理专项规划能够落实与文物相关的各项工作，更有力地推进保护、研究、展示、利用等工作，并逐步深化为专项规划，形成“总体规划-专项规划”这一符合文物特性、发展需求和管理需求的规划体系，挖掘文物价值，推进保护工程，深化展示利用，充分发挥文物在现今和未来社会发展中的重要价值。

管理专项规划作为服务于管理工作的专项设计，能够直接为单个文物古迹提供全面、科学，且具有针对性的管理模式，明确文物遗存范围，界定保护区划和管理规定，完善基础性保护措施，规范研究与展示利用工作，深化管理工作。而且文物保护总体规划也是给管理部门提供的整体性的管理部署和依据，管理专项规划是具体的深化了其中的管理规划部分，故而编制思想和内容均在统一范畴之内，在未编制总体规划之前先编制和实施管理专项规划并不影响总体规划的相关工作，在一定程度上能够满足文物古迹的管理需求，主动对接国土空间规划体系，而后纳入保护总体规划。

(二)提升文物管理工作效益

近年来国家推进了大批文物事业，包含遗址公园、展示场馆、研学、文化创意产业等各种业态，都需要文物管理部门进行规范与监督、参与和协调；且我国新时代文物工作方针也明确了“文物活起来”的发展目标，这些都给文物管理工作带来新的工作压力。所以依据我国陆续公布的文件，及理论层面的研究成果和实践领域的经验，适时推进科学有效且具有前瞻性的管理专项规划，不仅能够为文物管理部门推进各项文物管理工作提供依据，充分协调相关部门，切实履行工作职责，而且能够部署研究、展示、利用、安防等工作，实现保护和利用的有机统一，是落实保护、深化研究、推进展示利用等工作的核心保障，提升文物管理工作效益，实现“让文物活起来”，全面提升文物保护利用和文化遗产保护传承水平。

(三)强化文物部门的主动性和活力

推进文物管理专项规划,创新并完善文物部门的管理工作模式,有依有据地部署文物管理的各项工作,尤其是在其中明确遗存范围,挖掘价值内涵,界定保护区划,并参考最新的国土规划要求,规范落实保护范围和建设控制地带的地理坐标,健全保护区划的保护管理规定,树立文物自身"身份牌"。

国土空间规划体系包含城乡建设、基本农田、道路交通等多个领域,文物作为占有一定空间的重要文化资源,必然需要在其中明确自身信息、区划和保护管理规定。但是所有文物古迹都推进保护总体规划在成本、工作量和周期等方面是不切实际的,故而适时推进管理专项规划,将文物信息、保护区划等关键内容落实在文本和图纸上,文物部门可以依据管理专项规划主动地对接国土空间规划体系,将遗存范围、保护区划和管理规定等纳入其中,积极推进"一张图";并依此主动与其他部门对接旅游、产业、土地、交通等工作,在国土空间的整体层面上落实文物工作。同时,依据管理专项规划,文物管理部门可以主动地开展保护工作,深化研究工作,挖掘价值内涵,推进展示和利用,发挥文物古迹的社会和经济价值;在规范监督、合理合法的前提下引导甚至参与部分业态发展,创新文物管理和效益机制,增强文物部门的开放性和主动性,提升工作活力,最大程度地发挥文物部门的职能和社会意义。

五、结语

综合我国文物保护规划和文物保护管理的工作情况,特别是当前国土空间规划体系发展较快,要求将文物信息和保护区划等纳入其中;同时结合理论领域关于文物保护规划方面的探讨,为深化文物规划体系提供了充分性和必要性的条件。作为承上启下、对接多方的管理工作是落实保护、研究、推进展示利用的核心环节,创新性地推进管理专项规划能够健全基层文物管理部门和各个文物古迹的管理机制和工作依据,并充分对接国土空间规划体系,提升管理效益,为发挥文物的社会价值提供切实保障,努力推动文物事业高质量发展。

参考文献:

1.国际古迹遗址理事会中国国家委员会:《中国文物古迹保护准则》,2015 年。

2.国家文物局:《全国重点文物保护单位保护规划编制要求》,2004 年。

3.中国政府网:《自然资源部 国家文物局关于在国土空间规划编制和实施中加强历史文化遗产保护管理的指导意见》,2021 年。

4.陈同滨、王力军:《不可移动文物保护规划十年》,《中国文化遗产》2004 年第 3 期。

5.千立超、黄莉莉:《从文物保护规划编制要求修订研究"多规合一"的新趋向》,《建筑与文化》2018 年第 9 期。

6.杨珂珂:《浅析〈全国重点文物保护单位保护规划编制要求(修订稿)〉的修订重点与意义》,《遗产与保护研究》,2018 年第 4 期。

7.梁伟:《文物保护规划的现状与发展研究》,《遗产与保护研究》2018 年第 7 期。

8.袁琳溪、汤羽扬:《我国文物保护规划相关研究文献综述》,《中国文化遗产》2019 年第 5 期。

9.师焕英:《关于区域性文物保护规划的思考》,《建筑与文化》2013 年第 10 期。

(作者单位:河南省文物考古研究院 咸阳师范学院历史文化学院)

常州慈墅村遗址宋代水井出土瓷器科技分析

◇ 肖 宇 韩 超 李倩倩 张 华

内容提要：常州慈墅村遗址水井(J4)出土瓷器为宋代，通过物理实验、分光测色仪和扫描电镜能谱分析，初步分析了出土瓷器的物理性能、胎釉的显微结构和成分组成。研究认为此水井出土瓷器为典型的南方瓷器，胎体有粗有细，为高硅低铝型，釉面色度均一性好，以高钙型为主。瓷器的体积密度为2.00 g/cm^{-3}–2.87 g/cm^{-3}，吸水率低，范围在0.3%–3.33%之间，整体物理性能良好。

关键词：出土瓷器 物理性能 显微结构 化学成分

一、引言

慈墅村遗址于常州市钟楼区永红街宣塘村委慈墅村，童子河以北，南运河以西，中心地理坐标为东经119°54′16″，北纬31°45′45″。遗址南侧紧邻中吴大道，东侧临近白云南路，北距桂花园居民区约0.3千米，西距皇粮浜约0.5千米(图一)。

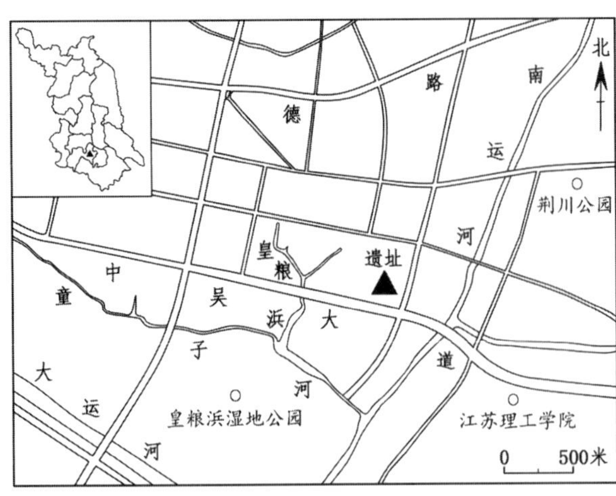

图一 遗址位置示意图

遗址共发现宋代水井5座(编号J1—J5)，其中J4内堆积物较丰富。J4井口平面为不规则椭圆形，口大底小，呈喇叭形，平底，井壁向内斜收，井壁光滑，井口长径2.36米，短径1.86米，井底长径1.4米，短径1米，井残深3.64米(图二、图三)。井内填土分为两层：①层为灰黄土，含锈斑土块，土质疏松，包含大量的碎砖瓦块和陶瓷片，厚2米；②层为黄灰土，土质较软，包含少量的碎砖瓦块和陶瓷片，厚1.64米。

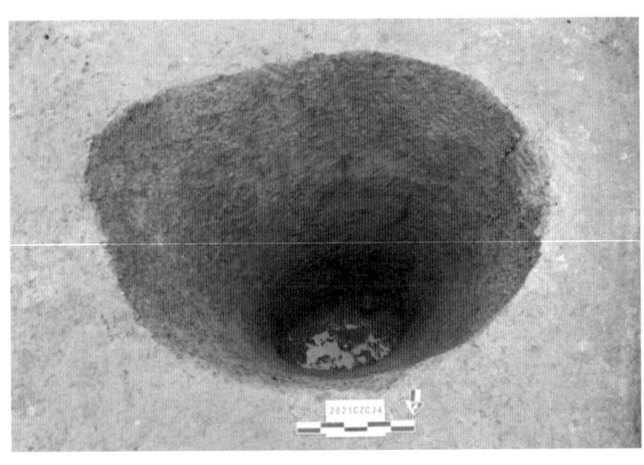

图二 J4遗迹照片

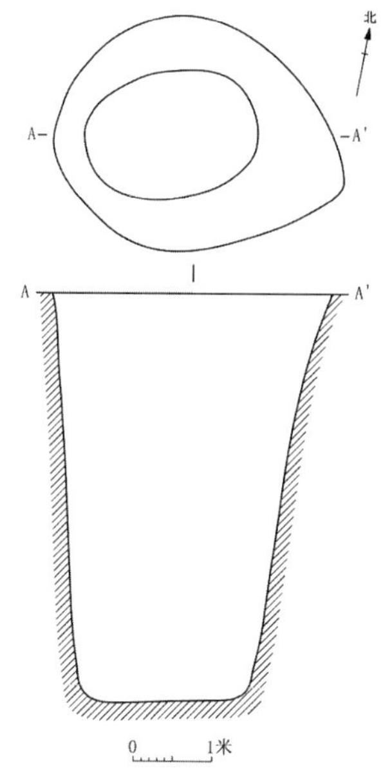

图三　J4平、剖面图

基于此，本文选取J4出土的15件瓷器样品，利用物理实验、分光测色仪和扫描电镜能谱分析，以此来揭示堆积物中不同胎质和釉面的差异与相似性，科学认识其中的制作工艺和成分配比。

二、样品选择与实验方法

1.样品选择

本文样品主要来自慈墅村遗址水井J4①层出土的瓷片。从残存器形来看，基本为碗、盏等日常用器，釉色以单色釉为主，颜色各异，墨绿、豆青、青灰、黑褐等。实验样品分别从釉色、残存部位、表面装饰不同来选择，参见图四，样品主要信息参见表一。

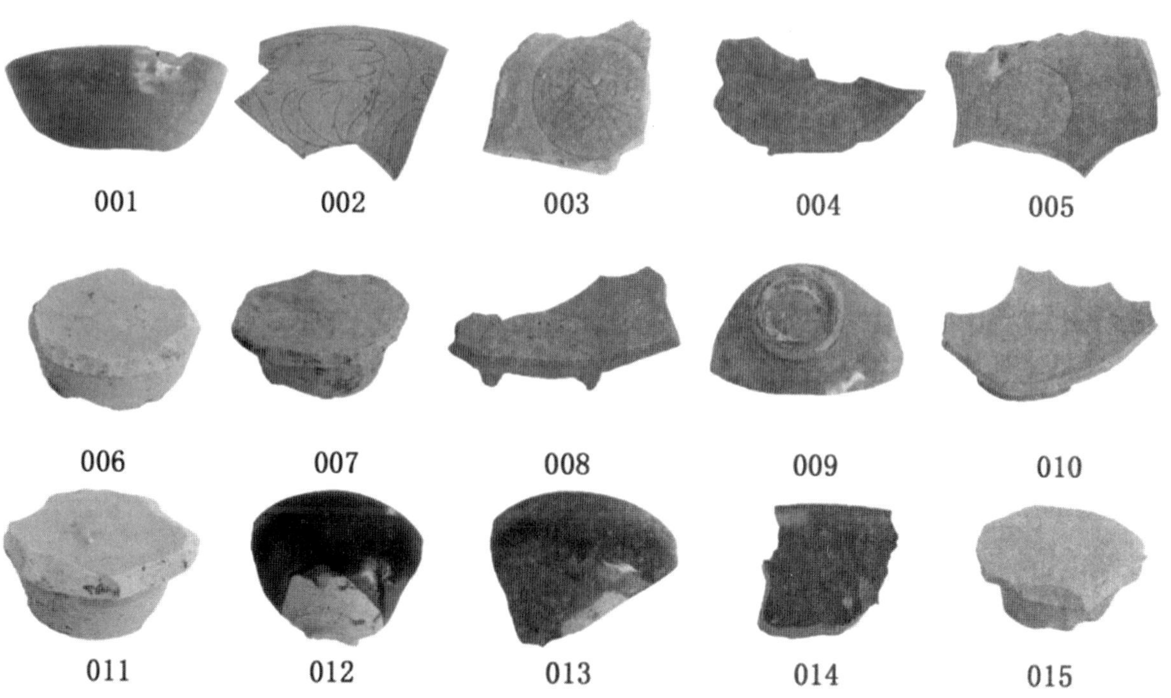

图四　J4①出土部分瓷片

表一　瓷器样品信息表

编号	胎色	釉色	外观特征
J4①:001	灰白	豆青	来自碗壁带底，内壁有刻花
J4①:002	灰白	青灰	来自盘壁，内壁有刻花
J4①:003	白黄	青黄	来自碗底，内底有刻花
J4①:004	灰	豆青	来自碗壁带底，内壁有刻花
J4①:005	灰白	青绿	来自碗壁带底
J4①:006	白黄	白黄	来自碗底
J4①:007	白黄	白	来自碗底

（续上表）

编号	胎色	釉色	外观特征
J4①:008	灰褐	青灰	来自碗壁带底，内底有刻花
J4①:009	灰	墨绿	来自碗壁带底
J4①:010	白	青绿	来自碗壁带底，内壁、底均有刻花
J4①:011	白	白黄	来自碗底
J4①:012	白黄	黑褐	来自盏壁
J4①:013	黑灰	黑褐	来自盏壁
J4①:014	黑灰	黑褐	来自盏壁
J4①:015	白	白	来自碗底

2.实验内容与方法

本文选取J4出土瓷片样品分别从物理性能（吸水率、体积密度、颜色）、显微结构、元素成分等进行科学实验。

（1）吸水率测定。样品分别编号，超声波清洗后置于干燥箱中烘干半小时，烘干称重，记为G0；将样品置于蒸馏水淹没，浸泡1h，取出后吸干净表面水渍并称重，记为G1；利用公式$w=\frac{G1-G0}{G0}*100\%$，计算出瓷的吸水率。

（2）体积密度分析。选取合适样品，直接天平测量质量，记作m；量筒装纯水，刻度记作体积V_1，样品放入量筒溢水完成后取出样品，刻度记作V_2，利用公式$\rho=m/V_1-V_2$，计算出瓷的体积密度。

（3）釉层颜色分析。选取干净平整的釉面区域，使用3nh光栅分光测色仪（型号：YS3010）对样品表面进行颜色测试，测量波长范围为400-700nm，测量口径为Φ8mm，测试模式为SCI+SCE，设置标准光源，分光反射率标准偏差0.1%以内。每个点测试时间约3.2s，每个样品测试3次，计算平均值。

（4）扫描电镜-能谱分析。采用Thermo Scientific，Quattro S场发射环境扫描电子显微镜，搭配布鲁克Bruker QUANTAX EDS X射线能谱仪。工作电压20KV，SDD探头。每个测试区域使用15kv电压和配套电流条件采集数据，测试时间60s，元素数据保留一位小数。样片以截面测试为主，可对其截面进行显微结构观察，选择胎、釉合适区域面扫2次，能谱仪得出元素类型，平均计算主成分含量。

三、结果与讨论

常州慈墅村遗址出土的宋代瓷器样品有明确的出土信息，相关实验结果如下。其中表二为遗址中出土的部分标本釉面色度、吸水率和体积密度，图六选取8件瓷器样品横截面扫描电镜显微图，胎、釉的化学组成检测结果见表三和表四，瓷胎的化学组成一般反映烧瓷原料的产地，瓷釉的组成成分主要显示其配方和工艺。

1.瓷器胎和釉的表面观察

依据考古发掘信息，J4为宋代水井，出土器物基本以残器为主，从残存状态来看，主要为碗、盏等实用器。这也和江苏省各城址、建筑遗址、水闸、水井、地宫、沉船等60余处出土宋代瓷器类似①。

表面观察釉，断面观察胎的保存状态，样品的胎质有很大的不同，有的胎质细腻绵密，能看出选料考究，有的胎质比较粗糙，可观察到明显的裂缝、孔洞，摸之刺手。胎体杂质含量较多，颜色也各有不同，胎体厚度也有很大差异。釉色主要以单色釉为主，部分表面有剔刻花纹。整体釉色极为丰富，同一类型的釉，也有深浅不一的表现。初步判断：J4①:001、J4①:004、J4①:009为龙泉窑青瓷，J4①:002、J4①:003、J4①:005—J4①:008、J4①:010、J4①:011、J4①:015景德镇窑青白瓷；J4①:012—J4①:014同为黑釉，但J4①:012出自吉州窑，J4①:013、J4①:014应为建窑系。

2.瓷器胎和釉的微观结构分析

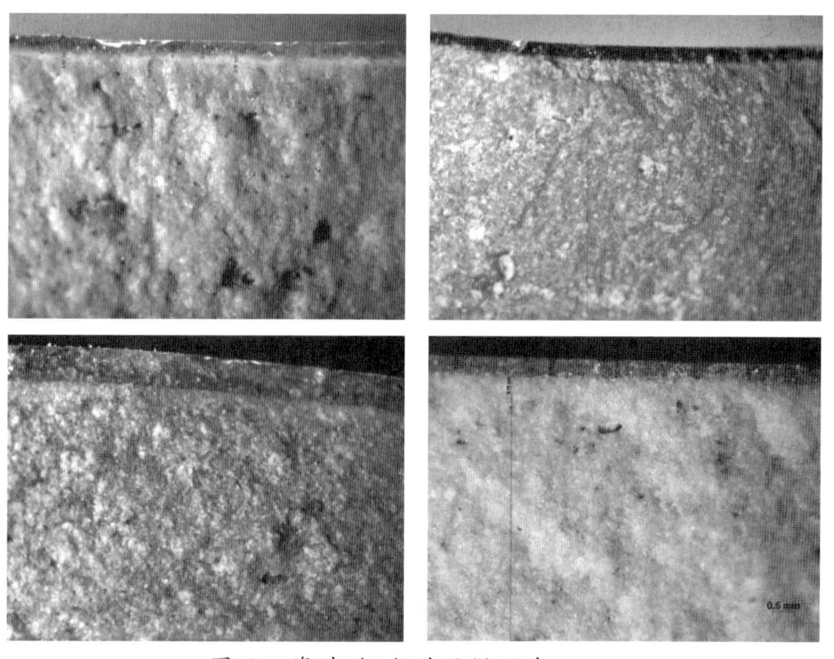

图五　瓷片胎、釉的显微照片(10X)

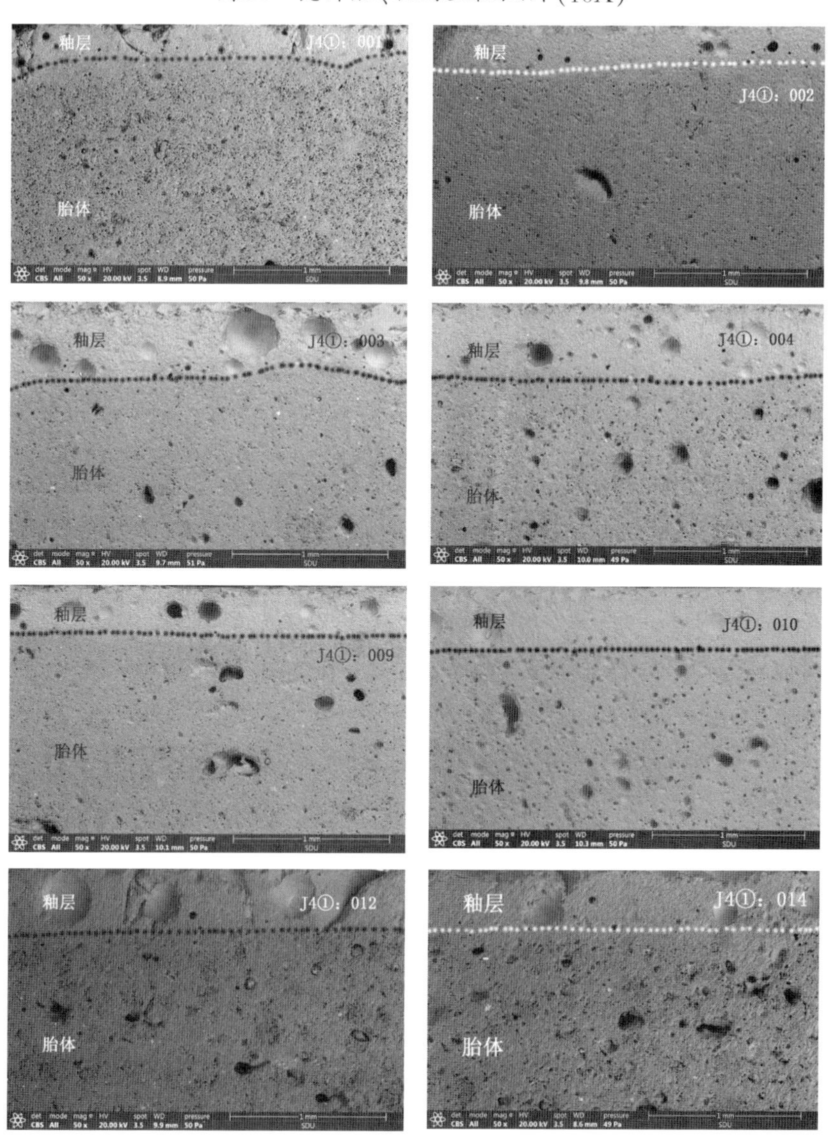

图六　样品胎、釉截面扫描电镜背散射图

对所有瓷片进行切割，选取颜色不一的青白瓷样品12个，黑釉样品3个，树脂包埋，打磨抛光后，体式显微镜先观察，部分样品显微形貌如图五，样品观察完后表面喷碳，利用扫描电子显微镜继续观察样品的显微结构。

结果表明：胎釉分隔明显，胎体粒度大，均一性差，胎体厚度相差大，在5.75mm-10.77mm之间，几乎所有胎体都可观察到明显的裂缝、孔洞、深色斑点以及大小不一的矿物颗粒。釉层体较之胎体明显细腻，主要呈现以下状态：(1)不同样品釉层厚度各不相同，相差甚大，有的釉层较厚，有1.24mm(J4①:009)，有的则非常薄，仅有0.33mm(J4①:010)，胎、釉之间有化妆土，大致在0.16-0.22mm(J4①:005)；(2)有的釉层细腻，玻璃化程度较好，内部均匀，几乎看不到釉泡，有的则含有大量体积较大的釉泡；(3)同一样品也会釉层分布不均，釉层从边缘到中心，0.54mm-0.65mm之间(J4①:014)，应该存在坯体表面修整不平或釉浆在坯体表面分布不均匀。

3.出土瓷器的物理性能

瓷器的硬度、色度、材料的体积密度、吸水率都是瓷器研究中的表征量。文章通过相关实验，分别测量和计算了样品釉面色度、体积密度和吸水率，结果参见表二。

表二　瓷片的釉面色度饱和值、吸水率(%)和体积密度(g/cm^{-3})

样片编号	釉面色度饱和值			吸水率(%)	体积密度 (g/cm^{-3})
	L*	a*	b*		
J4①:001	44.53	-3.63	5.99	0.5	2.86
J4①:002	58.03	-0.57	6.14	0.8	2.49
J4①:003	53.53	0.74	7.08	2.85	2.85
J4①:004	56.60	-2.65	4.75	0.3	2.87
J4①:005	48.26	-2.43	7.88	0.76	2.62
J4①:006	53.72	-0.35	10.02	0.33	2.41
J4①:007	59.92	0.19	8.95	0.77	2.47
J4①:008	45.69	-1.62	3.88	1.03	2.24
J4①:009	44.69	-2.30	6.38	1.19	2.80
J4①:010	56.78	-0.65	10.55	0.55	2.78
J4①:011	69.22	-3.14	3.27	1.09	2.63
J4①:012	25.64	-0.12	-0.55	0.42	2.78
J4①:013	22.51	-0.09	-0.33	3.13	2.00
J4①:014	24.24	-0.27	-0.78	1.44	2.32
J4①:015	57.75	-0.59	7.61	0.5	2.75

表二中，L*代表明亮度，0-100表征由黑至白；a*代表红绿色，+a代表红色方向，-a代表绿色方向；b*代表黄蓝色，+b代表黄色方向，-b代表蓝色方向。J4①:012-J4①:014的L*值偏小处于25左右，明亮度更低，b*为负值，表明有点偏黄，这也与其表面黑釉且釉中有黄色夹杂相对应；其他L*值均在50以上，更近于明亮，a*值基本为负值，b*值为正值，整体的样品以蓝绿色为主，数据体现的色度也比较符合青白釉给人的视觉感受。

表二的瓷器吸水率值和体积密度值均为物理实验后计算所得。由结果可知此遗址所出瓷器标本的吸水率低，范围在0.3%-3.33%，部分样品几乎接近0，这也能得出其胎釉比较致密，选择了更为优质的原材料制坯做釉。体积密度的范围在2.00 g/cm^{-3}-2.87 g/cm^{-3}之间，稳定性强，除J4①:012和J4①:013稍低，其余比较符合古代瓷器2.4-2.9 g/cm^{-3}的区间②。

从瓷片的釉面色度饱和值、吸水率和体积密度数据来看，瓷器的烧制工艺比较精良，质量较优。虽为废弃水井出土，但也绝不是烧造残次品，推测是民用瓷器破碎后丢入井中。

4.瓷胎化学成分组成及配方分析

瓷器属于硅酸盐制品，胎体为瓷石，主要成分为二氧化硅和三氧化二铝以及多种金属（钙、镁、铁、钾、钠等）的氧化物。钾、钠在瓷石中一般作为助溶剂，促进生成玻璃相，改善光泽度。一般 K_2O 和 Na_2O 含量高的瓷土烧结度高，胎质更为细腻。K_2O 含量较多可以降低烧成温度，Na_2O 含量较多可以拓宽坯体烧结温度范围。而瓷器烧制过程中，减少 SiO_2，增加 Al_2O_3 和 MgO，可降低热膨胀系数，减少瓷坯的烧成收缩，增加其耐化学腐蚀性。

表三　瓷胎化学成分表(wt%)

出土编号	检测编号	Al_2O_3	SiO_2	Fe_2O_3	CaO	K_2O	Na_2O	MgO
J4①:001	CZS5	21.1	70.9	2.8	0.2	4.7	0.1	0.2
J4①:002	CZS7	24.2	70.6	1.8	0.2	2.7	0.2	0.4
J4①:003	CZS10	23.4	69.6	2.2	0.3	3.8	0.3	0.3
J4①:004	CZS4	24.1	66.7	2.8	0.2	5.4	0.5	0.2
J4①:005	CZS8	22.3	67.4	2.4	0.4	4.3	0.3	0.2
J4①:006	CZS12	24.3	70.5	1.6	0.1	3.1	0.2	0.2
J4①:007	CZS11	20.6	73.3	1.2	0.7	3.4	0.2	0.5
J4①:008	CZS9	24.0	70.2	2.2	0.2	3.0	0.2	0.2
J4①:009	CZS6	21.9	71.7	2.7	0.1	3.4	0.1	0.2
J4①:010	CZS1	21.9	70.1	1.1	0.8	3.4	2.4	0.2
J4①:011	CZS3	20.6	74.4	1.2	0.1	3.3	0.2	0.2
J4①:012	CZS13	29.2	61.0	5.6	0.2	3.5	0.2	0.3
J4①:013	CZS14	24.5	67.0	4.9	0.3	2.8	0.2	0.3
J4①:014	CZS15	26.6	64.5	4.9	0.1	2.9	0.3	0.7
J4①:015	CZS2	22.8	70.9	1.1	0.7	3.3	1.1	0.3

遗址出土瓷器胎的主成分主要为 SiO_2 和 Al_2O_3。SiO_2 含量为 61%-74.4%，平均达到了 69.2%，Al_2O_3 含量为 20.6%-29.2%，平均 23.4%。图七折线图中 J4①:001—J4①:011、J4①:015，主成分含量基本处于同一水平线，变化幅度小，SiO_2 含量为 66.7%-74.4%，RSD 仅为 0.03%，Al_2O_3 含量为 20.6%-24.3%，RSD 仅为 0.06%，由此可知胎的主要成分较为稳定且相对含量变化范围较小，说明在制作坯体时主要原料配比比较稳定。其他次要成分 K_2O、Na_2O、MgO 和 Fe_2O_3 的含量变化较大。

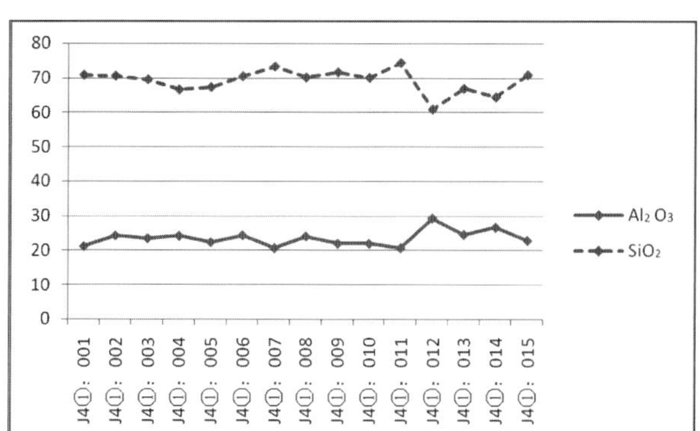

图七　Al_2O_3 和 SiO_2 含量折线图

图八的成分散点图的趋势线较为平缓，呈线性分布，R^2=0.781，线性相关程度越大。从胎色、其他成分含量来看，也处于青白瓷的范畴之内，整体符合南方地区"高硅低铝"的特征。可初步判定基本来自于相同或相近的窑口，对胎料有所拣选淘洗，选择了成分更为合理的原料来制胎，胎体密实，变形性低，这也和 Al_2O_3 含量较高，助熔剂 CaO、Na_2O 偏低有很大关系[③]。

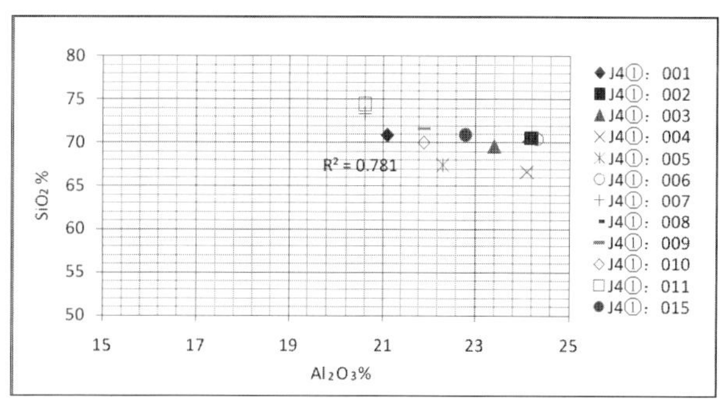

图八　青白瓷胎中 Al_2O_3 和 SiO_2 成分散点图

建窑、吉州窑都是宋代以烧造黑釉瓷著名的窑厂，建窑所出黑釉瓷为黑灰色胎，胎中夹杂白石英小颗粒且粗糙多孔，釉层厚，色泽乌黑，而吉州窑主要为米黄色胎体，胎质较细，釉层薄，釉色呈黑褐色[④]。从显微结构（图五）和胎体颜色（图九）来看，J4①:012 胎体白中泛黄，胎质细密，和釉层断面几乎无很严格的分界，可能来自吉州窑，而 J4①:013 和 J4

①:014 的胎体断面黑灰为主，颜色较深且胎质粗糙，内有大颗粒和孔洞存在，初步断定其来源为建窑。

J4①：012　　J4①：013　　J4①：014

图九　黑釉瓷器的胎体

吉州窑(J4①:012)与建窑(J4①:013 和 J4①:014)样品胎体的 MgO、K_2O、Fe_2O_3 含量有较为明显的差异。吉州窑黑瓷样品胎体中 K_2O 和 Fe_2O_3 的含量较高，分别为 3.5%和 5.6%，而建窑黑瓷样品胎体中 K_2O 含量相近，分别在 2.8%和 4.9%左右。总体来看，除了主成分 SiO_2 和 Al_2O_3，黑瓷胎体各元素组成浮动都较大，这也使得胎色多样化。样品虽然较少，但从成分含量来看，也能很明显的区别不同窑口的黑釉瓷。这也和吉州窑、建窑出土宋代黑瓷的对比研究结果相吻合[⑤]。

5.釉层化学成分组成及配方分析

中国古代瓷釉基本分为铁系釉和钙系釉，铁系釉不难理解，熔剂中 Fe_2O_3 占量较高。而钙系釉如何划分，罗宏杰等借助于草木灰 Seger 式的统计特性，分析讨论了中国南北方钙系釉的演变规律，给出了钙系釉(钙釉、钙碱釉、碱钙釉)的划分标准[⑥]。一般来说传统的青瓷釉中最主要的助熔剂主要为碱金属氧化物（K_2O+Na_2O）和碱土金属氧化物($CaO+MgO$)。釉中的 K_2O 和 Na_2O 主要以瓷石为原料引入，部分也会来自草木灰，而 CaO 主要来自石灰石和草木灰共同锻造生成的釉灰。早期青瓷釉料以钙釉为主，从宋朝开始釉料配方中 K_2O 和 Na_2O 的增高，成分变动使得釉在高温下黏度比钙釉大[⑦]，还可增加釉层厚度。青釉中的 K_2O 和 Na_2O 含量增高、CaO 含量降低趋势，出现钙碱釉，青釉开始呈现各类深浅不一的色调[⑧]。

表四　釉层化学成分表(wt%)

出土编号	检测编号	Al_2O_3	SiO_2	Fe_2O_3	CaO	K_2O	Na_2O	MgO
J4①:001	CZS5	19.5	57.2	1.4	17.8	2.9	0.2	1.0
J4①:002	CZS7	23.7	59.2	1.3	12.0	3.3	0.3	0.2
J4①:003	CZS10	19.4	63.8	1.1	10.6	4.3	0.4	0.5
J4①:004	CZS4	19.4	60.9	1.5	12.6	3.8	0.5	1.3
J4①:005	CZS8	19.0	58.9	1.3	16.1	3.4	0.5	0.4
J4①:007	CZS11	21.0	65.9	1.1	8.5	3.0	0.3	0.4
J4①:008	CZS9	25.3	59.1	1.1	10.7	3.2	0.5	0.2
J4①:009	CZS6	17.6	63.0	1.2	12.2	4.4	0.4	1.3
J4①:010	CZS1	17.5	60.2	0.9	16.6	2.2	2.3	0.4
J4①:011	CZS3	23.0	66.3	0.9	5.0	4.0	0.2	0.6
J4①:012	CZS13	21.2	58.4	5.2	7.2	4.9	0.6	2.6
J4①:013	CZS14	23.0	59.9	4.4	5.4	4.5	0.5	2.2
J4①:014	CZS15	22.1	59.6	5.1	5.6	4.4	0.7	2.4
J4①:015	CZS2	23.0	57.4	0.8	15.2	2.1	1.1	0.4

本文各标本釉色不一，但基本以青白和黑褐为主。但是无论哪种釉色，通过对主要元素的成分分析，瓷釉的主成分还是以 SiO_2 和 Al_2O_3 为主，含量配比 75%以上。其中青釉瓷中 SiO_2 含量在 57.2%-66.3%，平均 61.1%；Al_2O_3 含量在 17.5%-25.3%，平均 20.7%。同为青釉瓷，J4①:002、J4①:007、J4①:008、J4①:011、J4①:015 中 Al_2O_3 含量更高，大致在 24%左右，而 J4①:001、J4①:003、J4①:004、J4①:005、J4①:009、J4①:010 中 Al_2O_3 含量较低，在 18%左右，虽然主成分含量差别不大，但在成分配比上还是略有不同。

青瓷也是笼而统称，一般经由还原焰烧成，由于各元素含量不同，从而形成青色、绿色等深浅不一的釉色。釉内 Fe_2O_3 含量基本可控青釉的“青↔绿↔蓝”色彩平衡关系[⑨]。参考表二和表四的相应关系，其直观颜色也基本能和 Fe_2O_3 含量变化相呼应。顾幸勇依据 CaO 的相对含量和其与（K_2O+Na_2O）的比值，对南方古名窑瓷进行区分研究，可简明有效的将窑口区分开来[10]，但也仅对窑口与产地明确的瓷器而言。由表五检测数据通过同类整合，由助熔剂进行分析结果（图十），可知 CaO 和 MgO 含量较高且无规律，平均 12.5%，其中颜色较白的 J4①:007 和 J4①:011，含量低，约 7%，其余均在 11%以上。虽然釉中也有相当量 K_2O 和 Na_2O，但含量很低，基本处于 5%以下，平均 1.9%。由此可见该遗址出土青釉瓷依然为典型的高钙釉。

表五　青白釉与黑褐釉主要成分含量的比较(%)

釉色		Al_2O_3	SiO_2	Fe_2O_3	CaO	K_2O	Na_2O	MgO
青、青白	含量区间	17.5–25.3	57.2–66.3	0.8–1.5	5–17.8	2.1–4.4	0.2–2.3	0.2–1.3
	平均值	20.7	61.1	1.1	12.5	3.3	0.6	0.6
黑褐	含量区间	21.2–23	58.4–59.9	4.4–5.2	5.4–7.2	4.4–4.9	0.5–0.7	2.2–2.6
	平均值	22.1	59.3	4.9	6.1	4.6	0.6	2.4

宋代瓷业发展鼎盛，名窑林立，各窑场也有竞争和借鉴。南方地区的青白釉窑口众多，从表面观察初步分析瓷器主要来自龙泉窑和景德镇窑系，如何去细分窑口，何文权等人通过胎釉主成分分析，发现同属南宋官窑青瓷，烧造地点均在杭州，但乌龟山和老虎洞两处窑口不远，但成分依然有很大差别[11]。分辨到底来自主窑还是周围小窑口，还需要通过数据分析、对照前人工作做进一步的研究。

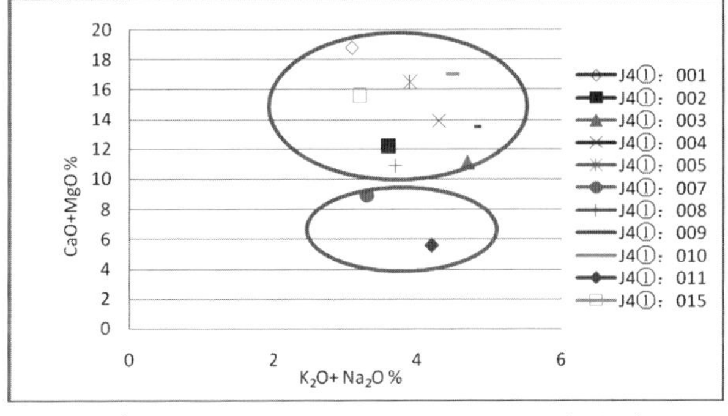

图十　青釉 CaO+MgO 与 K_2O+Na_2O 成分散点图

黑釉瓷是以氧化铁为主要呈色剂，并含有少量或微量的锰、钴、铜、铬等着色氧化物的器皿，釉面呈赤褐色、暗褐色、黑褐色或者黑色，通常所见器釉料中氧化铁的比例在 5%左右。控制釉料中铁的含量，添加适量赭土，加大焙烧通风量，即生成 Fe_2O_3，基本可以烧制出黑釉瓷。J4①:012–J4①:014 釉色以黑褐色为主，釉层成分中 Fe_2O_3 含量稳定，在 4.4%–5.2%之间，较之其他样品色釉 1%左右的 Fe_2O_3 含量有很明显的提升，Fe_2O_3 为其黑色釉料的主要呈色剂。

从表五可知，黑釉瓷的釉料还是以 SiO_2 和 Al_2O_3 为主，SiO_2 含量在 58.4%–59.9%，平均 59.3%；Al_2O_3 含量在 21.1%–23%，平均 22.1%，较之青釉、青白釉更为稳定。对于助熔剂来说，无论吉州窑还是建窑，CaO 含量仅 7%左右，在 CaO 含量降低的同时，K_2O 含量又明显增加，和前人实验结果类似[12]，说明他们都是钙碱釉。

四、结语

本文选取常州慈墅村遗址宋代水井(J4)出土的 15 件瓷器样品进行物理和化学分析研究，样品出土信息明确，通过科学实验，分析结果总结如下：

第一，从表面观察和初步分析来看，井内出土青瓷主要来自龙泉窑和景德镇窑系，黑釉瓷基本可判定来自吉州窑和建窑，到底来自主窑还是周围小窑口，还需要通过数据分析、对照前人工作做进一步的研究。

第二，所有瓷器釉面色度均一性好，吸水率基本在 3%左右，体积密度在合理范围内，物理性能良好。瓷器的烧制工艺比较精良，质量较优，虽为水井出土，但并非烧造残次品，可能是日用瓷器破碎后丢入井中。

第三，瓷胎有粗细之分，釉层厚薄不一，均为高硅低铝的典型南方瓷器特征，釉层和胎体分隔明显，青釉和青白釉为高钙釉，黑釉钙碱釉明显，主要呈色剂为 Fe_2O_3。

注释：

①席晓云：《江苏省出土的宋元瓷器研究》，吉林大学硕士学位论文，2016 年。

②吴隽：《古陶瓷科技研究与鉴定》，科学出版社，2009 年，第 45–47 页。

③余雪平:《景德镇宋元时期瓷坯的组分研究》,景德镇陶瓷学院硕士学位论文,2013年。

④江鹏飞、李其江、吴军明:《建窑与吉州窑素天目釉瓷的比较研究》,《陶瓷学报》2012年第3期。

⑤任智颖、张茂林:《川渝地区与吉州窑、建窑出土宋代黑瓷的对比研究》,《东方收藏》2020年第9期。

⑥罗宏杰、李家治、高力明:《中国古瓷中钙系釉类型划分标准及其在瓷釉研究中的应用》,《硅酸盐通报》1995年第2期。

⑦李家治:《中国古代陶瓷科学技术成就》, 上海科学技术出版社,1985年,第149页。

⑧叶喆民:《中国古陶瓷名窑志—中国陶瓷史纲要》,轻工业出版社,1989年,第178页。

⑨桑振、王芬、段旭芳等:《耀州窑青瓷断代特征比较研究》,《中国陶瓷》2019年第10期。

⑩顾幸勇:《熔剂成份的釉胎比值对南方名窑瓷的区分研究》,《陶瓷学报》1997年第4期。

⑪何文权、熊樱菲:《宋代青瓷的胎釉元素成分分析及相关判别》,《文物保护与考古科学》2002年第S1期。

⑫邓宏文:《吉州窑和建窑黑瓷的研究》,《湖南考古辑刊》(第7集),岳麓书社,1999年。

(作者单位:常州市考古研究所 常州博物馆)

西寨村明清古建筑瓦件的损坏调查及加固保护研究

◇ 周要港

内容提要:瓦件是古建筑的屋面,在古建筑保护过程中起着至关重要的作用。本文通过对平顶山地区西寨村明清古建筑的实地调查与实验室瓦件实验研究,分析瓦件保护现状、破坏原因、加固方法、加固试剂等,以期能够为明清古建筑的保护提供一些借鉴作用。

关键词:西寨村 明清古建筑 瓦件

西寨村[①]位于河南省平顶山市郏县冢头镇,地处"万里茶道"之上,蓝河由北向南穿境而过,自两汉延续至今,历史悠久,各种文化在此汇聚,素有"小上海"之称。西寨村在明清时期曾作为郏县县治所在,保留了大量明清时期古建筑。根据走访调查,该村现存明清时期古院落58处、房屋295间,保存较为完好的有37处,主要建筑类型有名人故居、庙宇、四合院等。其建筑形式同时兼具北方传统四合院建筑与南方徽派建筑的风格,布局严整、优雅细腻、繁简有度,对于研究豫西地区明清古建筑的布局与演变具有重要价值。但随着历史推移与自然环境的变化,明清建筑群已遭到不同程度的破坏[②],其中又以瓦件类建筑构件的破坏尤为严重。瓦件作为古建筑的屋面,起着保护古建筑主体的作用,当地至今还流行着"瓦件破、房屋塌"的谚语,故对瓦件进行保护是古建筑保护的重要前提。鉴于此,本文在对西寨村古建筑保存状况进行实地调查的基础上,对其瓦件损坏特征、成因及加固方法等进行分析,并采集标本进行加固处理实验,选取出适合本地区瓦件保护的加固试剂,以期能为其他区域古建筑瓦件的保护提供借鉴意义,也为中国古镇建筑保护提供借鉴。

一、古建筑瓦件主要损坏特征类型分析

根据对西寨村传统古建实地调查可知瓦件的主要损坏类型有生物破坏、水侵蚀和粉尘破坏、坍塌及破裂而造成的破坏、人为破坏等四种形式。

(一)生物破坏

古建筑瓦件的生物破坏主要有两方面:一方面是由于诸多土蜂、鸟类、虫类等会在上面安营扎寨;另一方面是瓦件由土烧制而成,故在一些瓦件中会含有大量微量元素或其他富营养化的土壤,从而使狗尾草等草本植物在上面生根发芽,影响瓦件稳定性。在西寨村东街,许多明清瓦件屋顶建筑面上多有蛀洞、鸟窝、蜂巢等动物遗留痕迹,部分甚至出现大量草本植物蔓延生长现象。严重的生物破坏使该街道多数建筑瓦件附着不稳固、残损及脱离建筑面,更严重的则是由瓦件毁坏导致内部木房梁支架遭到腐蚀进而使屋面塌陷及墙体坍塌(图一)。

图一　房屋屋顶生物病害

(二)水侵蚀和粉尘破坏

瓦件的原材料为陶土,经高温烧制而成,一旦遭受雨水冲洗或者雨水在房顶上出现汇水面时,不可避免就会在房顶之上形成一道道冲沟。陶土中含有部分可溶性盐经雨水长期冲刷,致部分可溶性盐溶解进而使瓦件侵蚀、酥化,再经风力吹袭最终导致瓦件破坏。再者随着近年来平顶山和许昌地区工业化城市的不断发展,使周围环境遭到极大破坏,雨水中二氧化硫含量大增,使瓦件硬度降低,粉化、湿块明显,毁坏速度加快。粉尘破坏更为严重,粉尘污染的加剧使许多浅灰色的瓦件变为近黑色且瓦

图二　水侵蚀与粉尘破坏

面覆盖着一层较厚的粉尘,引起部分瓦件层层剥落、粉化。粉尘内包含的可溶性盐,亦使瓦件在雨水侵蚀下破坏速度加快。在西寨村寨口保存着 10 余座明清古建筑,受水侵蚀及粉尘破坏瓦件的表面颜色都已经变为近黑色,部分瓦件粉化严重。瓦件背部酥碱程度不断深化,致使构件局部残损、缺失,有几座古建合瓦屋面的瓦件残存不足 60%(图二)。

(三)坍塌及破裂造成的破坏

古建筑历经漫长岁月,墙体经历雨水、风化与生物破坏,使大多数瓦片出现不同程度的位移、开裂、变形及粉化,甚至部分瓦件建筑脱落、丢失。修缮不及时与人为有意废弃致使这些破损的瓦件及掉落部分的建筑面受到风雨等自然环境侵袭,导致周边瓦片及建筑墙体、木质构件因缺少保护而变得更加脆弱,部分山墙坍塌。山墙对于支撑屋顶建筑起着重要作用,山墙坍塌直接促使部分屋顶建筑坍塌,瓦件进一步受损、缺失,最终导致古建筑彻底破坏(图三)。

图三　房屋屋顶、山墙坍塌图

(四)人为破坏

随着现代化城市发展,人们生活质量提高,逐渐追寻更高层次的社会生活,开始对古建筑进行拆除或另辟一处区域盖上仿古建筑,以此来提高城市品位。而这种城市文明的背后就是我们对于祖先所遗留文化遗产的无视与破坏。随着人们

生活水平提高，人们外出旅游观光频繁，部分旅游景点对于景区管理不善，人们在古建筑内部乱涂乱画，出现一些破坏古建筑的现象。同时部分地区由于在对古建筑瓦件修缮的时候，对于材料的认知较为缺乏，没有一套科学的修复计划和工艺，盲目恢复古建筑原有的风貌，从而导致瓦件破坏速度加快，造成不可预料的损失。冢头镇由于城镇化的发展，古建筑成为城镇化进程的阻碍，于是人们便在20世纪末摧毁了大量古建筑，在其基址上建起了仿古现代建筑，造成了难以预估的损失。

二、古建筑瓦件主要损坏成因分析

各种各样的因素造成古建筑瓦件的破坏，相同的因素有时会形成不同种类的破坏，同样有时同一种破坏也是由不同的因素构成的。

(一)生物及代谢产物侵蚀

生物破坏主要是自然界在长期的发展过程中，所产生各种微生物或者鸟类动物等对于古建筑瓦件的破坏。由于瓦件多是由陶土烧制而成的，而这些陶土中会含有少量的微量元素以及部分微生物。瓦件长期暴露在自然界中湿度会慢慢增加，就为自然界中菌类等的生长提供了重要条件。这些微生物在生长过程中一方面需要从瓦件中吸取养分，同时也向外散射各种对瓦件有破坏的物质，内外交加中就促使瓦件内部结晶体崩溃，加速瓦件粉化速度。而且自然界中众多的鸟类与蜂类也会在瓦件上安营扎寨，从而在上面遗留下大量的粪便等富营养物，这样物质能促进微生物与草本植物的迅速生长，从而导致这些植物根茎漫过瓦件进入到下面土壤中，最终促使瓦件开裂与破碎。动物粪便中还有许多酸性元素，不仅会稀释瓦件中的碱性元素，而且会渗入瓦件中，最终导致瓦件结晶体松垮破坏。生物破坏所形成的结果是不同的，菌类物质会使瓦件失去本来的颜色，蜂类或鸟类动物会使瓦件破损，部分区域形成破洞。草类植物的生长会使根茎蔓延整个屋顶，使瓦件完全破坏。如西寨村秦都司宅院上筑有众多的鸟巢、西街房顶上长满苔藓等（图四）。

图四　房屋屋顶生长苔藓

(二)自然风化协同作用

风化作用对于瓦件的破坏具有延续性、毁灭性，而且形成风化的因素有许多。环境污染、气候甚至包括瓦件内部的变化都会导致风化破坏。由于瓦件是由陶土烧制而成，故内部含有石英、长石等矿物质，瓦件本质就是由这些大大小小不同的颗粒粘接而成的，而内部的粘接又是极其不牢靠的，这种情况极易受到外力作用的影响，这就为风化提供了条件。这些瓦件中含有大量钙等化学元素，这些元素与自然界中的雨水等进行结合，部分元素会流失，就造成瓦件内部元素变化，促使瓦件内部结晶体变化，最终使外部形成粉末状物质。尤其是明清时期的古建筑，部分为砖墙，也有部分为木墙，这些墙体与瓦件之间的缝隙是难以填补的，如若不及时修缮，随着时间的推移，气候的不稳定加剧，这些缝隙会越来越大，这些缝隙也就成了古建筑遭受风化与雨蚀破坏的重要部位，降低了古建筑抵御不利环境的能力。

自然界中的四季轮回、昼夜交替也都在一定程度上影响着瓦件破损程度。热胀冷缩的物理原理也使瓦件破损更加严重。由于四季温差较大，在冷热交替中墙体出现不同程度变化，这样的结果导致木质结构变形，墙皮脱落甚至产生裂缝，瓦件掉落破裂。空气中含有大量的水蒸气，气温在降到0度以下时，水蒸气会快速结冰，并覆盖在瓦件上，太阳出来后开始融化，从而导致瓦件表皮剥落，遭受大风天气时，剥落的表皮会随风吹走，导致瓦件层状剥落。

虽然风化作用会引起各种各样病害，而且多重因素一同组合进一步加剧了风化破坏。但最主要的还是瓦件内部组成物质的变化导致表面出现粉化与破裂，伴随着雨水冲刷，最终导致瓦件崩溃。

（三）雨水侵蚀

古建筑作为一种长期暴露在室外的文化古迹，长期遭受着风雨侵蚀。伴随着污染加重，雨水中含酸量大增，三氧化硫与水进行化学反应就生成了硫酸，增强了雨水对于瓦件腐蚀力度。同时如果空气中二氧化硫与水进行反应会生成亚硫酸，后再与空气中的氧气进行化合反应也就形成了我们常说的酸雨，而硫酸作为一种化学元素中的强酸，对于瓦件的腐蚀是非常严重的。它会使瓦件内部的结晶分崩离析，导致粉化与破裂。

夏季气温高，强降雨频率高。每当降雨停止后，会在瓦件上形成少量粉末状颗粒物，这些都是降雨冲刷所形成的，而接着天气变晴，温度骤然上升，雨水开始大量蒸发，瓦件上的粉末便形成了很硬的土结，最终就会导致下一次雨蚀。在更多情况下，雨蚀会改变整个瓦件的面貌，会在瓦件上部形成一道道冲沟。

（四）其他因素

对于瓦件破坏的成因除了生物破坏、风化及雨水侵蚀外还有诸多因素。尤其是人为因素占有极大比重，人们一方面在呼吁保护古建筑，而另一方面为了眼前利益，对古建筑进行拆毁、改建等，这些都给古建筑带来了严重损坏。而且如今由于文物保护技术的不成熟性，在给古建筑进行保护的同时，也可能会造成毁坏。

总而言之，古建筑瓦件的破坏是长时间形成的，是多种因素综合作用的结果，对于古建筑瓦件的保护需要多学科的研究，找准病害原因，才能更好的对古建筑瓦件进行加固保护。

三、古建筑瓦件的加固方法

对于瓦件的加固方法主要有稳定性处理、裂缝处理、防盐蚀处理、表面风化处理等四种方法。

（一）稳定性处理

上文所提到瓦件的一些病害是由墙体倾斜、房梁支架腐朽等原因造成的，这些原因会促使瓦件整体重力下沉，而又缺乏受力支撑点，最终破坏瓦件的整体稳定性。如果不加以处理，在平顶山地区一旦遭受强降雨及大风天气，会使瓦件整体的负荷变大，严重影响瓦件安全。针对这种情况，需要采用支架对房梁与墙体进行支撑，保证墙体与房梁等部位在外力作用下压力减小。

对于倾斜的墙体需要利用新建墙体进行支撑。具体做法为先将墙体下部的虚土清理干净，然后向下发掘，挖到比较硬的土层便停止发掘。用提前预备好的硬化材料对清理面进行硬化，以防止下陷。随后采用与老墙体材质基本相同的砖坯进行由下至上的修筑，与老墙体相连，最好采用无振动的钻机打出钻孔，后采用一些钢筋等连在之间，确保两者牢固相连。最终使新老墙体融为一体，完成对墙体的加固。

明清古建筑多为木构件支撑起瓦构件，木构件受长时期的侵蚀会腐朽严重。对于此情况最好的处理方法是在房子内部建立立柱，让这些立柱支撑起大梁，并且对大梁进行加固处理，确保大梁安全，还要替换掉部分腐朽严重的椽子。通过立柱对于房梁的支撑，就能减少整个房顶的压力，从而增强瓦件的稳定性。

（二）裂缝处理

造成诸多明清古建筑瓦件破坏的一个重要原因就是瓦件在长期历史与自然发展过程中会出现大大小小的裂缝。这些裂缝随着时间推移而不断地变大，变大的裂缝就会成为瓦件遭受雨水等侵蚀的重要部位，雨水会随着这些裂缝进入到瓦件内部，对木质结构或者墙体造成毁灭性破坏。对于这些裂缝的处理，最好采用注浆法进行修补。瓦件所产生的裂缝有时会导致风沙注入，破坏瓦件内部结构，造成更大程度损害，故采用注浆法可以减少外部环境对瓦件的再次破坏。

首先需要选取内部加固泥浆和外部封口泥浆，由于瓦件裂缝一般较小，故需要准备精细的注射仪器和优质的泥浆原料。其次用精细的注射仪器将内部加固泥浆注射进去，后用小毛刷等工具在外部涂上封口泥浆。再将表面抹平。对于一些外部裂缝比较大的瓦件，需要采用专门的工具将外部裂缝扩大，查看内部是否存在细小裂缝，后将细小裂缝进行加固。细小裂缝一旦被忽视,最终会影响瓦件加固效果,使外部加固的裂缝重新破裂,造成严重后果。

(三)防盐蚀处理

盐蚀是古建筑瓦件的重大病害,雨水一部分会随着房顶地势流向他处,还有一部分会随着瓦件表层的间隙渗入到瓦件内部,从而破坏瓦件内部的结晶结构,溶解内部的可溶性盐。然而随着温度的升高,气体蒸发,会导致内部的盐溶液出现膨胀。最终导致瓦件表层出现一层层的剥离物,在受到风力影响,周而复始下会使瓦件彻底损坏。对于防盐蚀最主要的就是防止雨水对可溶性盐的破坏,故要加大对瓦件防水措施保护。可以在瓦件上涂抹一层防水试剂,或者铺盖一层薄膜来减少雨水侵蚀。

(四)表面防风化处理

对于瓦件加固保护最后一道程序就是防风化处理,需采取专业的化学加固试剂对瓦件表面以及泥浆进行喷雾,从而对瓦件进行养护。首先用软毛刷将瓦件上的灰尘清扫干净,然后采用喷壶定期将试剂喷洒在瓦件上部,保持瓦件表面湿润。同时对于试剂调配要特别注意,尽量将试剂成分控制在不会对瓦件造成破坏的范围内,也可以将水玻璃等化学试剂涂抹瓦件表面,从而达到防风化的效果。

四、古建筑瓦件加固材料的选取

对于瓦件加固材料的选取,我们需要遵循“保持原貌,修旧如旧”的文物保护原则,真正做到保护第一,尽最大可能将加固材料对瓦件的破坏降到最低。现将常见的几种试剂特征及作用陈列如下。

(一)模具硅橡胶

模具硅橡胶,其主要成分为氰基丙烯酸乙酯,由氰基乙酸乙酯与甲醛缩合而形成。因其具有不变形性,拉力与弹力比较高;受温度影响较小,可以在-50~200摄氏度范围内不会变形;耐酸碱性较高;黏度较低,流动性好,具有较强的可逆性等特征。

(二)热熔胶

热熔胶作为近年来市面上流通甚广的一种黏合胶,其主要成分为基本树脂、增黏剂、抗氧剂等,是黏合类产品中比较环保的一类产品。该类黏合剂呈100%固态形制,可塑性强,作业速度极快,黏合效果好、强度大,抗氧化。但是该种黏合剂受温度影响较大,温度较高会出现融化,温度较低则会导致断裂。而且随着时间的推移,黏合缝的胶会随着外部环境变化,颜色也会出现改变。

(三)2-氰基丙烯酸乙酯

2-氰基丙烯酸乙酯是由2-氰基丙烯酸乙酯和增黏剂、稳定剂、阻聚剂等结合而成的瞬间固化黏合剂。其化学分子式为$CH_2=C(CN)COOC_2H_5$,无色、透明、易挥发、有刺鼻气味。2-氰基丙烯酸乙酯与空气中的水蒸气进行反应出现固化现象,最终使器物能够粘接在一起。其优点为粘接强度高、黏度低、可以粘接各种物质、粘连速度快等。缺点为耐水性较差,在潮湿环境下容易失效、粘接后受外界冲击容易破碎、会出现粘接痕迹,影响外观、耐高温性较差等。

(四)环氧树脂

环氧树脂主要泛指分子中含有两个或者两个以上环氧基团的有机化合物。环氧树脂整体略呈黄褐色,固化后具有极好的物理与化学性能,黏附力极强。因环氧树脂溶液较为黏稠,故在使用时可以注入适量的丙酮溶液,用以稀释环氧树脂,调和成自己作业所需要的黏合剂。环氧树脂的固化时间比较长,而且对稳定性要求比较高。在对需要粘接的物品进行涂抹后,需要将该物品放置于不受外界干扰的地方,然后等待环氧树脂发生作用,后去除固定夹件即可。用该黏合剂毒性较低,长时间保存不容易与外界反应,基本颜色不会改变。

五、结语

中国古代建筑是中国历史文化的重要组成部分,拥有着极高的艺术价值、科学价值、文化价值。从古建筑、古村镇中我们能够感受到中华传统文化的博大精深以及先人设计美学、社会观念以及地域建筑风格等。古建筑同其他历史遗迹一样,都是不可再生的物质文化遗产,一旦被破坏就无法挽回。随着时间的推移,古建筑现存数量愈加减少,各类破坏接踵而至。因此,利用现代技术进行古建损坏调查与修缮,使其得到保护性修复,最大程度地保证古建筑完整性复原、延长其保存年限是我们进行古建筑保护的关键,而瓦件保存的好坏则关系到古建的保存状况。上文通过查阅文献资料与走访调查,对西寨村明清古建筑瓦件的损坏类型、损坏原因、保护方法有了较为初步的认识,并通过室内加固实验,对四种瓦件加固试剂材料的选取及优劣也有清晰的认识。整体来看,对于瓦件的处理应遵循古建筑的建造方法及风格,最大限度地进行保护与修缮,尽量还原历史建筑真实的状况,保留地区性建筑的时代风格,维护西寨村明清古建的完整性、真实性及延续性。文化遗产需要保护与管理,守护好、传承好、发扬好古建筑是我们当代人的责任与义务,古建的保护与修缮势在必行合理利用才能促进其长久发展。随着现代旅游业迅猛发展,对古建筑的保护和利用越发重要。当地政府要系统研究切实可行的古建筑保护机制,使其在新时期文化强国建设中发挥更大作用。本文基于西寨村明清古建筑瓦件现状,寻求适用其的保护措施与保护方向,希望能对其他区域古建筑瓦件的保护提供少许借鉴。

注释:

①郏县地方史志委员会:《郏县志》,中州古籍出版社,1996 年,第 672 页。

②周要港:《以西寨村为例探讨平顶山传统村落的保护与利用》,《洛阳考古》2019 年第 2 期。

(作者单位:河南省文物考古研究院)

海洋出水铁器应力腐蚀分析与应对策略

◇ 杜树志

内容提要：铁元素化学性质活泼，铁器易受外界环境多种因素影响发生腐蚀。在海洋考古发掘中，铁器由于所处微环境的氧气浓度与应力腐蚀等相对平衡状态在短时间内发生改变，使文物出现氧化变色、表层锈蚀物或本体开裂等病害，从而对文物造成永久性破坏。本文主要聚焦海洋出水铁器保护中的难点问题，剖析与之对应的环境腐蚀因素，结合文物保护实践，查找主要矛盾并尝试给出解决策略。

关键词：海洋出水 铁器 变色 应力腐蚀 开裂

引言

自古以来，我国冶铁技术比较发达。在西周晚期，中国就出现了最早的冶铁术。由于原材料获取简单、冶炼方便，到了春秋战国时代，铁器在生产、生活和军事等诸多领域得到广泛应用，使我国成为世界上铁器最丰富的国家之一。我国海岸线长，随着科技进步和水下考古事业发展，以古代沉船为代表的众多水下文化遗产逐渐进入公众视野，与之对应的海洋考古发掘与科技保护日益成为人们关注的焦点。在各类出水文物中，铁器极具代表性，它们在直观反映我国古代不同历史时期金属冶炼和制造工艺的同时，也为研究"海上丝绸之路"和贸易发展提供了丰富翔实的史料，因而极具历史、艺术和科学价值。由于铁元素化学性质活泼，加上古代冶炼技术不够成熟，很多出土或传世的铁质文物极易受周围环境影响，它们大都锈迹斑斑，流传至今且保存状态良好的可谓少之又少；相比陆地上的铁质文物，沉船中的一些铁器由于海底泥沙、生物残骸和贝壳等钙化物沉积作用，在其表面形成了一个坚硬厚实的隔离层，有效阻止了海水中氧气、氯离子等破坏性因素。因此，在这种相对密闭的微环境下，很多海底沉船上的铁器状态稳定，长时间不受外界影响。2007年3月以来，我国在南海海域相继打捞了"碗礁Ⅰ号""华光礁Ⅰ号""南海Ⅰ号"等古代沉船，大批珍贵铁器也随之重见天日。

不过，随着工作的推进，有一个现象越来越引起文物保护人员的注意，相当一部分海洋出水铁器在考古现场清洗或后期实验室提取过程中，短时间内其表面就出现氧化变色、锈蚀层或本体开裂等病害。更有甚者，转眼之间器物就分崩离析，成为一堆碎片。

对于这些铁器出水后劣变原因及保护修复方法的研究，尤其是锈蚀层酥解、剥落以及本体开裂(图一)等病害成因，文物保护工作者曾做过大量研究，但目前仍处于探索阶段，比较主流的做法是，出水铁器先采用去离子水或5%浓度的倍半碳酸钠水溶液浸泡或喷淋作脱盐除氯①处理(图二、图三)，再将脱落的锈蚀物进行回贴与加固，最后进行缓蚀封护(图四)。也有学者从另外角度指出，海洋出水铁器锈蚀层或本体开裂，不仅要"从热力学和动力学的角度阐明文物材料的劣化机理"，还要重视"锈蚀物本身结构物相的变化、风化因素影响以及氯化物与金属文物的反应动力学问题"[②]。可见业界尚未达成共识，且没有普适方法加以解决。

图一　铁舰炮（广东省近海出水，严重锈蚀[③]）

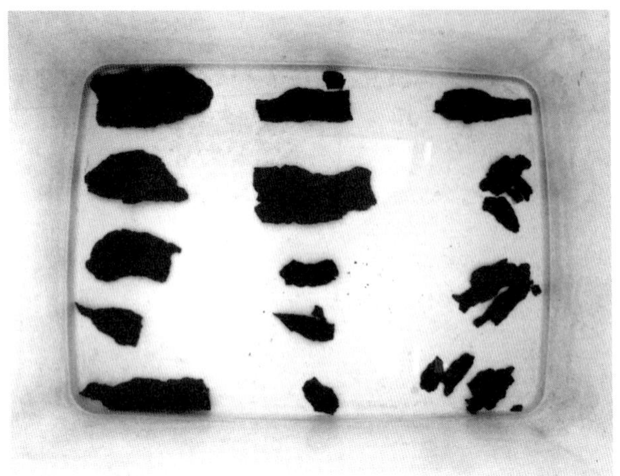

图二　清铁舰炮剥落锈蚀物用倍半碳酸钠溶液浸泡脱盐

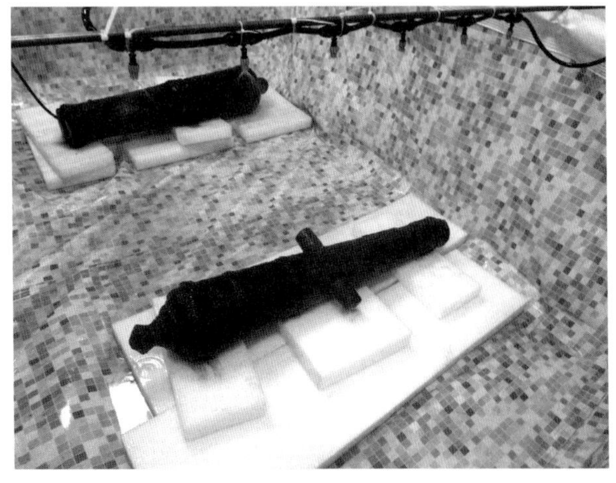

图三　清铁舰炮本体用倍半碳酸钠溶液喷淋脱盐

图四　缓蚀与封护后的清铁舰炮[④]

本文从海洋出水铁器发掘前后稳定性影响因素分析入手，结合当前出水铁器保护工作实践，对困扰业界多年的金属文物锈蚀层或本体开裂这一难点问题进行分析、梳理和归纳，并就破解该难题从不同角度尝试给出建议。

一、海洋出水铁器环境主要影响因素

作为具有代表性的海洋出水文物，铁器在发掘前后微环境存在显著差别，根本原因是腐蚀因素发生了较大变化。从铁器沉入海底那一刻起，它就受"海水、海洋生物和底质综合作用"[⑤]，形成多种病害。随着时间推移，在泥沙、海藻、珊瑚、贝类或其他软体动物残骸沉积作用下，铁器表面形成了一层厚实的底质层或坚硬致密的钙质凝结物，这大大降低了在海水环境下各种劣化因素对铁器带来的影响。当铁器被打捞出水尚未提取时，相比海底微环境至少有两项参数发生了较大变化：一是海水压力对铁器本身带来的应力。铁器在出水过程中，这部分应力得到有效释放。需要说明的是，本文主要研究海水压力对铁器产生的应力，对于其本身在铸造或机械加工热处理过程中，由于冷却速度不同导致的形变，使器物本体产生的内应力暂且忽略。但海洋出水铁器实际受到的应力腐蚀，往往是这两种应力叠加的一种结果。二是铁器表面周围氧气浓度。与海底相比，出水后暴露在空气中的铁器，在极短时间内其周围氧气浓度显著上升。

先分析一下应力腐蚀成因及过程。铁器在海底中由于海水压力造成的应力腐蚀，在打捞过程中会存在一定程度消解，但由于"原始应力较大，文物本体仍保留一部分残余应力"[⑥]。潮湿的海洋性气候，使得空气中盐分，特别是氯化物含量较高，"提取完的铁器吸水后在表面形成一层薄薄的水膜，该水膜富含氯离子电解质溶液，进而与内部铁质基体产生电化学腐蚀"[⑦]。此时遭受应力较大的部位，金属原子运动显得更加活跃，特别容易失去电子，成为阳极区而被腐蚀。随着腐蚀速度加快，初期会形成细小的裂纹源。裂纹生成后，裂隙在应力作用下不断扩大，最终造成锈蚀物或铁器本体开裂（图五）。可见，铁器残余应力释放是加速开裂的主要诱因。

图五　元末明初两爪木锚(铁构件开裂[⑧])

再来分析氧气浓度变化对出水铁器的影响。铁器出水前后,氧气浓度是影响其稳定性的一个重要参数。海面以上,由于环境污染少,因此比陆地表面的氧含量略高,空气占比约21%。相较大气环境而言,海面下的氧浓度则急剧降低,从上到下呈带状分布,主要受海水溶解氧气、浮游植物光合作用生成的氧气以及海洋生物生命活动消耗的氧气等多种因素控制。

"海水深度不同,氧气溶解度也会有所区别"[⑨]海水表层由于风浪搅拌作用以及垂直对流,水中溶解的氧气基本处于饱和状态;在0-80米深度处的光合层,既有来自大气环境中的氧气,又有浮游植物光合作用产生的氧气,因此海水中溶解和分散的氧气较多;但到了80-200米的深水层,植物光合作用减弱,喜氧生物活动及有机物分解消耗,使得氧气含量迅速降低;在200米以下极深海区,生物体氧气消耗占主导地位,海水中氧气含量已经变得非常低。从上述分析可以看出,距离洋面不同深度海底沉船上的铁器,吸氧腐蚀也会有所区别。海底越深,氧气就越稀薄,由氧气导致的腐蚀就越轻。沉船事故发生一段时间内,随着铁器表面沉积物阻隔,海水中吸氧腐蚀影响逐渐减弱,甚至可忽略不计。这能够解释为什么很多铁器在出水前保存状态良好,有的在出水时仍然光泽如新,但出水后随着考古人员对表面凝结物或钙化层的清洗,铁器又置身于高浓度氧气中,此时由于周围空气潮湿,或清洗过程中表面残留下来的水渍没有及时进行干燥处理,在铁器中夹杂的少量碳与外界氧气共同作用下,形成无数个微小的原电池,发生下列电化学反应:

负极:$2Fe-4e^{-}=2Fe^{2+}$

正极:$O_2+2H_2O+4e^{-}=4OH^{-}$

电池反应:$2Fe+O_2+2H_2O=2Fe(OH)_2$

$Fe(OH)_2$进一步被O_2氧化成$Fe(OH)_3$,$Fe(OH)_3$脱去一部分水生成$Fe_2O_3\cdot nH_2O$,因而铁器表面快速氧化变色。

综上,海洋出水铁器在发掘提取后,接触空气中的氧气发生氧化变色,或者微环境应力改变导致锈蚀层或本体开裂,是出水铁器两种最主要病害。文物具有不可再生性,从对文物破坏程度来看,应力腐蚀由于发生时间短、难控制,它比吸氧腐蚀对文物本体带来的损害更为严重,是当下困扰海洋考古和文物保护人员的一大难题。

二、海洋出水铁器保护难点问题成因

近年来,我国在海洋考古方面积累了丰富经验,也取得了相当多的研究成果。但对于出水铁器在提取、脱盐、除锈、缓蚀、封护及耐候性试验等环节中的稳定性控制,仍存在很多不足。概括起来,主要有以下几点原因:

首先,我国水下考古事业起步较晚,保护经验积累不足。这与科学技术发展有关,我们先从世界范围内看一下海洋考古发展脉络:一般认为,"水下考古最初动因主要来自1853-1854年冬季,当时瑞士一处湖泊由于水位下降,有大量木桩、陶器和其他人工制品露出水面"[⑩]。1943年,法国海军军官雅克—库斯托带领一个水下工作小组发明了自携式水下呼吸器(SCUBA),这首先从硬件上为水下考古提供了保障。但直到20世纪60年代,"美国专业的考古学家乔治·巴斯(George Bass)利用SCUBA技术,对土耳其格里多亚角海域古典时代沉船遗址开展调查、发掘,标志着人类历史具有划时代意义的水下考古事业正式开始"[⑪]。相较欧美等水下考古技术先进的国家,我国海洋考古起步晚了近30年,直到1987年11月,中国历史博物馆(即现在的中国国家博物馆)考古部新设"水下考古学研究室",后来扩建为水下考古研究中心,负责并承担全国的水下考古工作。当今世界以沉船发掘为代表的海洋考古,在多波束测探系统、浅底层剖面仪、侧扫声呐系统和磁力仪等新型高精度海洋物探设备加持下，对沉船定位及测绘已不再是难事。但对海洋出水铁器的保护，尤其是应力腐蚀消除，目前还没有形成一套完整的科学体系，相关工作也在不断探索中。

其次，铁器出水前应力腐蚀的真实状态难以模拟计算。沉船铁器应力腐蚀主要来自海水压力，与海底平衡状态时的微环境也存在一定关系。而影响铁器微环境的因素较多，如海水深度、温度、盐分含量、pH 值、洋流运动、海底生物群落以及海洋沉积物等。在沉船遗址形成初期物理沉降过程中，铁器常受沉船材质、存放位置以及船体所处地形和海床地貌等因素影响。持续平稳的洋流一般会对铁器带来缓慢的冲刷效果，但遇到潮汐，又会对铁器产生挤压或剧烈扰动。因此，“在海底即使处于同一区域，同一深度的铁器，也有可能遭受不同程度的破坏”[12]。由此看来，海洋出水铁器应力腐蚀成因复杂，受化学、物理、生物以及地理等不同因素控制，是综合作用的一种结果，难以通过简单的数学模型来计算分析。

再次，业界对出水铁器发掘中的腐蚀机理缺乏深入研究。造成该问题的根本原因，主要是两个与时间相关的因素，一是随着技术的进步，沉船打捞作业时间大大缩短，以 2022 年 11 月“长江口二号”为例，从打捞开始起算，仅用 4 个多小时就完成了出水任务。在这么短时间内要想对环境和样本腐蚀进行全方位监测，会面临非常大的挑战，而科学研究往往离不开数据的支撑。二是应力腐蚀劣化速度特别快。铁器从沉船事故那一时刻起，经历了漫长岁月，在微环境里受到各种媒介的物理化学作用，应力腐蚀已达到一个相对平衡。铁器源自海水压力产生的应力，在出水过程中无论是随着船体上升逐渐降低，还是伴随锈蚀物与本体开裂后的消解，都可以看作是从海底平衡态向大气环境下一种新平衡态的过渡。一旦出水，短时间内微环境发生剧变，产生裂纹不断扩大，直至出现开裂，此时铁器锈蚀层或本体应力几乎得到完全释放。但在这个短暂过程中，能有效遏制应力破坏的方法与手段却寥寥可数。需要指出的是，“陆地上一些锈蚀的铁器也会发生应力腐蚀”[13]，但这种腐蚀往往会经历一个漫长过程。相较之下，海洋出水铁器应力腐蚀消解迅速，破坏性更强。其根本原因，除了铁器本身相同应力之外，一定还会有其他外在的客观因素，为海洋出水铁器应力腐蚀的加速，贡献了正向驱动力。如果找到问题的根源并加以控制，势必会降低应力腐蚀对出水铁器造成的破坏。因此，有必要对应力腐蚀从现象到机理进行深入分析，“点蚀往往是应力腐蚀开裂的起源，现在学者研究就这一点已基本达成一致”[14]。另外，引起点蚀主要原因是铁器表面钝化膜破裂或侵蚀性 Cl^-在金属表面的吸附。也有学者指出，“氯离子能够阻碍铁器不稳定的锈蚀产物纤铁矿（γ-FeOOH）向稳定的针铁矿（α-FeOOH）转化，并且会破坏文物表面钝化膜的形成”[15]，此外，它还会“加速应力腐蚀、点蚀、晶间腐蚀和缝隙腐蚀等局部腐蚀和微观腐蚀”[16]。海洋与陆地环境相比，最大特点是 Cl^-浓度高，因此不难解释为什么海洋出水铁器应力腐蚀速度远远快于陆地上的一些铁器。换言之，在应力腐蚀导致铁器锈蚀层或本体开裂过程中，氯离子对海洋出水铁器贡献值明显强于陆地上的铁器。

三、结果与讨论

从上述分析可以看出，海洋出水铁器在发掘保护中，短时间内微环境发生了较大变化，由此对本体造成氧化变色等腐蚀性病害。其中最紧急，也最难以处理的病害是应力腐蚀带来的锈蚀层或本体开裂。水下文化遗产保护，是国家海洋强国战略的重要组成部分，结合当前海洋考古发掘技术和工作实践，对海洋出水铁器保护提出以下几点建议：

首先，要提前介入制定科学方案。认真领会“保护第一、加强管理、挖掘价值、有效利用、让文物活起来”新时代文物工作方针精神并将其落在实处。在决定对沉船等进行考古发掘前，抽调相关行业专家组建保护团队，对水下铁器状态进行充分调查，尽可能获取器物所在海域准确的地理位置、水深、本体脆弱程度、尺寸与重量、海床地形地貌等数据，形成一整套保护方案并经过严谨的科学论证。由于海洋文化遗存与所处地域有着密切关系，若不存在海上非法盗掘等风险，根据文物“最小干预”原则，建议首选方案还是原址保护。具体措施包括但不限于“原址回填、加装防护笼、文物本体结构维护等物理方法，也包括牺牲阳极保护等化学方法，同时加强数字化监测与记录”[17]。这样做一方面符合海洋文化遗产保护国际原则，另一方面也不会打破铁器在海底长期形成的平衡状态，待后续文物保护技术成熟后，再进行主动发掘。以“南海一号”沉船整体打捞方案为例，其实早在2002年，广东省文化厅、中国国家博物馆、交通部广州打捞局就曾联合华南理工大学等单位，对打捞方案进行技术攻关，但直到2006年方案才最终获得通过。期间项目方召开了四次专家论证会，还补充了大量模拟试验和科学计算数据，使整个方案逐步得到优化和完善。“长江口二号”在打捞时采用的“弧形梁非接触文物整体迁移技术”，其工作思路也是借鉴了“南海一号”先前的成功经验。

其次，重视铁器的预防性保护。经过清洗、脱盐、除锈、缓蚀与封护处理且状态良好的海洋出水铁器，要采取措施为文物提供一个“洁净、稳定”的微环境。相对湿度是影响铁器稳定的一个主要参数，因此出水铁器无论存储还是展示，都必须把微环境湿度控制当作首要任务来抓。一般来说，铁器周围湿度越低越好，“当湿度被控制在35%以下时，铁器趋于稳定”[18]。各博物馆及海洋出水铁器收藏单位，应根据自身环境及藏品病害特征加强预防性保护。例如，处于沿海地区的博物馆常年受海洋性气候影响，相对内陆其他城市而言，这里“环境相对湿度偏大，空气中盐分含量较高”[19]，博物馆应把防潮和脱盐作为出水铁器预防性保护重点。除做好周围环境空气质量监测外，建议根据出水铁器病害程度与馆内空间分布等，形成一个整体性评估报告。对完成脱盐及缓蚀封护处理的铁器，展示时注意选择密封性较好的展柜；若转移到库房存放，建议采用囊匣等不同手段控制好微环境相对湿度，切记不要与其他未完成保护处理的铁器混在一起。

再次，通过跨界合作来破解难题。海洋考古作为考古学的一个分支，是一门多学科交叉的工作，离不开相关高校或科研机构试验数据与技术支持，更需要文博装备企业的硬件保障，如海洋勘探技术、潜水工程技术等。海洋出水铁器锈蚀层或本体开裂既然是应力腐蚀造成，我们不妨采用逆向思维来解决这个问题——待铁器出水后，迅速将其转移到内部装有纯水且密闭加热的高压釜中，用蒸汽压力“代替”海水压力：一方面，釜腔内水蒸气可以将铁器中氯离子等有害成分源源不断地清洗出来，另一方面内部气压和高温重新作用在铁器本体上，在一定程度上可降低或减缓应力的释放。当然，目前还仅仅停留在一个设想的层面，后续可通过科学试验来检验其实操性。比如取一些铁块或铁片，在模拟海洋环境下制作若干个应力腐蚀样品，然后到实验室作对比分析。我国海洋考古事业起步晚、经验不足，在当前有限的资源内为更好地实现优势互补，一方面，我们可以与高校、科研院所以及其他社会力量联手合作。例如在2022年8月“长江口二号”沉船打捞准备期，上海大学作为水下探测、考古发掘与文物保护项目成员单位，就联合中科院上海硅酸盐研究所，正式介入“长江口二号”沉船出水文物保护工作。上海市文物保护研究中心作为项目牵头部门，2022年11月21日在古船打捞和运输中，还引入其他高科技企业，如电科芯片所属重庆声光电智联电子有限公司，为古船提供桅杆保护罩和沉箱临时保护棚，这在很大程度上有效缓解了环境变化对文物造成的破坏。另一方面，海洋考古很多技术层面问题，我们仍需向欧美那些掌握先进技术的国家学习和借鉴。

最后，加大专项研究和资金投入。我国除960万平方公里陆地面积外，还拥有南海、东海、黄海、渤海四大海域和漫长的海岸线。自古以来，有无数的船只遭受风浪等袭击沉没在海上丝绸之路中，船只遗存和船载铁器等在广袤的海洋里产生了数量众多、类型丰富的文化遗产。在当今“一带一路”时代背景下，加强“海上丝绸之路”文化遗产的研究与科学保护，对展示我国海洋文化底蕴、维护国家海洋权益和加快海洋强国建设等具有十分重要的战略意义。建议由国家文物局考古研究中心牵头，组织青岛、武汉、宁波、福建等中心直属基地以及沉船考古发掘保护相关单位，将以往铁质脆弱文物保护成功经验及时进行梳理总结，形成一系列可复制、可推广的科研技术成果，在此基础上制定出台一些行业标准。另外,针对海洋出水铁器保护中的难点问题,设立专项研究基金予以大力支持。

四、结语

21世纪以来,世界范围内海洋考古在深海资源调查、技术探索与发掘实践等方面成绩斐然。随着科学技术进步和装备迭代升级,未来我国水下考古工作也一定会从浅海向深海挺进。因此,对不同海域出水铁器铸(制)造工艺条件、化学成分和腐蚀机理进行分析与深入研究,是一项极具前瞻性和特殊意义的工作,它不仅为出水铁器保护提供数据支撑,还为判断器物年代提供确凿的科学证据。可以预见的是,出水脆弱铁器保护将成为今后我国乃至世界海洋考古工作重点之一,实践中与化学、物理、生物、地理等自然学科结合将更加紧密,在引进、利用和借鉴各种新技术、新材料和新方法基础上,海洋出水铁器考古、发掘、保护与研究等工作必将跨上一个新台阶!

注释:

①Peev T.,Deorgieva M. K.,Naggs S. et al. Mossbauser study of corrosion products formed on Fe in seawater. Radiochem Radioanal Letters,1978,33:265-272;North N. A.,Macleod I. D. Conversation of metals. Conservation of marine archaeological objects. London:Butterworths,1987:214-219; 祝鸿范、周浩:《出土铁器文物的脱盐清洗研究》,《文物保护与考古科学》1995年第1期,第1-10页;上海博物馆、华东理工大学:《出土铁器文物脱盐缓蚀保护研究》,《中国文化遗产》2004年第3期,第64页;许淳淳、岳丽杰、欧阳维真:《海底打捞铁质文物的腐蚀机理及其脱氯方法》,《文物保护与考古科学》2005年第3期,第55-59页。

②梁宏刚:《关于金属文物腐蚀成因及其保护修复技术的理论探索》,《江汉考古》2021年第6期,第240-267页。

③该舰炮于2009年征集入馆,为海洋出水铁器,初步判断随舰船沉没,表层发生严重锈蚀,锈蚀物开裂且呈层状剥离。通体大面积黄褐色锈蚀物,多为粉状,层状剥离层下方和炮身有大量黄褐色粉末状锈蚀物。炮尾、炮身和炮筒有多处油滴状黑色锈蚀物(有害锈)。

④本保护项目于2019年至2020年由上海中国航海博物馆联合河南博物院共同完成,清铁舰炮经脱盐除氯、缓蚀与封护后,目前状态稳定。

⑤金涛:《海洋条件下的水下文物埋藏环境概述》,《文物保护与考古科学》2017年第1期,第98-107页。

⑥陶令桓、陆文华、唐玉林等:《铸造手册—铸铁》,机械工业出版社,1993年。

⑦化学工业部化工机械研究院:《腐蚀与防护手册—腐蚀理论·试验及监测》,化学工业出版社,1989年,第1-4页。

⑧该木锚于2011年征集入馆,系山东海域出水,木锚上有多处铁构件,锚身与锚爪内部通过铁销连接,外围通过铁箍和棕绳加固。铁箍锈蚀极其严重,存在多处大小不等裂纹,由于不断锈蚀,继而发生崩裂。

⑨于志刚:《蔚蓝海洋知识丛书》,海洋出版社,2009年。

⑩[英]科林·伦福儒、保罗·巴恩著,陈淳译:《考古学理论、方法与实践(第六版)》,上海古籍出版社,2015年,第88页。

⑪吴春明等:《海洋考古学》,科学出版社,2007年,第26-29页。

⑫Nutley D. Submerged cultural sites: opening a time capsule. Museum Int,2008,60(4):7-17.

⑬谭莹、莫明珍、曹标、李成明、李浩、陈明:《铁质文物裂纹分析》,《腐蚀与防护》2012年第3期,第258-260页。

⑭杨子旋:《X70钢在模拟深海环境中腐蚀及应力腐蚀行为研究》,北京科技大学博士学位论文,2017年。

⑮张安富:《影响钢铁大气腐蚀的因素》,《材料保护》1989年第2期,第15-19页。

⑯Foley R.T. Role of the Chloride Iron Corrosion-NACE.1970,26(2):58-68;马清林、沈大娲、永昕群:《铁质文物保护技术》,科学出版社,2011年。

⑰李娟、郝志刚:《国外海洋文化遗产保护与管理研究进展》,《中国海洋大学学报(社会科学版)》2022

年第6期,第54—65页。

⑱周宝中:《中国传统工艺全集:文物修复与辨伪》,大象出版社,2007年,第104页。

⑲钱杨:《防城港市博物馆馆藏金属文物保护现状及对策研究》,广西民族大学硕士学位论文,2018年;包春磊:《华光礁Ⅰ号出水铁器文物的腐蚀与保护措施》,《腐蚀与防护》2012年第7期,第614—617页。

(作者单位:上海中国航海博物馆)

贺兰山岩画病害调查及损坏类型探究

◇ 韩 超

内容提要:贺兰山岩画作为岩刻艺术,是不同历史时期、不同民族创造的文化符号,岩画集中分布且内容丰富,历史、艺术价值高,具有独特的内涵。岩画是不可移动的石质文物,长期裸露于自然环境中,各类风化严重,影响其存在方式。本文通过查阅文献、现场调查,对贺兰山岩画的病害进行调查并做类型分析,以期为后续的科学保护打好基础。

关键词:贺兰山岩画 病害 损坏类型

一、引言

宁夏贺兰山岩画多而密集,内容丰富,年代从旧石器时代晚期一直延续到了西夏、元、明时期。岩画作为实物资料,记录了远古人类放牧、狩猎等生活场景,以及羊、牛、马、驼、虎、豹等多种动物图案和抽象符号,揭示了原始氏族部落自然崇拜、生殖崇拜、图腾崇拜、祖先崇拜的文化内涵,是研究中国人类文化史、宗教史、原始艺术史的文化宝库。对岩画内容的解读与研究,可深入了解北方古代少数民族的发展史。

贺兰山岩画遭受破坏较为严重,主要来自于自然方面的因素,也有一部分人为因素。贺兰山南部岩画点多处于人烟稀少、交通不便的山沟内,且发现较晚,主要是自然破坏因素多,多见于自然风化、雨水冲蚀和大气污染。而中部和北部的岩画除了自然因素的侵蚀,人为因素破坏也较为严重,主要是岩画点离城镇较近,交通比较方便,部分岩面被就地取材用作基础设施建设,虽然可能不伤及岩画本身,但是会造成基体坍塌,从而破坏岩画的整体性。

二、贺兰山岩画保存现状调查

贺兰山岩画, 主要分布在银川市贺兰山东麓。沿贺兰山自北向南,包括卫宁北山在内,在黑石峁、贺兰口、苏峪口、白头沟、苦井沟、大麦地等多处都有岩画遗存,约有组合图画5000组以上、单体图像2.7万多幅[①]。

贺兰山岩画是我国北方岩画的代表,是不可多得的大型室外不可移动文物。作为刻凿在石头上的符号,基岩是岩画赖以生存的“基础”。贺兰山岩画的载体主要为石英杂砂岩,元素以O和Si为主,岩样密度大,孔隙率小,在室外比较容易风化,微观结构颗粒排布不规则,结构散乱,微裂隙发育较多[②]。对贺兰口岩画区的典型危岩体进行稳定性分析后,发现部分岩画附近有坠落式、滑塌式、倾倒式三类危岩体失稳模式,处于不稳定状态中[③]。岩画载体的物理性能通过室内模拟水化学环境循环试验,发现随着循环周期增加, 岩石内部破坏程度会加剧,更容易产生剥落和裂隙两种典型病害[④]。

作为岩体上的主要艺术形式，岩画是一种视觉图像，是视觉语言的具体表达。但刻和凿的作画方式以及岩体本身的疏松性，注定其长期遭到自然因素的破坏。贺兰山的气候区为大陆性温带干旱区，全年比较干旱，但是夏季降雨又比较集中，水的冲蚀、溶蚀作用明显。风沙的磨蚀对岩画的破坏也相当大。从微小剥落到片状剥落和贯通裂隙，部分岩画正在濒临消失。为了保护这些古老的艺术形式，本文进行实地调查其保存现状，进而探究其病害类型，这对于后续的科学保护也能打下良好基础。

贺兰山岩画分布范围较广，分布的地点也比较分散，选择银川境内的贺兰口、苏峪口、拜寺口的岩画进行实地调查，主要的保存现状和病害类型见表一。

表一　贺兰山岩画保存现状

调查地点	现状描述	病害类型				
		风化	剥落	裂隙	缺失	生物危害
贺兰口（东西走向，崖下有水）	作画延续时代长，分布比较密集，多有人面像等，岩画多处有剥离，后人在前代岩画基础上有凿刻痕迹，前代岩画破坏比较严重	画面模糊	片状剥落严重	凿刻、打磨造成比较大的震荡，有东西走向的裂隙	前代岩画有大面积残损	有少量地衣
苏峪口及回回沟(东西走向)	苏峪口沟两岸，旅游事业兴起开矿炸石，修筑公路，大部分岩画已被毁，现存的岩画仅有几十幅，以突立山头巨大的《神牛图》最为著名	岩面泛碱	有大面积的板状剥落	裂隙较多，主要为震荡造成的机械裂隙	开山取石损坏严重	树根节理发育造成毛细吸水
白头沟（东西走向）	地域比较偏僻，人为破坏较小，大面积保存了岩画的整体造型，其中的人物图系有尾饰，有研究价值	岩画表面有固体小颗粒	不太严重	坍塌造成大面积的东西走向的裂纹	基本无缺失	苔藓、地衣
小西峰沟（东西走向，冲沟厉害）	岩画多凿刻，也有磨刻方法，多刻划在离地较高的崖上，人为破坏少，坍塌造成的破坏也很少	岩面刻画模糊	小面积片状剥落	有小面积的浅表性裂隙	基本无缺失	有鸟窝、动物粪便
插旗口（东西走向）	离居民点较近，开山取石，环境污染因素造成的损坏多	有潮解现象	粉状部落严重	几乎破坏至尽	缺失严重	有蜂窝、虫洞

三、病害类型及分析探究

在对贺兰山岩画的病害现状调查基础上，从岩画载体的自身性质和结构，温度的变化、水融作用、风沙侵蚀、植物损坏和人为破坏等方面产生的病害来展开叙述并做简单分析。

1.岩面风化

岩面风化是指岩画在其长期保存过程中由于外界因素的作用，而导致的岩画表面物理、化学变化。贺兰山岩画的岩面风化现象随处可见。作为石质文物，其作画岩石的地质构成、所在地区的温湿度变化、季节性降水的差异都是贺兰山岩画风化不可或缺的因素。

(1)岩画表层片状剥落

贺兰山特殊的地形地貌，在很大程度上影响着岩画的存在状态，首先在地形起伏较大、陡峭、切割较深的地点，岩石极易受物理风化作用。因岩石表面风化，岩屑不断崩落，使得新鲜岩石直接暴露表面遭受风化；其次岩石裸露，植被稀疏，物理风化强烈，岩屑发育较快，致使许多岩画表面脱落，刻痕模糊，图像不清[⑤]。

贺兰山岩画大多刻于杂色砂岩岩面上，砂岩较坚硬，随着时间的推移，裂隙发育，裂隙逐渐延深加长使岩画破裂、崩落，片状剥落现象很严重。如图一、图二所示：

图一　表面片状剥离

图二　岩画表面片状剥离

尤其是贺兰口地区，其上宽下窄的"V"型地貌，如图三，当山洪暴发时，在沟谷里形成的泥石流夹杂着大量沙石，直接冲砸在迎水的石壁和坡石上，使凿刻有岩画的岩石呈片状剥落，厚度达60~150毫米，造成不可挽回的损失[⑥]。

图三　"V"型冲沟

(2)表面粉状剥落

由于水岩作用、冰冻作用导致岩画表面石材粉状剥落。在贺兰山地区，主要的水岩作用应该是有害气体溶于水，与耐水性很差的沉积岩发生各种化学作用而导致的，在水岩作用的同时，冰冻作用以其缓慢的速度进行了辅助。

宁夏博物馆的王萍老师曾经做过各种贺兰山岩画遭到的大气环境污染的检测，主要有SO_2、CO_2、NOx等[⑦]，尤其SO_2对岩画的侵蚀是很严重的，其风化产物主要有硫酸钙，而大气中金属氧化物和高温、高湿的环境又在风化过程中起到催化作用。水合物的产生，不仅能降低岩画硬度，还会产生体积膨胀，加快岩画的破坏，还会因为水的冲刷，使得表面的硫酸钙溶解而产生条痕，使岩画表面的细部模糊，画面形成粉状脱落。CO_2对以硫酸盐为主的岩画，其侵蚀作用也是存在的。因为空气中和水中都含有碳酸气体，植物的腐烂也提供了大量的碳酸气体，而碳酸气体与石质文物反应，形成碳酸盐，碳酸盐类物质极易被雨水冲走，造成岩面的缺失，画面的残损，也使得岩画的表面变得粗糙、多孔和疏松。

图四　岩层表面粉状脱落

(3)表面溶蚀

贺兰山地区岩画的表面溶蚀主要是岩石材质与水作用所致,贺兰山岩画的材质主要为长石杂砂岩,主要碎屑为石英,胶结材料为碳酸盐和泥质[②]。使得基岩极易被水溶蚀。且水对岩石的破坏作用包括渗流对于岩体的作用,也包括水中溶液对于岩体的腐蚀作用[⑧]。岩画的存在形式决定了它极易受到洪水的侵蚀,在贺兰山这种作用尤其严重。泥石流对岩画的冲刷和撞砸主要是岩画区域自然环境恶化,植被稀疏破坏所致,强降雨会进一步加剧了对岩画的破坏力度[⑨]。山洪有固定的流路,并且水量集中,流速很大,其主要破坏体现在冲刷作用,以其自身的动能和所挟带的砂石对岩画的表面进行冲击和腐蚀。如图五、六所示,因山洪集中了大量的水,流速很快,岩面的坡度又较大,因而具有较大的动能,对岩画的表面具有很大的破坏能力。岩画表面在干湿循环影响下,微观结构发生了明显变化,砂岩颗粒出现卷曲,损伤裂纹形成,孔隙形成贯通,后续砂岩颗粒呈絮流状,吸水率持续增加,出现泥化现象[⑩]。

2.裂隙

(1)浅表性裂隙

此种裂隙破坏主要是毛细水造成裂隙发育。岩石受构造运动和风化等营力的破坏,断层和裂隙特别是岩石表部的裂隙节理较为发育,为沟内裂隙水的赋存创造了条件,使得毛细水填充于岩石的细小孔隙和裂隙中。岩石的风化程度与其吸水特性和微观特征有必然联系,吸水率愈大,孔隙愈多,岩石胶结愈疏松,岩样结构愈不完整,岩画风化程度越大[⑪]。浅表性裂隙的机理在于:在微观形貌下岩样断面呈颗粒状,非均匀分布,且矿物连接物质较少,裂隙无方向性,断层、孔洞明显,表面碎屑不均。尤其是风化岩样裂隙发育明显,为水分及可溶性盐进一步向内部迁移提供了条件,进一步加速裂隙的扩展和发育,从而导致岩画的深度风化[⑫]。

(2)机械裂隙

贺兰山岩画区种植树木以用来防风固沙,防止大面积的水土流失。树木的生长繁殖,造成了很严

图五　表面溶蚀

图六　雨水造成的表面溶蚀

图七　浅表性裂隙

图八　浅表性裂隙

重的根系的节理发育,树根沿着沉积过程中形成的浅表性裂隙生长,同时带来了水和无机盐的反应,使得裂隙更深,形成横竖不一的各种裂纹,高等植物的根劈造成了岩面的裂隙。同时,树根的腐败也使得微生物有了充足的养料,微生物借以岩石中的胶结物为养料,岩画内部构造更加疏松多孔,裂隙发育程度很大。同时会分解出大量的酸性物质腐蚀岩画。

图九　植物根系造成的机械裂隙

同时,岩石中矿物质随着外界空气温湿度变化而频繁吸水、失水、结冰,导致岩石因体积频繁膨胀收缩对崖体裂隙壁产生压力,使得岩石裂隙加宽加深,力学强度明显下降[12]。如此循环,植物的根系越发达,根劈作用越明显,随着降水作用,矿物质的互相作用,岩面的机械裂隙会越来越大,直至坍塌。

3.机械性损伤

(1)岩面断裂

贺兰山是条典型的拉张或剪切拉张型块断山块,以侵蚀构造作用为主,由中-古生代坚硬基岩组成,山区与平原直接过渡,山坡陡峻,V型沟发育,沟谷比较大,沿贺兰山东麓断裂带,银川地堑与贺兰山分离[13]。因此贺兰山的岩体受构造运动的影响,极易产生断裂、褶皱,形成现在看到的岩层倾斜、直立、扭曲的形态,产生严重的层裂作用,破坏岩画的整体布局。

图十　岩面断裂

(2)岩画部分缺失

岩面断裂的程度加深时会伴随有相当面积的坍塌。这种坍塌的形成在贺兰山地区主要是因为地质构造的失稳,贺兰山地形多变,形成的岩层结构不太均一,遇到大的地质灾害,像泥石流、地震,或者有大的震荡,如炸山取石,修建公路时的爆破,都会引起岩石的塌裂。当岩石表面有岩画时,这对岩画无疑是致命的伤害,有的直接面目全非,有的虽然表面保存尚好,但是由于周边岩块岌岌可危,也很难保存很长时间。岩画的缺失比断裂更加可怕,断裂还可以通过支撑,修补等恢复原貌,但缺失就直接使岩画失去了价值。

图十一　岩画部分缺失

4.人为对岩画造成破坏

露天的岩画由于规模大、范围广、管理非常困难,参观的游人造成的破坏也十分严重,这种对岩画的破坏甚至会超过自然的破坏。通过查阅相关文献与实地走访调查,贺兰山岩画的人为破坏,无论出自何种目的,归纳起来主要有以下4个方面:其一,出于保护岩画而造成的破坏。早期为了防止岩画被村民破坏,工作人员搬迁异地保护,有的成系列的艺术形式被隔离存放,岩画离开原始位置,其创作意图和表现形式便失去了本来意思;其二,旅游开发造成的破坏:早期旅游景点开发后管理缺乏,岩画被旅游参观者肆意践踏、涂抹;其三,不加节制的岩画本体研究性破坏:在缺少管理的情况下,任意地拓片对岩画伤害极大[14];其四,盗掘引起的破坏:贺兰山山大沟深,部分岩画深藏山体中,容易被不法分子粗暴撬掘和毁坏,比起前三种可以控制的破坏,这种破坏形式对岩画的整体性,内容的连贯性、岩画与岩体的一致性都是致命的。

四、针对贺兰山岩画保护措施的实施

贺兰山岩画的病害特征及病害机理的实验室研究均在有序展开,学者分别从水和温度的关系,不同条件下干湿损伤和冻融损伤来探究岩画载体砂岩的变化情况[15],动态评价各种降雨状态下泥石流对岩画的损坏程度[16],不同pH情况下的饱水冻融试验对岩体风化的影响[17],物理风化和化学风化特征与冻融损伤的关系[18]等方面做了大量工作,力求全面揭示岩画的病害机理,但岩画的损坏是一个多因素共同作用的长期过程。实验室工作只能是少次的模拟环境,循环次数不足,也仅为保护工作提供了可供参考的方向。

贺兰山岩画作为石质文物,主要的保护工作基本借鉴石质文物的保护来进行。主流还是岩体的锚固和灌浆技术,方法在传承,但是考虑到岩画的特殊性,还要注意材料的可逆性和使用后的美观性。

新技术、新材料的实验和研发也有了长足进步,使用正硅酸乙酯和氟酸钠为硅源制备二氧化硅膜,涂刷处理后的试样耐污性、耐酸性有所提高,吸水性有所降低[19]。水硬性石灰的耐热性、耐水性均比较良好,但是抗冻融性太差,还需要继续改性,确保能使用在寒冷区域的灌浆中[20]。

预防性保护工作的开展,三维数字化和各类监测技术的应用,也使得岩画处在可视可测的状态中,这也为后期的可控和保护打下良好基础。

五、结论

贺兰山岩画所在区域地势陡峻,峰峦起伏,峭岩危耸,沟谷下切很深。既有自然因素给岩画的赋存造成了很大的威胁,也有人为因素的有意无意的破坏。在雨量集中的季节极易发生泥石流,使得片状剥落和裂隙多处存在;开山取石现象严重;树根节理发育造成毛细吸水使得岩画粉状剥蚀等。

岩画的保护主要借鉴于石质文物的保护,有传承但技术有所创新。新材料的研发和新技术的使用使得岩画处在可测可控的良性环境中。

本文通过调查宁夏贺兰山岩画保护区的岩画保存状态,浅显地对其病害做调查归纳,并对损坏类型进行了简单分析,旨在为贺兰山岩画的科学保护做好前期准备。

致谢:本文从资料搜集、实地走访以及病害机理研究均得到宁夏博物馆王萍老师的大力支持,在此深表感谢。

注释:

①束锡红、郑彦卿等:《贺兰山岩画与世界遗产》,宁夏人民出版社,2003年,第66-67页。

②郭子凡:《贺兰口岩画岩石力学特性及典型危岩体的稳定性分析》,宁夏大学硕士学位论文,2015年,第16-17页。

③杨隽永、徐飞等:《贺兰口岩画附近典型危岩体稳

定性分析》,《文物保护与考古科学》2012 第 3 期,第 21—26 页。

④冯海燕:《水化学—冻融环境下贺兰口遗址岩画病害生成机制研究》,宁夏大学硕士学位论文,2022 年,第 64 页。

⑤权东计、李海燕:《贺兰口岩画空间分布与历史环境风貌研究》,《考古与文物》2006 年第 3 期,第 71—75 页。

⑥李建伟、樊尚新等:《贺兰山岩画保护区泥石流沟防治规划研究》,《水土保持通报》2010 年第 3 期,第 220—223 页。

⑦王萍:《从病害成因谈贺兰山岩画的保护》,《文物修复与研究》,中国文联出版社,2014 年,第 587—596 页。

⑧王子娟、刘新荣等:《两种 pH 水环境干、湿循环作用对泥质砂岩的侵蚀研究》,《岩土力学》2016 年第 11 期,第 3231—3239 页。

⑨同⑥。

⑩何贤元:《酸性环境干湿循环作用下贺兰山岩画载体砂岩力学特性研究》,宁夏大学硕士学位论文,2018 年,第 54—55 页。

⑪杨有贞、冯晓芳等:《贺兰口岩画岩石材料风化微观特性分析》,《宁夏师范学院学报》2016 年第 6 期,第 53—59 页。

⑫杨有贞、张晓霞等:《贺兰口岩画风化病害机理》,《文物保护与考古科学》2015 年第 S1 期,第 31—37 页。

⑬康育义:《论贺兰山岩画的分布特征与地质条件》,载王邦秀编:《2000 宁夏国际岩画研讨会文集》,宁夏人民出版社,2001 年,第 208—227 页。

⑭许成:《贺兰山岩画的发现保护及学术地位》,《宁夏社会科学》2000 年第 6 期,第 72—77 页。

⑮崔凯、刘桂山等:《不同条件下贺兰口岩画载体岩石冻融损伤特征与机制研究》,《岩石力学与工程学报》2019 年第 9 期,第 1797—1808 页。

⑯朱厚影:《贺兰山东麓泥石流危险性评价与灾变机理研究》,东华理工大学硕士学位论文,2021 年,第 35—80 页。

⑰吕燃:《贺兰口岩画载体风化特征与机理研究》,兰州大学硕士学位论文,2020 年,第 39—64 页。

⑱刘桂山:《贺兰口岩画载体变质砂岩风化特征与冻融损伤机理研究》,兰州理工大学硕士学位论文,2019 年,第 29—50 页。

⑲张晓霞:《贺兰口岩画风化机理探究及其保护材料探索》,宁夏大学硕士学位论文,2014 年,第 29—37 页。

⑳徐飞、杨隽永等:《水硬石灰作为贺兰口岩画加固材料的耐候性能研究》,《文物保护与考古科学》2016 第 4 期,第 31—39 页。

(作者单位:常州博物馆)

略论石窟寺水害治理实践与效果评价

◇ 马　超

内容提要:水对石窟寺的危害是普遍且严重的,石窟寺水害治理是石窟寺保护工作的重要组成部分。近年来,许多石窟寺在多期修缮工程中已有过水害治理的实践,文物保护工作者针对不同地理环境特点的石窟寺提出了不同的防水工程和技术。部分石窟在进行过水害治理后保存状况有很大改善,但仍有一些治理工程效果不尽如人意。本文将从水害主要的作用方式之一渗水入手,梳理我国近三十年石窟水害的防治方法,并对其保护效果做出评价。

关键词:石窟寺　水害治理　防渗水

一、石窟寺水害概述

我国石窟寺目前遭受的水害已经相当严重,目前学界已探明的水害作用方式有多种,如窟顶与窟壁裂隙的直接入渗、大气降水对石窟寺的直接影响、窟内凝结水、毛细水作用等,石窟寺渗水就是其中主要的水害作用方式之一。渗水会直接加剧石窟寺的风化,对石窟本身造成长久、不可逆的伤害。其中,窟顶与窟壁裂隙的直接渗水会长时间威胁窟内文物的安全,加剧石窟寺的风化。由于石窟渗水的主要水源为渗入窟顶地层的大气降水,因此,石窟防渗主要围绕防止大气降水的下渗展开①。

关于石窟寺防渗方法的研究涉及到物理学、化学、地质学、考古学等多学科,因此需要多学科结合进行综合分析。目前,文物保护工作者针对窟顶与窟壁的防渗方法主要以"防、排、截、堵、导"为主②。其中"防"即为窟顶防渗处理;"排"为地表排水、明渠排水、隧洞排水、井排等;"截"即截留水分,阻止其进入窟内;"堵" 即使用灌浆材料对裂隙封堵、加固,达到防渗效果;"导"即将裂隙中的水从无雕刻处引出,以免在他处渗出,造成新的破坏。

近年来我国关于石窟寺防渗技术的试验与实践也在不断进步之中,但受种种因素的影响,部分防渗技术的实际效果并不尽如人意,本文重点关注窟顶与窟壁的防渗方法,对云冈石窟、龙门石窟、大足石刻以及飞来峰造像的防渗实践工程进行论述并对其效果做出评价。

二、石窟寺水害治理方法与实践

(一)封堵裂隙

在国内石窟修复工程中,经常采用灌浆技术进行裂隙封堵,以防止地表水、地下水沿裂隙向石窟渗漏。目前常用的灌浆材料可分为两大类,即有机材料与无机材料。有机材料包括丙烯酰胺类浆液、丙烯酸盐类浆液、木质素类浆液、聚氨酯类浆液、环氧树脂类浆液、聚酯树脂类浆液等。无机材料包括单液水泥泥浆、超细水泥浆液、改性水泥浆液、水泥-水玻璃浆液、PS-F浆液、水泥-XPM浆液等。下面将分别以云冈石窟、大足石刻、龙门石窟以及飞来峰的保护工程为例。

在《山西大同云冈石窟修缮工程第一、二窟试验性修缮方案说明书》中记载20世纪60年代初对第1、2窟外顶部基岩进行了加固,同时将覆盖层全部揭除,深至基岩,以稀沥青灌注顶部裂隙,然后用土沥青混以土做成10-15厘米的防水层,上铺30-40厘米厚的黄土,并培植草皮③。

大足石刻则分别在1974年、1981年、1983年、1986年对不同窟龛顶部进行过裂隙封堵的工作④。基本步骤均为先将窟顶泥土挑走,找出岩石裂缝后用灌浆材料进行封堵,有的工程还在填充裂隙之后在附近区域采用混凝土封护、做沟排走明水等配套措施,防止地表渗水。工程所采用的裂隙灌浆材料为水泥、环氧树脂等。

龙门石窟在1988年综合治理二期工程中对万佛洞至奉先寺北段顶部治理采用的方法与云冈石窟处理顶部裂隙的方法相似,即在清理顶部碎石积土后对裂隙灌注水泥砂浆封堵,浇筑混凝土防水层后回填根植土,洞内裂隙采用环氧树脂作为封护材料⑤。2008年对潜溪寺则采用了帷幕灌浆以及修建挡土墙的方式。在进行双窑修复工程时,强度更低的硅胶作为树脂的替换材料使用⑥。

飞来峰在2005年、2012年曾两次对四个工程区共35个窟龛进行过试验性保护工程。其中对于窟顶裂隙封堵所采用的方式为冲洗清理裂隙,再用硅酸盐水泥砂浆和超细耐硫酸盐水泥进行灌浆⑦。

综上,上述四个石窟在修复工程中采用灌浆技术进行窟顶裂隙封堵时,通常先将窟顶杂草、积土清理干净,找出窟体的裂隙。封堵时选取的灌浆材料以水泥、环氧树脂两种为主。

(二)铺设防渗层

铺设防渗层通常与灌浆裂隙封堵技术相结合使用,通常在进行裂隙封堵之后,对平整地面等工序再选取合适的防渗层材料进行铺设,以防止地表水、地下水向裂隙处渗漏。目前在实际保护工程中使用过的防渗层材料主要为:土工织布、土工膜、膨润土防水毯、混凝土垫层等。其中,土工膜是一种相对不透水的土工合成材料,根据原材料的不同可分为聚合物和沥青两大类,在云冈保护维修工程中所使用的土工膜原料主要为聚乙烯(PE膜)。常用的土工织布则由于制造工艺及施工工艺等原因,并不是绝对不透水的。膨润土是一种宝贵的非金属矿产资源,其有钙基、钠基、锂基、氢基膨润土之分⑧,目前常用的膨润土防水毯主要为GCL(钠基膨润土防水毯)。

云冈石窟在“八五”维修保护工程期间联合美国盖蒂保护研究所对云冈石窟顶部进行了防渗水试验⑨,进行的项目为土工布防渗试验、土工织物排水实验等;2004年在云冈石窟窟顶防渗治理设计中使用了膨润土防水毯以及土工膜作为防渗材料。

龙门石窟在1998年综合治理二期工程中对顶部裂隙先灌注水泥砂浆进行封堵,后浇筑混凝土防水层进行防渗⑩;2008年12月完工的潜溪寺治理工程则对顶板以上坡面进行了防铺盖处理,同时也在洞窟窟顶修造膨润土硅酸盐无机防渗层⑪。

飞来峰二期保护工程中曾在崖顶铺设膨润土防水毯,通过在坡顶采用沟槽填充、混凝土垫层、铺设柔性防渗材料和构筑排水系统相结合的工程技术手段引导和加速顶部的雨水排泄过程⑫。

目前在实际保护工程中使用的防渗材料主要有土工织布、土工膜、膨润土、防水毯等,通常会根据实际情况多种材料综合来使用,但均需在平整地面后再进行铺设。

(三)修建排水系统

石窟寺渗水的主要来源是大气降水的入渗,首先要解决地表径流对石窟立壁岩体产生的冲刷以及雨水下渗入岩体。因此需要沿石窟立壁走向和倾向设立排水沟系统,汇集雨水,集中排泄⑬,主要排水方式即为地表排水、明渠排水、隧洞排水等。

云冈石窟在1974-1976年三年工程期间,针对石窟顶部渗水问题,在窟顶开凿防渗排水渠3条,全长160米⑭;1995年,云冈石窟文物研究所于1995年在山顶明城堡内,在不破坏原有植被、保护自然地形地貌的情况下,垫高低凹蓄水地带,打通阻水脊梁,将水送至堡南专设的排水明渠按预定方向排走[15]。

大足石刻在1953年对宝顶大佛湾九龙浴太子龛排水沟进行凿深加宽，以保证水流畅通;1956年,修建大佛湾北岩大条石水沟、东岩、南岩上沿山阴沟160米,系排明水之用;1994年开展了北山摩崖造像北段排水隧洞工程,隧洞工程长157米、高2.5米、宽1.5米,有效治理了北山摩崖造像北段的水害[16]。

在飞来峰保护工程一期中,为确保防渗层的稳定性,对地表防渗区周边设置地表排水明沟[17]。在有效截断大气降水垂直入渗途径的同时,又可以对地表积水进行有序排放。在后续的保护工程二期中也继续完善和加固了防渗排水工程体系。

排水系统的修建需因地制宜制定方案,除了石窟本体外,石窟周围山体以及防渗区周围均需进行工程建设以达到防渗、排水、加固的综合治理效果。

三、保护效果与评价

(一)针对封堵裂隙方法的评价

封堵裂隙所使用的材料在上文中已进行过讨论,在实际保护过程中,这些材料在一段时期内对石窟防渗水工作有明显的帮助，但随着时间的推移,在部分石窟会发现经过灌浆加固后的部分区域仍会出现漏水迹象。

龙门石窟开展了大量的裂隙灌浆防渗工程,大多使用环氧树脂材料加固岩体和裂隙封堵,但在后期监测中发现工程只在一定程度上减轻渗水问题,未能完全根治水害。所用的树脂材料粘接性好,强度高,对于粘接加固有很好的效果,但却存在强度过高,可重复处理性较差的特点。以路洞为例,路洞的渗水依旧严重,实施灌浆封堵后的北壁,其渗水量仍较大[18];所以在双窑修复时,使用了硅胶作为裂隙灌浆材料。其强度远低于岩石强度,不会对岩体造成新的损伤,但其实际使用后防渗堵漏的强度不够,没有起到防渗效果[19]。云冈石窟在2007年对西部窟区前立壁做裂隙加固和无碱水泥封护处理后,效果良好,成功阻挡了90%以上的渗水[20]。但随着时间的推移,发现在经过灌浆加固后不漏水的地方又有漏水迹象。同样的问题在大足石刻维修工程中也存在,如1974年治理圆觉洞渗水时,对顶部裂隙进行水泥灌浆，工程后发现顶部渗水未根治,1986年治理毗卢洞窟顶部时,发现水是由顶部混凝土层收缩后产生的细微裂缝中渗出的[21]。

封堵裂隙中灌浆方法的保护效果与灌浆材料的性质、石窟寺所在的地理环境、气候环境是密切相关的。除此之外,在灌浆前不仅要做好现场环境的全面调查和试验工作,在灌浆前对裂隙的分布及走向进行充分的检测,若堵塞部分具有排水疏水功能的裂隙反而会造成岩体新的渗漏点出现;同时也要对保护材料的性质和使用年限有全面完整的了解,部分材料渗透性有限,在对风化部分岩体进行加固时要避免因渗透不到岩体主体而造成固化后加固材料与石窟风化层集体脱落的现象。

(二)针对铺设防渗层方法的评价

防渗层主要以水泥、土工织布、土工膜、膨润土防水毯为主。水泥防渗层的防渗效果与材料自身特性、施工工艺、表面封护、后期养护等工序有很大的关系,使用普通的硅酸盐水泥进行封护会有表面泛白现象,同时水泥的抗冻融能力较差,在破坏形态上也较容易形成裂隙面,裂隙的扩展最终会导致文物遭到破坏[22]。

土工织物的防渗效果在云冈现场试验后发现并不理想,原因与防渗面积过小、防渗区四周处理不当、防渗织物下的水难以蒸发,使山体岩壁处于含水饱和状态等有关[23]。同时,防渗层的防水效果与安装质量有很大的关系,其在铺设前需要对铺设区域进行处理,对该区域的压实度、坡度、干燥程度都有明确要求,所以加大了施工难度。

膨润土因具有良好的膨胀性、吸附性、稳定性等,成为一种良好的防水材料,其应用十分广泛,已经有地下工程使用其制成的防水纸膜板作为防水层,膨润土部位可以形成密实的防水层,达到永久的防水效果。虽然其防水效果较好,但云冈石窟中使用的膨润土防水毯对于施工的要求很高,施工工艺水平与防渗效果直接相关。在铺设膨润土防水毯之前,首先需对铺设区域进行处理,这就意味着会对窟顶地貌形态产生较大影响,而云冈石窟窟顶现仍保留有重要的遗址遗迹,所以在选择施工地点前应考虑铺设施工过程中是否会破坏考古遗址。其次，在实际工作时对施工质量的要求也较为严苛。如首先将地面修正形成30°–35°缓坡，将基层整平夯实，压实度达85%以上，不能有明显的空洞；地基应当干燥，若有积水要进行排水作业；铺设时施工设备不能直接在膨润土防水毯上行走、防水毯不以从坡顶向下自由滚落的方式铺设、尽量减少膨润土毯在地基上的拖拉，以免引起不必要的损坏、膨润土防水毯不能在地基上积水或下雨时施工；当天铺设的膨润土防水毯必须覆盖回填土、土工膜或临时防水油布，也不可以无遮盖过夜等等[24]。土工膜同理，其更需要铺设在密实平整的基础上，地基表面必须严格遵照工程规范标准施工，支持层不允许有尖锐物存在，同时完成施工的地基必须平滑，没有突然的高度变化。

综上所述，铺设防渗层的方法均需要对铺设区域进行清理、平整土地，必要时还需要对出露的岩石裂隙先进行灌浆工作，这对于石窟本体自然形貌有较大影响，地形限制也会影响防水效果，并不是所有石窟都适用这一方法；其次，铺设防渗层对施工的工艺要求很高，材料也较为珍贵，这使得该方法保护成本较高；最后，还要考虑到保护材料的老化以及可再处理性，虽然在短时间内该方法可以起到很好的防水效果，但从长远角度看，也并非是一劳永逸的。

（三）针对修建排水系统方法的评价

修建排水系统首先要以不影响石窟整体结构的稳定性、不破坏文物本体为前提，所以在进行排水系统修建前应根据石窟岩体特性以及周围环境进行综合分析，结合分析结果再判断使用哪种方案。

通过打井的方法来排水的施工方法最为简便，工程量小、成本低，但是排水效果不如明渠排水和隧洞排水，且需要一直抽水，后续维护成本反而较高。明渠排水的方法排水效果最佳，应用的也最多，需要注意的是修建明渠会影响石窟周围区域的环境，在施工完成之后还需要注意后续的养护工作，以免排水系统自身产生裂隙加剧石窟的渗水。在渗水更加复杂且裂隙灌浆与铺设防渗层都很难治理的情况下，可以采用隧洞排水方法，大足石刻即采用了这种方法进行水患治理。1994年大足石刻开展了北山摩崖造像北段排水隧洞工程，有效降低了该地段地下水的水位，不会再直接对石窟地面底板产生影响。在修建隧洞工程前需要对设计方案进行专家综合评估和论证，同时还应当通过建模以及数值模拟分析在修建隧洞之后对石窟所在岩体的结构应力变化，如果会对岩体稳定性产生影响，那么此种方法将不适用于文物保护。所以此种方法尽管较为隐蔽，不会对石窟区域环境造成较大影响，也对文物没有明显破坏，但其仍需充分考虑其可能存在的隐形风险。

修建排水系统是一种效率较高、效果较为明显的排水方法，但明渠排水与隧洞排水均会对石窟岩体产生不可逆的影响，因此修建排水系统后不仅要对区域内的排水效果进行检测，同时也要对岩体的稳定性进行长期的监测和评估，提前采取预防性保护及加固措施，避免可能会引发的保护性破坏。

四、结语

我国石窟寺分布广泛，因其地理位置、气候环境与石窟材质的不同导致水害治理工作成为一项极其复杂的系统工程。目前我国石窟寺的防渗技术已取得一定的成果，裂隙灌浆的方法短时间内效果很好，从长远看保护效果取决于灌浆材料的持久性以及与石窟本体的兼容性，需要考虑到其可再处理性；铺设防渗层的防水效果很好，但大面积铺设时受地形限制太多，同时也会改变地形地貌，成本及施工要求较高，再处理较困难；修建排水系统效率较高，但其对石窟岩体带来的影响是不可逆的，在后续需对岩体稳定性进行持续监测，避免可能带来的负面影响。

在石窟寺防渗水治理中，要根据石窟岩体特性、气候环境以及周围自然环境因地制宜的选出最适宜的渗水处理方法，但更多的是将“堵”“防”“排”结合使用来达到最佳的效果。能否存在一种既有防渗效果、与自然环境兼容、安全又持久、不会对石窟岩体产生影响的防渗方法成为目前研究的热点，利用植物根系的吸水性来减少窟顶水下渗“截”的方法具有良好的发展前景，相信随着研究工作的持续推进，石窟寺水害的治理方法会不断发展完善，持续保护属于全人类的文化遗产。

注释:

①黄继忠:《世界文化遗产云冈石窟的防水保护》,《文物保护与考古科学》2008年第S1期,第114-121页。

②马朝龙、方云、李建厚、杨刚亮:《龙门石窟万佛洞至奉先寺北段渗漏水成因分析及综合防治措施研究》,《敦煌研究》2007年第5期,第36-38页。

③云冈石窟文物研究所:《云冈保护五十年》,文物出版社,2005年。

④邓之金:《大足石刻维修工程四十年回顾》,《四川文物》1994年第2期,第41-48页。

⑤刘景龙:《龙门石窟保护》,中国科学技术出版社,1993年。

⑥杨刚亮:《龙门石窟保护修复工程综述与探讨》,《石窟寺研究》2012年第1期,第363-380页。

⑦周康、张秉坚、王丽雅等:《南方多雨区域石窟寺防渗效果评价研究—以飞来峰造像二期保护工程为例》,《文物保护与考古科学》2019年第5期,第14-25页。

⑧郭瓦力、张德金、于桂香:《多功能原料—膨润土》,《辽宁化工》1999年第4期,第9-11页。

⑨同③。

⑩同⑤。

⑪同⑥。

⑫王丽雅:《杭州飞来峰摩崖石刻造像群保护综述》,《东方博物》2016年第2期,第58-63页。

⑬蒋思维:《石窟寺渗水和治理》,《华夏考古》1998年第2期,第104-106页。

⑭吴宝燕、张爱国、朱丽君:《云冈石窟水害及其治理措施》,《地下水》2008年第3期,第116-118页。

⑮云冈石窟文物研究所:《云冈石窟大事记》,文物出版社,2005年。

⑯童登金:《大足石刻的保护与展望》,《文物保护与考古科学》2003年第3期,第57-60页。

⑰同⑫。

⑱同⑥。

⑲陈建平:《龙门石窟双窑修复工程十年回顾与问题探讨》,《石窟寺研究》2014年第1期,第430-436页。

⑳同⑨。

㉑同④。

㉒方云、刘祥友、胡学军等:《龙门石窟防渗灌浆试验研究》,《石窟寺研究》2010年第1期,第221-243页。

㉓同③。

㉔同③。

(作者单位:常州市考古研究所)

文化遗产研究的历史地理学视角*

◇ 徐彦峰　杨　雯

内容提要：对文化遗产的研究在近几十年来持续升温，多学科交叉研究的特点十分明显。而作为可以为文化遗产研究提供帮助的历史地理学介入程度尚浅，这无疑是一个需要改变的现状。历史地理学对于文化遗产的研究有着重要的意义，不仅可以提高对文化遗产的认识，还可以在认识的基础上对其保护与利用提出切实可行的意见。

关键词：文化遗产　历史地理学　分布　原真性

随着法律法规的完善以及国际与国内各相关机构的呼吁，我国学术界对于文化遗产保护问题的关注也在近几十年间逐渐得到扩展，引起了相当程度的重视。关注此方面的学者根据自身的学术背景对文化遗产进行了各个方面的研究，为文化遗产保护问题献言献策做出了贡献，并为将文化遗产构建成一个学科表现出了极大的热情，文化遗产学科也突出体现了多学科交叉的研究特色。但是由于文化遗产这一学科自身的特殊性，其本身并没有形成统一的研究方法与完整的学科体系，这就需要对其他传统学科理论加以借鉴并构成其理论基础。关于这一点，在文化遗产研究领域已经得到了共识。但是究竟需要哪些学科的介入或者构成文化遗产学科理论基础的这些基础性学科各自在这一研究领域内的地位究竟如何，各位学者基于各自的学科背景以及对文化遗产研究的经验提出了自己的看法①。纵观这些研究，可以发现，对于文化遗产研究本应有着重要作用的历史地理学并未在此扮演重要角色，虽然有若干研究使用到了一些历史地理学的方法或成果，但是却并没有使历史地理学成为文化遗产研究的中坚力量。基于此，本文将在此论述历史地理学的研究视角对于文化遗产研究的重要意义，并探讨两个学科之间的密切关系。

一、历史地理学对文化遗产的相关研究

我国现代历史地理学是新中国成立后由侯仁之先生、谭其骧先生、史念海先生等一批学者经过持续的努力，至二十世纪五六十年代在大陆创建起来的。经过多年的发展与实践，历史地理学已经成为一门具有显著影响力的学科。对于文化遗产的关注，在历史地理学界很早便开始了，最为突出的便是侯仁之先生，在全国首先开始了对文化遗产申报与保护的研究。他不仅积极推动我国加入《保护世界文化和自然遗产公约》，更是多次发文阐述历史地理学应该发挥"有用于世"的积极作用，应在遗产

* 本文是陕西省教育厅专项科研计划项目"陕西文化遗产型社区博物馆发展研究"(22JK0187)的阶段性成果。

尤其是历史文化名城的保护中贡献出历史地理学的智慧，侯先生对于我国的文化遗产事业做出了杰出的贡献，被誉为“中国申遗第一人”[②]。史念海、谭其骧二位先生在涉及到文化遗产的相关问题上也提出了自己的见解，对文化遗产研究具有启发性思考。

在三位先生之后，辛德勇、阙维民、朱士光等历史地理学者也对文化遗产的研究与保护发表了相关的论述，产生了一些影响力。但是也应该看到，虽然中国历史地理学界较早的关注对文化遗产的研究，但是“文化遗产”却始终没有成为中国历史地理学研究中的一个可察觉的研究对象。有关的国内历史地理学专业期刊上，以文化遗产为专题的论文数量微乎其微。

与之相对，西方历史地理学界却对文化遗产以及遗产保护方面的专题表现出了很大的兴趣，西方历史地理学界多把文化遗产方面的研究归入到所谓的“景观”(landscape)这一术语中。虽然“景观”概念的内涵绝不止于文化遗产，但是经过多年的发展，文化遗产作为一种“往日景观”逐渐提升了自己在历史地理学专题研究中的地位。阿兰·R.H.贝克(Alan R.H.Baker)在总结西方历史地理学有关“景观”研究的基础上谈到：“关于‘今日之往日’的历史地理学传统研究有些狭隘地关注遗迹的留存、关注描述与解释这些作为‘今日’景观中的历史现象之特点的必要性；相反的是，现代研究更多地关注历史遗存的持续性文化意义以及有关遗产保护与表现的相关问题。”[③]那么，有关“景观”研究在西方历史地理学界究竟是一个什么样的地位呢？龚胜生通过统计西方历史地理学专业期刊《历史地理学杂志》1981至2010年间的899篇论文以及涉及到的2057部著述后，得出西方历史地理学界的若干研究热点，其中“景观”是一个高频词[④]，“历史景观地理”作为历史地理学的一个研究分支在西方已经得到了确立，《历史地理学杂志》中有关历史景观地理的著述有91篇，在18个历史地理学分支中排名第九。而不仅历史景观地理与文化遗产关系密切，近年来不断热门的历史旅游地理也涉及到了文化遗产这一“往日景观”的研究。不仅如此，当代西方的历史地理学研究还赋予了文化遗产研究实践以理论内涵。纽考姆(Robert M.Newcomb)根据历史地理学的主要研究成果，总结出历史地理学的12种研究方法，其中包括6种传统模式与6种现代模式，其中6种现代模式包括：(1)景观变迁的人类动因法(man's role as an agent of landscape change)、(2)历史往日残存的区域差异法(areal differentiation of remnants of the historic past)、(3)生活方式法(genre de vie)、(4)理论模式法(the theoretical model)、(5)景观遗迹有效保存法(pragmatic preservation of landscape legacies)、(6)和往日感性透视法(past perceptual lenses)[⑤]。从纽考姆的这6种现代模式中，我们可以看到文化遗产及其保护的研究占到了一定的比重。结合上述分析，我们至少可以得出如下结论，即作为与历史地理学关系密切且极具可视度的研究专题的文化遗产，西方历史地理学界对其保持着很大的兴趣，并且提出了来自于历史地理学的遗产保护智慧，承担起了一定的文化遗产保护责任。

虽然中国历史地理学界从未使文化遗产成为一个主流专题，但并不是说在中国学界文化遗产与历史地理学之间关系微弱。我们可以看到，在中国，不是历史地理学赋予文化遗产以保护智慧，相反的，文化遗产却对历史地理学研究产生了一定的影响，这种影响不限于历史地理学，而是影响到了整个历史学研究。近代以来，对于历史的研究已经不限于文献材料，还包括考古资料与实地考察，这已经成为历史学研究的传统，并且被新中国成立后新兴的现代历史地理学所继承，基于这种传统，史念海先生也曾多次发文探讨并呼吁探讨历史地理学与文化遗址之间的关系。有着田野考察之优良传统的历史地理学时刻对一些遗址、民俗等保持着强烈的好奇心，通过考察得出一些研究心得，为历史地理学研究做出了可靠的成果。可惜的是，文化遗产作为一种概念出现较晚，尤其是非物质文化遗产的概念更是到了新世纪之初，历史地理学者考察所见的遗址与民俗，往往忽视了其遗产性质，或者说事实上文化遗产对于历史地理学来说由于仅是研究资料而不是保护对象而经常性的被主观忽略。不过也有若干历史地理学者注意到历史地理学对于文化遗产保护的责任,如对古都的保护与规划、对民俗问题的研究等。但是这些研究对于文化遗产保护问题的探讨往往浅尝辄止,而更多的是服务于其所研究的主题,文化遗产这一专题也被历史城市地理、历史文化地理等分支分割开来,这样做不利于形成文化遗产研究与保护工作的历史地理学智慧。当然,这一现象也得到了很多历史地理学者的反思,如张伟然在对历史文化地理的总结中反思过这一问题,“中国的文化遗产保护工作,越来越引起全社会的重视。其中,既有历史的问题,又有文化的问题,更有地理的问题,对历史文化地理研究的需求无疑会越来越多,历史文化地理的应用前景显然会越来越广泛。目前,历史文化地理的学者几乎还没有介入,这一局面无疑是亟待改变的”⑥。可见,历史地理学者对于文化遗产这一主题的研究抱有期待。

二、文化遗产研究的历史地理学视角探析

关于如何使用历史地理学研究文化遗产,已经有学者述及到了这一问题。总结相关的论述,可以看出,学者们都承认历史地理学对文化遗产研究具有着重要的意义。其主要体现在对于遗产的认知方面,这个方面的作用从逻辑上来说是十分明显的,显然历史地理学可以承担起文化遗产研究最为基础性的认知工作。但是具体如何使用历史地理学去研究文化遗产?这就是另一个更为细致、更为深入的方法问题了。

(一)利用历史地理学的方法对文化遗产宏观分布的认知及解读

对于文化遗产宏观分布的研究目前已经构成文化遗产学界研究的一大重点。从研究对象上来看,多是以某一类文化遗产,如世界遗产、工业遗产等文化遗产次一级对象为例。或是以某一地区的某一类文化遗产,如浙江省非物质文化遗产、湖南省非物质文化遗产等区域遗产为例。这些研究对于深入了解文化遗产特征(或区域特征)、分布规律及其成因有着重要的作用,并在此基础上探讨对相关文化遗产的保护问题。这些研究多被冠以“时空分布”之名,这很显然是强调其方法的。但是目前这些所谓的“时空分布”名称虽一致,意义却不大相同,其中对于空间的定义基本一致,但是对于“时间”上的定义却分出了两个概念。第一种关于“时间”的概念可以理解为历史时期,着眼于其分布特征的历史成因,目的在于对文化遗产的深入认识;第二种“时间”概念为入选某一级别文化遗产的时间,其目的在于表现文化遗产申报、文化遗产概念本身在我国的发展。无论哪种时间概念,应该肯定的是这些定量性的研究都对于了解地球表面遗产分布有着基础性的贡献。

虽然这些所谓的“时空分布”有着很强的历史的和地理的色彩,但是这些研究却并不一定尽如人意。除了少数学者之外,很多学者所谓的“时空视角”并不属于历史地理学意义上的概念。比如有学者研究世界范围内的世界遗产分布规律,其“时间”上仅仅是罗列了这些遗产所处的时代,“空间”上仅仅是这些遗产所处的地域,目的是探讨世界遗产和城市文明之间的关系⑦。但是这种研究仅仅通过罗列而得到一些表象上的结论,既不能表现遗产的特点,又不能为阐释城市文明提出可令人信服的论证,所以更深层次的探讨还有待进一步的研究。

而关于时空分布这一宏观视角下的文化遗产研究,历史地理学有着天然的优势。因为历史地理学的研究对象是“历史时期地理环境的变迁”,兼有时间与空间两个方面的研究任务。这一定义赋予了历史地理学以地理学的学科特色。虽然基于空间的研究并不是地理学的专属,但是以空间为本体研究的只有地理学,同时,加上时间上的历时性特点,作为继承地理学优良传统的历史地理学的学科优势便有所突出。在历史地理学界,围绕着“历史时期地理环境的变迁”这一大的任务,历史地理学者提出了相关的理论。比较突出的有蓝勇的“尽全时空”理论,他认为这一理论应作为历史地理学的第一理念,这个理论所强调的是历史地理学应该“建立连续时间的空间剖面”⑧,虽然蓝勇也承认作为一种理念的“尽全时空”理论是一种理想状态,但是作为一种方法却未尝不可。从逻辑上来说,“尽全时空”理论所研究的对象与地理学相同,而作为地球表面的一种景观,对于文化遗产的宏观分布研究可以成为“尽全时空”的受惠者之一。因为基于时间与空间两种视角下,做出时间序列上的高分辨率的地理环

境，不仅可以为文化遗产的宏观分布贡献出描述性话语，也可以为其解释为何如此分布。而历史地理学的时空分布观不仅是简单的历史和地理，或者说时间和空间，其研究必然是综合性的。在这里，历史地理学也相当在意时空尺度的处理与转换⑨，因为时间有长短，空间有大小，在描述规律时一定要注意是在哪个时空背景中所得出的。对时空尺度的准确的把握对于文化遗产的宏观分布来说是很重要的，可以避免描述或解释出现误差。同时，作为描述地表的一种学科，历史地理学在发展的过程中做出了很多方面的贡献，如历史时期的江河湖海、历史时期的移民、历史时期的政区变化、历史时期的城市等多方面的研究，这些研究对于解释影响文化遗产的分布因素有着非常重要的作用。如以世界遗产在中国的分布为例，世界遗产在中国的分布不均衡，其中文化遗产最为密集的区域在黄河中下游，以北京、西安、洛阳等城市最为密集。为何会出现这种状况，这当然与这些城市是历史时期的政治中心密切相关⑩。而北京、西安、洛阳所代表的是不同历史时期的都城，所以，其遗产特征会表现出不同的特点。关于这些遗产的分布研究有赖于历史城市地理的若干研究成果。总之，依托于历史地理学的时空观，有助于提升文化遗产宏观分布研究的科学性。这对于进一步探讨文化遗产的保护与利用是有基础性意义的。

(二)历史地理学的方法对于文化遗产个案研究的意义

在对具体的文化遗产的研究、申报、保护与利用时应坚守一定的原则，主要可以概括为两大原则，即原真性与完整性。这两个原则是文化遗产研究所应当遵守的基本原则。

1.对原真性的研究

文化遗产的原真性是一个重要的学术问题。在英文中的表达为 authenticity，在我国，authenticity 有多种译法，除原真性之外，还有真实性、本真性等不同的译法。这一概念最早出现在 1964 年的《威尼斯宪章》⑪中，其提到“将它们(历史古迹)真实地、完整地传承下去是我们的职责。”原真性的概念在 1994 年的《奈良真实性文件》⑫中得到了更为具体的阐释，提出从文化多样性的角度来理解遗产原真性的问题。时至今日，对于文化遗产原真性的学术研究已经成为文化遗产研究的内在肌理。

对于文化遗产原真性的研究，必然需要了解其历史，不仅需要知道其历史，也需要知道其最初的状态，这就需要了解其所处的地理环境，关于这一点，《威尼斯宪章》已经给予说明，“古迹的保护包含着对一定规模环境的保护”“古迹绝不能与其所见证的历史和其所产生的环境分离。”说明文化遗产的原真性的保护不能脱离其历史与地理环境。同时，作为这一概念的外延，还需要知道其何时以何种面目出现于何地，以及需要知道其为什么会出现在这里而不是那里，为什么出现在这时而不是那时的问题，从而力求对于某一文化遗产做出最为真实的解答，以便我们更为深刻的对其进行认知。某一文化遗产以带有自己特别的面目出现于一个地方，其应该是一个地区人与地理环境之间在长期的历史时期相互影响的结果。历史地理学有助于重建某一遗产在某一历史时期的地理环境，对于复原其原真状态有着十分重要的作用。不论是物质文化遗产还是非物质文化遗产，在生产力不甚发达的历史时期，其所表现出来的状态必然会受到地理环境的影响，具有其地方性特征，这种地方性特征就是历史时期受到自然与人文地理环境影响下的结果。简单来说，对于认识一文化遗产的原真性，在历史地理学的框架下，可以了解其产生的自然地理环境背景，如气候、水文、河流、植被等，以及历史人文地理背景，如移民、战争、政区等。这些方面的资料对于认识文化遗产的原真性具有十分重要的作用，同时，使用历史地理学的方法还可以对文化遗产进行更为科学的解读。

2.对完整性的研究

完整性是与原真性相辅相成的一个概念。完整性的理想状态应是表现出尚未被人干扰的原初状态，这一概念首先出自于国际保护联盟对自然遗产提出的标准中，其后在《世界遗产行动指南》中具体的提出。在保护与实践的过程中，完整性的概念进一步的进入到文化遗产以及非物质文化遗产领域。完整性的概念主要在于说明在对具体的文化遗产保护的过程中，还需要对其赖以生存的环境进行保护。以物质文化遗产为例，对于文化遗产的保护不仅在于其本身，还在于与其有密切关系的生存环境。建筑、城市、街区、景区或考古遗址等应当尽可能地保持自身组成部分和结构的完整，及其与所在环境的和谐、完整性。

完整性的保护原则更需要历史地理学的介入。如前文所提到的，对于遗产所处的历史时期地理环境的研究是历史地理学的优势所在。所以，对于认识文化遗产所处的地理环境及其保护，历史地理学的特长可以得到最大限度的发挥。在当下，对于文化遗产出现了很多的建设性破坏，这种破坏通过破坏遗产所处的环境来破坏文化遗产的完整性。从历史地理学视角出发，对于在建设过程中预防文化遗产的建设性破坏可以提出可靠的学术依据。

历史地理学对于文化遗产的原真性及完整性的研究可以对认知文化遗产带来十分重要的作用。利用历史地理学的视角研究文化遗产的原真性与完整性。可以进一步地对遗产延续、遗产价值评估及保护利用提出合理的建议。

三、文化遗产与历史地理学研究专题的拓展

史念海先生曾提到历史地理学应有“经世致用”的精神，侯仁之先生也曾提到历史地理学应体现“有用于世”的学科价值。历史地理学发展到当下，面临着学科的发展与调整的问题。《中国历史地理论丛》2017 年第 1 辑发表了一组笔谈，邀请一线学者聚焦讨论“历史地理学的发展”这一问题。各位学者献言献策，并且有借此重塑学科理论的意图。但是对于历史地理学的现实发展而言，拓展研究专题是一个必要的途径。而拓展的研究专题不再局限于传统问题上，而是更多地需要与现实问题紧密相连。其中，日益升温的文化遗产及其保护问题应作为当下重点考虑的一大专题。

历史地理学的研究专题是不固定的，具有包容性的特点，对于什么可以成为历史地理学的研究专题，吴松弟指出“任何事物的存在，都需要特定的空间和时间，因此任何一门研究人文活动或自然规律的学问，实际上都可以建立起自己的历史地理研究”[13]。而在选取专题的时候，现实性的指向是历史地理学需要考虑的一个指标。在这个意义上来说，建立文化遗产的历史地理学研究具有合理性。

历史地理学与文化遗产的研究具有互惠的性质，实际上两个学科也可以说是密不可分的。一方面，文化遗产可以带给历史地理学以研究资料与研究方向，丰富历史地理学的发展，为历史地理学的研究成果增加可靠性。而另一方面，历史地理学的研究方法和思路可以为文化遗产研究带来切实的帮助，利用历史地理学研究文化遗产，可以提升其研究的准确性与科学性。所以，历史地理学与文化遗产具有相辅相成的关系。

注释：

①如彭兆荣提出参与文化遗产学科研究的包括人类学、地理学、政治学、历史学、艺术、文化、管理研究等。参见：彭兆荣：《文化遗产学十讲》，云南教育出版社，2012 年，第 15 页。郭伟民提到广义的文化遗产学应该与考古学、人类学、民族学、宗教学、历史学、语言学、表演学、民间文学、建筑学、景观学、相关自然科学等多学科发生密切联系，参见郭伟民：《考古学与文化遗产三论—文化遗产视野下的考古与考古学》，《考古与文化遗产保护—理论与实践》，上海古籍出版社，2013 年，第 13 页。杜金鹏较为详细的提出文化遗产科学所参与的主要学科，并且分了三个层次，核心学科主要包括考古学、文物保护学、博物馆学；中层学科应包括民族学、民俗学、古文字学、历史学、文学；外围学科应包括古动物学、古植物学、古天文学、测年技术、科技史。参见杜金鹏：《文化遗产科学导论》，《文化遗产科学研究》，科学出版社，2018 年，第 32 页。

②朱士光：《略论侯仁之先生对历史地理学之学术贡献—兼论中国历史地理学学术传统的传承创新》，载李勇先主编：《历史地理学的继承与创新暨中国西部边疆安全与历代治理研究—2014 年中国地理学会历史地理专业委员会学术研讨会论文集》，四川大学出版社，2014 年，第 513–523 页。

③〔英〕阿兰·R.H.贝克著、阙维民译：《地理学与历史学—跨越楚河汉界》，商务印书馆，2013 年，第 151 页。

④龚胜生等：《1981–2010 年间的国际历史地理学

研究—基于国际期刊〈历史地理学杂志〉的统计分析》,《中国历史地理论丛》2013年第1期。

⑤转引自阙维民:《历史地理学的观念:叙述、复原、构想》,浙江大学出版社,2000年,第154-155页。

⑥张伟然等:《历史与现代的对接—历史地理学最新研究进展》,商务印书馆,2016年,第164页。

⑦郑学思等:《世界文化遗产时空分布及其与人类城市文明的关系》,《热带地理》2018年第3期。

⑧蓝勇:《论题:现代历史地理学的"尽全时空"与"人地互动"理念》,《历史教学问题》2005年第4期。

⑨张晓虹:《历史地理学发展要旨—坚守区域性、历时性与综合性的学科特色》,《中国历史地理论丛》2017年第1期。

⑩李令福:《中国的世界遗产及其与古都的关系》,《中国古都研究》2018年第1辑,陕西师范大学出版社。

⑪国家文物局等编:《国际文化遗产保护文件选编》,文物出版社,2009年,第52-54页。

⑫国家文物局等编:《国际文化遗产保护文件选编》,文物出版社,2009年,第141-143页。

⑬吴松弟:《继承与创新:近30年来中国历史地理学的发展及未来走向》,《江西社会科学》2012年第4期。

(作者单位:西北大学丝绸之路研究院)

瞿景白烈士生平新考

◇ 潘　婷

内容提要：瞿景白是中国共产党早期主要领导人之一瞿秋白的三弟。在瞿秋白的影响下，瞿景白也走上了革命的道路，先后加入中国共产主义青年团、中国共产党。1927 年 7 月，受中共中央委派赴莫斯科，因反对宗派活动离奇失踪。新中国成立后，被追认为“烈士”。由于瞿景白牺牲较早，留给后人的史料空白较多。本文就搜集到的新史料，对瞿景白生平作一补充和梳理。

关键词：瞿景白　生平　新史料

一、新发现的瞿景白生平史料三则

俄罗斯国家社会政治史档案馆新解密的馆藏瞿秋白个人档案中发现三则瞿景白新史料(瞿独伊之女李晓云提供)。

(一)瞿景白亲笔填写的《东方劳动者共产主义大学履历表》，以下简称《履历表》(图一)。

(二)瞿景白亲笔填写的《联邦共产党“中国共产主义劳动大学”党团员登记表》，以下简称《党团员登记表》(图二)。

(三)瞿景白手迹：《转入联邦共产党的请求》(标题为笔者加，以下简称《请求》)(图三)。

二、对原有史料的补充

(一)出生日期

吴之光编著的《瞿秋白家世》中涉及到确定或可以推测瞿景白年龄的共有三处：1.“母亲逝世以后，穷人的女儿早当家，16 岁的瞿轶群搀着 5 岁的瞿景白、3 岁的瞿坚白两个不懂人事的弟弟，跨出凄凉的祠堂门”；2.“瞿景白在常州读过小学，此时已 16 岁，考取了浙江省立第一师范学校读书”；3.“瞿景白谱名懋森，……1906 年 4 月 12 日生于常州星聚堂”①。

这三处存在互相矛盾的地方。瞿轶群出生于 1900 年 10 月 5 日，景白母亲则是在 1916 年去世的，所以此时瞿轶群 16 岁，并无误。但是文中写到此时景白 5 岁，反推可以算出景白“出生于 1911 年”。在《瞿秋白家世》中，吴之光提到瞿景白是在 1921 年被瞿世琥接至杭州，同时他写到：“此时已 16 岁”，则反推景白“出生于 1905 年”。无论是 1911 年还是 1905 年都与后面文中写到的“1906 年 4 月 12 日生于星聚堂”相矛盾。

瞿景白的出生日期到底在什么时候呢？在王铁仙所写的《瞿景白传略》和许建国、高国平所写的《在东方的莫斯科——上海——瞿景白烈士传》中，瞿景白的出生日期都为 1906 年 4 月 12 日，这与瞿景白在《履历表》和《党团员登记表》中亲自填写的 1906 年 5 月 1 日仍不相同。其实两者为同一天，只

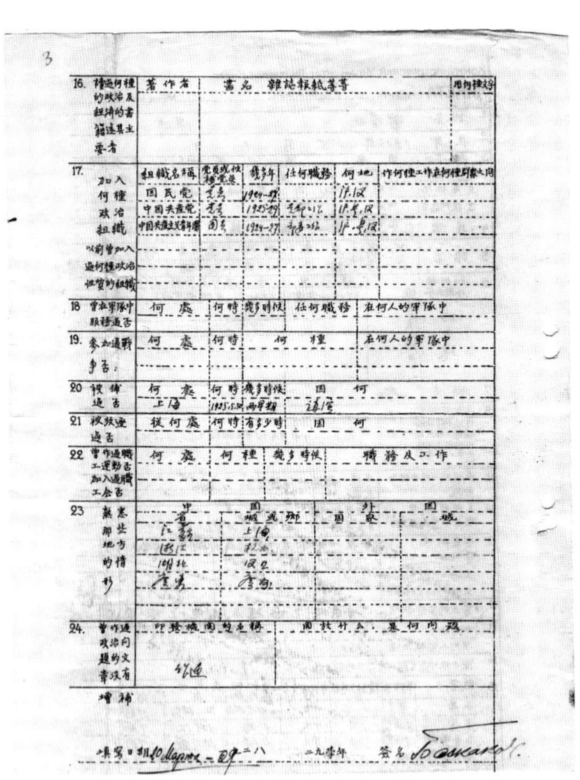

图一　瞿景白亲笔填写的《东方劳动者共产主义大学履历表》

图二　瞿景白亲笔填写的《联邦共产党“中国共产主义劳动大学”党团员登记表》

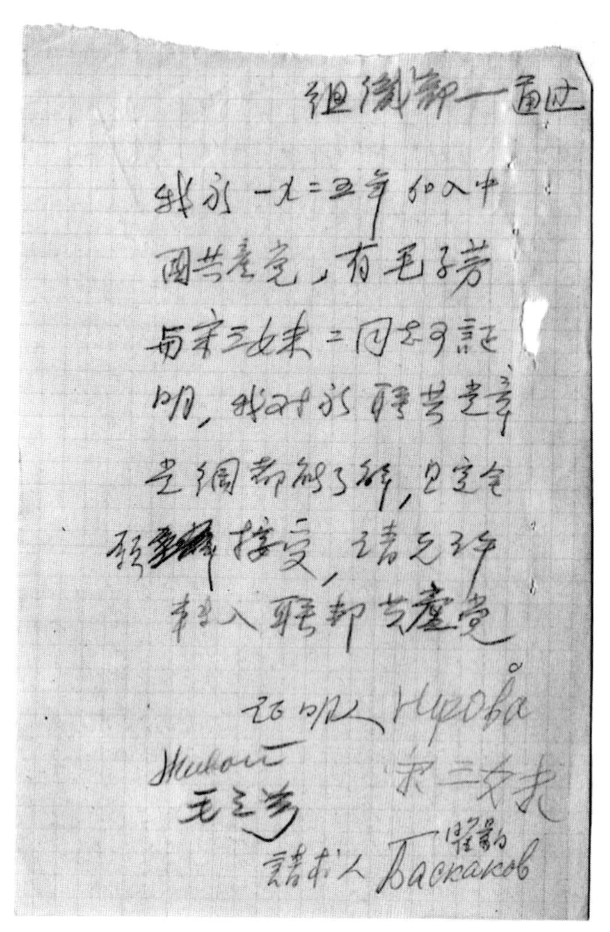

组织部一通过

我於一九二三年加入中国共产党，有毛子芳与宋三妹二同志可证明，我对於联共党章党纲都了解，且完全接受，请允许转入联邦共产党

证明人 [illegible]

毛子芳 宋三妹

請求人 瞿景白 Баскаков

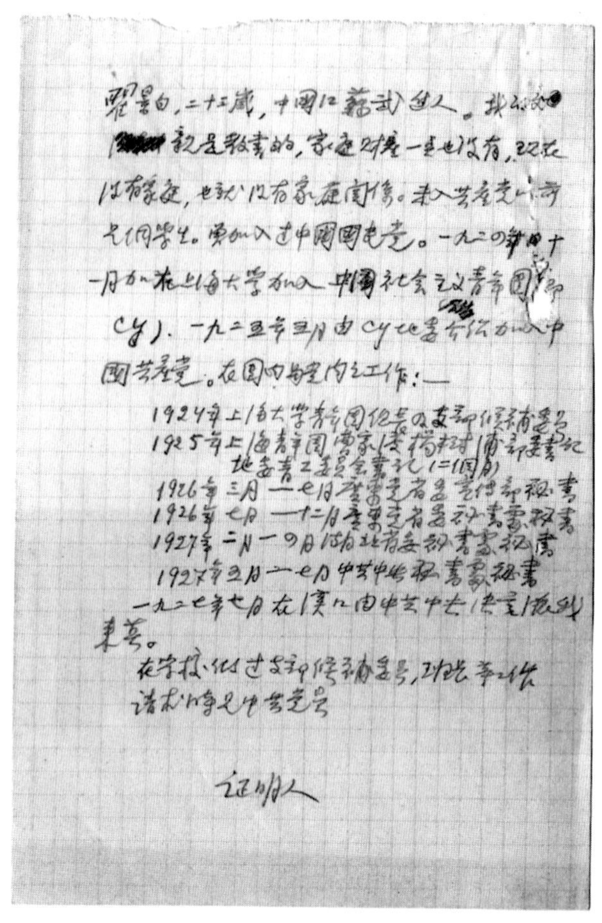

瞿景白，二十三岁，中国江苏武进人。我[illegible]就是教书的，家庭财产一点也没有，现在没有家庭，也就没有家庭关系。未入共产党以前是个学生。曾加入过中国国民党。一九二四年十一月在上海大学加入中国社会主义青年团(CY)。一九二五年三月由CY地委介绍加入中国共产党。在团内与党内之工作：—

1924年上海大学青年团的支部候补委员

1925年上海青年团曹家渡杨树浦部委书记 地委青工委员会书记（二个月）

1926年三月—七月 [illegible]省委宣传部秘书

1926年七月—十二月 [illegible]省委秘书处秘书

1927年二月—四月 湖北省委秘书处秘书

1927年五月—七月 中共中央秘书处秘书

一九二七年七月在汉口由中共中央派送到[illegible]来莫。

在学校做过支部候补委员，[illegible]

请求转为中共党员

证明人

图三　瞿景白手迹《转入联邦共产党的请求》

是采用的历法不同，分别对应的是农历生日和公历生日。所以瞿景白出生日期为：1906年农历四月十二即公历五月一日。

(二)教育经历

对于瞿景白小学教育经历，《瞿秋白家世》中也有提及：“母亲亡故后，铁群带他到了北门舅舅家。舅舅把他送进武阳小学(今局前街小学)读书，没有毕业，又到了贤庄大姑家。1921年到了杭州四伯家，是年夏考取省立第一师范。”[②]按照书中所说，瞿景白是以小学肄业的身份考取浙江省立第一师范学校的。而《履历表》中显示，瞿景白先后在常州、杭州上过小学，已毕业，前后共8年。可见，瞿景白在考入浙江省立第一师范学校前曾在杭州上过小学。

对于瞿景白跟随瞿秋白前往上海大学学习的时间，目前主要有三种说法：1.1924年夏，瞿景白在省立一师尚未毕业，就被瞿秋白带往共产党创办的上海大学学习[③]。2.1925年春天，瞿秋白到杭州开会时与妹弟重聚。此时瞿景白在杭州读书，瞿秋白带他到上海，从此走上了革命道路[④]。3.1923年6月，秋白到杭州召集浙江省党、团会议，传达党的三大会议精神。期间，终得与阔别8年之久的弟妹们团聚。临行前，17岁的景白跟随秋白到了上海。秋白把弟弟安排进上海大学读书[⑤]。

根据《履历表》中“中学读了三年”，若1923年6月离开杭州，则中学只读了两年，故不相符。且瞿景白在《民国日报·觉悟》上发表的小说《夏夜》落款为：“一九二四，七，十，杭州”[⑥]，瞿秋白也曾在上海《时事新报·文学》第97期发表了《弟弟的信》[⑦]，落款为：“一九二三年十月二十八日”，故瞿景白不可能在1923年6月就离开了杭州。而在《党团员登记表》中，瞿景白在上海担任上海大学青年团支部候补委员的时间为1924年10月(时称“中国社会主义青年团”)，表明在此之前，瞿景白已随瞿秋白来到了上海，故《瞿秋白传》中瞿景白到达上海的时间为1925年春天有误。综上，1924年夏，瞿景白跟随

瞿秋白来到上海，并在上海大学就读更为可信。且根据《履历表》中所读科系可确定为，瞿景白就读于上海大学社会学系。

《瞿秋白家世》书中提到，瞿景白在 1928 年 4 月前往莫斯科，就读于中山大学。而根据《请求》显示，瞿景白在 1927 年 7 月，就已受中共中央委派赴莫斯科学习。瞿景白的这一记录在其中山大学同级校友陈修良《瞿景白失踪之谜》手稿中也得到了佐证。

(三)组织关系

根据三则新史料对瞿景白入团、入党经历以及担任职务进行了重新梳理，参见下表。

表一　瞿景白入团、入党详情

组织	时间	性质	介绍人	职务
中国社会主义青年团	1924 年 10 月–11 月	候补团员	之华、春蕾	上海大学青年团组长及支部候补委员
	1924 年 11 月–1927 年	正式团员		上海青年团曹家渡杨树浦部部委书记
中国共产党	1925 年初	候补党员	上海地委	上海地委委员 上海地委青年工人经济斗争委员会书记(2 个月) 1926.3–1926.7　广东省委宣传部秘书 1926.7–1926.12　广东省委秘书部秘书 1927.2–1927.4　湖北省委秘书处秘书 1927.5–1927.7　中央秘书处秘书
	1925 年 5 月 4 日–1929 年	正式党员		
联共(布)	1929 年 3 月	候补党员		中国劳动者共产主义大学支部候补委员、情委委员
中国国民党	1924 年–1927 年			1927 年　国民党中央和武汉政府宣传委员会秘书

三、瞿景白生平梳理

(一)年少家庭生活

瞿景白，谱名懋森，小名阿森，曾用名瞿森，是中国共产党早期主要领导人之一瞿秋白的三弟。1906 年 5 月 1 日出生于江苏常州星聚堂九皋楼。清朝末年山河破碎，瞿景白一家因家道中落租住在此。

瞿景白的父母皆出生于名门望族。母亲金璇(字衡玉) 是江阴西乡大岸上村广东盐大使金心芗的次女，饱读诗书，落笔成章，为人温良贤淑、娴静自如[8]。父亲瞿世纬(字稚彬)是世家子弟，研习经史子集，爱好老庄，信奉道教，懂得医道，善绘画，工于山水，奉兄辈命在家侍奉母亲，从未外出谋事[9]。瞿、金两家结亲后随着社会的动荡先后衰败，在叔祖父瞿赓甫离世后，瞿景白一家只能搬离其房产天香楼八桂堂，租住在祖母庄老夫人娘家星聚堂九皋楼，最后因付不起房租，于 1912 年住进城西瞿氏宗祠，依靠借债和亲戚接济艰难度日。正如瞿景白所写的那样，动产与不动产“一点也没有”。

尽管家庭贫困，但父母始终没有放松对子女的教育。因无钱入学，瞿景白就在家里由金太夫人教读，授以唐诗、鲁论。若背不出书，还会被母亲严加训斥。由于清末常州文化的浸润、书香世家的熏陶以及父母的言传身教，瞿景白熟知名胜掌故，写的一手好字，会刻章、作诗、填词，爱好山水。

1916 年大年初五深夜，母亲金璇在巨大的经济和精神压力下服毒自尽，从此，一家四散飘零，相继投奔亲戚。瞿景白则跟着姐姐瞿轶群、弟弟瞿坚白先在本城的陆家表舅妈家中住了一段时间，随后来到了常州北门外的舅舅金声侣家，曾在武阳小学(即今局前街小学)读书。1918 年，还没小学毕业的景白又去江阴贤庄大姑母家里，大姑母已分家，几个表兄轮流负担着 3 个孤儿[10]。1920 年，兄妹三人被四伯父瞿世琥收养接到了杭州，至此结束了四处漂泊的生活。

(二)浙江求学经历

在杭州，瞿景白完成了小学未完成的学业，并于 1921 年夏考取了浙江省立第一师范学校。在报考浙一师时也发生了一个小插曲。景白幼时鼻子上生疮，因家境窘困，未及时治疗，溃烂后致鼻中隔缺损，成了塌鼻子。面试老师见他塌鼻子，认为仪表欠佳，毕业后难为人师，但因各科考试都得高分，就把他列入了备取之列。瞿景白个性刚强，敢作敢为。他看榜后，非常气愤，便去教务处据理力争，教务处的老师也觉得理亏，就同意他注册入学[11]。此时的瞿景白还不知道，塌鼻子这一明显的特征会给以后的革命生涯带来多少麻烦。

在浙一师时，许是因为年少经历，瞿景白的性格略显冷僻，平时很少与同学说话。但同时他又很耿直、刚强，一旦遇到看不惯的事情时，他又毫无顾忌，不吐不快，曾讽刺学校的训育制度是对"奴隶们的枷锁"[12]。瞿景白功课很好，他十分注重学习效率和时间分配。上课时屏气凝神，专心听讲。当寝室熄灯后，有的同学仍在点蜡烛看书做题时，他又能不被环境影响，安心休息。他不仅对自己严加要求，对待同学也十分严格。有时同学向景白请教问题，他总是能把老师的解题思路讲的很透彻。末了还会加上一句："你上课在想些什么呀！"[13]颇有几分恨铁不成钢的感觉。当时浙一师的校长是马叙伦，重视书法。学校里也盛行临写魏碑——张猛龙碑。瞿景白写的魏碑浑劲古朴，引得同学交口称赞，纷纷邀请他在书面上写字。

瞿景白从不参与同学间关于党派的讨论，也不发表任何政治观点。同学徐肇中曾因对党派问题感到新鲜，想与景白谈谈，但却得到了景白的警告，并提醒他："头脑清醒些，少和有的人搭讪头"[14]。徐肇中也是在瞿景白即将前往上海大学读书时，才从其口中得知瞿秋白是他的兄长，足见瞿景白在政治方面十分谨慎。

1923年6月下旬在广州举行的中共三大结束后，瞿秋白前往杭州，召开浙江省党团会议，传达中共三大会议决议。在此期间，瞿秋白与离别了六七年之久的弟、妹团聚，同游杭州胜景。瞿秋白也说些在苏俄的见闻，大家听了都觉得新奇[15]。而这次见面，也对瞿景白日后走上革命道路有重要影响。

瞿景白爱好文学，曾写下小诗《知心》[16]：

蝶儿吻着花儿道：
"我是你的知心"
花儿道：
"你知道我的心是怎样的？"
蝶儿道：
"你的心是香甜。"
花儿道："哼！只知道香甜——你爱的，
不顾我心里的悲酸"。

在给瞿秋白的信中，他也表达了对压迫者的憎恨：

我带了一本书(《小说月报》)跑到湖滨公园；面着山，靠着水，坐在一张飞来椅上看。头一篇看的是，郑振铎的《欢迎太戈尔》。刚读时，马路上一片的"混账！忘八！"的骂声——或可以说是狗叫声；因为我的耳鼓的听觉，往往听见这类声音是和狗叫一般，今天回头看见是拥有一个狗心(或者竟是狗多不屑为伍的东西，而是莫可以名的一颗心)的人形机械。——原来是一个衣冠禽兽，在那里骂工人模样的一个人，后来并且将他的兽掌打工人的面颊。我不禁生了一些感想；感想到太戈尔来华之后——在郑振铎的《欢迎太戈尔》文里有说"……给爱与光与安慰与幸福于我们……"的一点。我以为这爱，光，安慰，幸福，是给"人"的，或者切实些说，是给有人情，人性的……可决不是衣冠禽兽"所可得而与"的。这种人，我们只该驱逐，难为保护。这种人，只可使他消灭，不可使他繁殖。

随后又读了郑振铎的《微思》，泰戈尔的《飞鸟集》，徐志摩的《幻想》，徐玉诺的小诗五节，和赵吟声的《秋声》。觉得这些诗意灌满了全身，西湖上的风光包围了全身；人身遂被"情"和"景"剥夺了自由，又因之无忧无虑的大乐。……在此一息中，并且是我有身以来难有的事。——天黑了……[17]

他将辱骂工人的人看作是拥有狗心的"人形机械"，手称作"兽掌"，辱骂声则为"狗叫声"，认为他们没有人情、人性，不配拥有光明和幸福，只该被驱逐和消灭。"天黑了"既描绘了当时的情景，也有社会被黑暗笼罩，渴求光明之意。从这封信中，瞿景白的革命思想初见端倪。瞿秋白将信发表时写到："天黑了……这慢慢的长夜呵。弟弟，景白，你大概渴望那东方，那东方……早升旭日？"[18]

(三)踏上革命道路

1924年夏天，瞿景白在浙一师尚未毕业，就被瞿秋白带往上海，就读于上海大学社会学系。上海大学是国共合作创办的新型高等学府，是传播马克思主义的园地，培养了一大批青年走上了革命的道路，被称为"革命的熔炉"。在这里，瞿景白接受了马克思主义理论,逐渐找到了人生的方向,革命的方向。除了求知若渴的学习外,瞿景白还积极参加“上大”的各项社会活动,在实践中强筋壮骨,练就本领。因表现出色,被选为“上大”演说练习会文书。

1924年10月,在之华和春蔷的介绍下,瞿景白加入了中国社会主义青年团,11月转正。瞿景白担任上海大学青年团组长及支部候补委员,他加积极工作,团结同事,广交朋友,介绍学生中的积极分子加入青年团,为团组织输送新鲜血液。同年,在第一次国共合作浪潮的推动下,瞿景白以个人身份加入了国民党。

1925年初,在中共上海地委的推荐下,瞿景白成为了一名中共预备党员,并于5月4日转正。5月15日傍晚,内外棉纱厂工人顾正红被日商残忍杀害,激发了社会各界爱国人士的愤怒,上海地委立即部署,开展反帝斗争。5月30日,上海大学、同济大学、南洋大学的“学生演讲队”陆续进入租界,当游行的学生队伍走到繁华的南京路中心地段时,遭到了孙传芳马队的阻拦,走在队伍前头的瞿景白挺身而出,领头振臂呼喊口号:“同学们:勇敢些,前进啊!”[19]在学生队伍冲到英租界大马路口时,又遭到了英国巡捕和警探们的持枪追捕。景白冲在最前面,鼻梁上又有个明显特征,非常好辨认,警探们狂叫:“抓住塌鼻子!抓住塌鼻子!”瞿景白不幸受伤,被捕入狱。

关押期间,瞿景白没有退让、妥协,而是继续与敌人开展斗争。他与同室难友高唱:“打倒列强,打倒列强,除军阀;国民革命成功,国民革命成功,齐欢唱”等歌曲振奋士气。最后,迫于社会各界的舆论压力,且找不到任何正当理由,敌人不得不将关押了两个星期的瞿景白释放。

尽管帝国主义答应了释放被捕人员的要求,却仍恼羞成怒。五卅运动后,反动租界调集大批军警闯入上大,封锁校方,查抄宿舍。景白寄藏在瞿秋白住所的书刊就是这次被敌人抄去的。直到上海解放后清理敌档时,才发现了一本盖有“瞿森”印章的《新青年》季刊创刊号。

出于安全考虑,瞿景白和许多同学一样,离开了被严密封所的上大,踏上社会,从事青年工人运动。1925年秋,担任上海青年团曹家渡区团委书记,也曾担任上海地委青年工人经济斗争委员会书记。白天,他深入到同兴、日华、大康等工厂调查,晚上到工人家中走访,结交工人中的积极分子。在实践锻炼中,瞿景白丰富了斗争经验,但面临的风险也大大增加了。因为“塌鼻子”这个特征,他曾多次被捕。然而,凶狠的敌人没有吓倒他,昏暗的牢房没有压垮他,瞿景白仍然抱着坚定的信念继续为革命奔走。

1926年初,北伐战争如火如荼。3月,瞿景白任广东省委宣传部秘书。7月,任秘书部秘书,直至年底。1927年初,武汉成为中国革命的中心,中共中央陆续将机关从上海迁至武汉。1927年2月,瞿景白任湖北省委秘书部秘书,1927年4月出版的《鲍顾问演讲集》中,鲍罗廷的演说就是由瞿景白笔记记下来的[20]。5月至7月间,任中央秘书处秘书,负责作中央常委会和政治局会议记录,并试办《每日通讯》。在大革命失败前,瞿景白还担任国民党中央和武汉政府宣传委员会秘书。

(四)身陷中大斗争

1927年7月,瞿景白受中共中央委派前往莫斯科,并就读于中山大学。在校期间,瞿景白曾做过班长,支部候补委员等职,并提出了转入联邦共产党的请求,成为联共预备党员。在中共六大期间,瞿景白担任大会秘书处秘书,并出色地完成了各项任务。1929年9月,瞿景白和瞿秋白合编了《中国职工运动材料汇编》一书,对我国工运史的资料搜集整理做出了贡献。

瞿景白在中山大学读书期间,中大风波不断,瞿秋白被诬陷为“小团体”的最高领导者,在“江浙同乡会”冤案和“清党运动”中遭到王明集团的打压。王明宗派种种排除异己的行为也遭到了许多学生的反对,瞿景白就是反对最激烈的人之一,自然也成为了他们首要的攻击对象。

1929年冬,在中山大学的一次大会上,瞿景白因不满王明集团对以瞿秋白为首的中共代表团的肆意抹黑,当场退还联共预备党员证,并愤然离场,随后便不幸失踪。至今,瞿景白的离奇失踪仍是一个待解的谜团。

瞿景白在中山大学的同学陈修良曾向瞿秋白打探瞿景白的下落,瞿秋白说:"我已向莫斯科的警察机关报告,要求查明景白的下落,可是全无消息,我估计他是被逮捕了"。面对陈修良是否是自杀的提问,瞿秋白回答到:"不像是自杀,因为没有发现尸体。他并无想自杀的表示"㉑。

20世纪80年代初,瞿景白的烈士身份得到了认定。

四、结语

瞿景白新史料来之不易,是由瞿秋白后人从俄罗斯国家社会政治史档案馆征集而来。新史料为论证瞿景白出生日期、扩充其受教育经历以及梳理其在党内工作、担任职务提供了重要依据。既纠正了以往错误认知,也弥补了研究空白,促使现有研究又往前迈出一步。同时新史料的发现对于研究瞿秋白、研究常州地方红色文化也有积极意义,为常州现有的红色资源注入了新鲜血液。

注释:

①吴之光:《瞿秋白家世》,中央文献出版社,2003年,第91、92页。

②同①,第93页。

③同①,第95页。

④王铁仙、刘福勤:《瞿秋白传》,人民出版社,2011年,第31页。

⑤中共江苏省委党史工作委员会、江苏省民政厅编:《江苏革命烈士传选编》,中共党史出版社,1990年,第270页。中共常州市委党史征委会供稿、许建国整理。而在许建国、葛秋栋所写的纪念瞿秋白就义五十周年《论瞿秋白胞弟瞿景白之死》一文中,景白跟随秋白前往上海的时间为1923年秋,此处引用《江苏革命烈士传选编》关于瞿景白前往上海的时间。

⑥《民国日报·觉悟》,1924年第8卷第31期,第4–5页。

⑦《文学旬刊》,1923年第97期,第2–3页。

⑧王铁仙、刘福勤:《瞿秋白传》,人民出版社,2011年,第4页。

⑨王铁仙、刘福勤:《瞿秋白传》,人民出版社,2011年,第3–4页。

⑩同①,第91页。

⑪同⑩。

⑫徐肇中:《怀念景白同志》手稿,常州烈士陵园馆藏瞿景白档案,徐肇中是瞿景白在浙一师同班同学。

⑬同⑫。

⑭同⑫。

⑮王铁仙、刘福勤:《瞿秋白传》,人民出版社,2011年,第109页。

⑯《新青年》,1923年季刊第2期,第4页。

⑰《文学旬刊》,1923年第97期,第2–3页。

⑱同⑰。

⑲许建国、高国平:《在东方的莫斯科——上海——瞿景白烈士传》,《党史资料丛刊》(总第3辑),上海人民出版社,1980年,第79页。

⑳张太雷研究会选编、姚维斗主编:《张太雷文集》(续),江苏人民出版社,1992年,第81页。

㉑陈修良:《瞿景白失踪之谜》手稿,常州烈士陵园馆藏瞿景白档案,写于1928年1月。

(作者单位:常州三杰纪念馆)

唐顺之集外佚文六则辑考*

◇ 王志强

内容提要:唐顺之是明代著名的诗文大家,在文学史上留下了浓墨重彩的一笔。马美信、黄毅点校整理的《唐顺之集》收录了唐顺之主要的诗文作品,然仍有部分诗文遗留在外。笔者于方志等文献中辑得唐顺之佚文六则,分别为《世烈录序》《题吴伟画十六罗汉》《送罗次卿归娶序》《唐顺之书札卷》《唐顺之拜益王朱祐槟文》《侍御夏一无诏赠光禄少卿序》,现将其点校,并进行考释,以补《唐顺之集》之遗。

关键词:唐顺之 佚文 考释

唐顺之(1507-1560),字应德,一字义修,号荆川,江苏武进人。唐顺之是一个全才式的人物,他精通儒学、文学、数学、历学、军事学等多门学问,并在各个方面都取得了不菲的成就,《明史》即称道:“顺之于学无所不窥。自天文、乐律、地理、兵法、弧矢、勾股、壬奇、禽乙,莫不究极原委。”[①]2014年,浙江古籍出版社出版了马美信、黄毅点校整理的《唐顺之集》,该集子主要收录的是唐顺之的诗文作品,“以万历纯白斋本为底本,以安如石本、唐国达本、唐执玉本、四库全书本为校本,以盛宣怀本、江南书局本为参校本”[②],是当下学界研究唐顺之文学成就的重要参考文献。然该文集仍有部分遗漏之处,笔者于方志等文献中发现署名唐顺之的佚文六则,其中五则为唐顺之所作,一则为后人伪作,现将其点校考释,以补《唐顺之集》之遗漏。

一、世烈录序

夫《世烈录》,何为者也?录谕祭,录制敕,录志录传,录碑若赞,录世荫,录庙祀,录简札,录诸诗歌者也。

录谕祭何也?明旌忠也,显贵父土也。鲁公实诔之,忠也。

录制敕何也?夫敕也者,因能而委之任者也;制也者,论功策勳增之秩,而荣诸其先人者也。录之者,明对扬也。

录志录传、录碑若赞何也,《记》曰:“铭者,论撰其先祖之美,而著之后世者也。”又曰:“美而弗传,不仁也。”夫浙东之节,南粤之勳,尚矣,弗传弗志,素履曷征,弗赞弗碑,潜德曷著?是故录传赞,明仁也。

录世荫何也?明食报也。夫会稽之纳官,羽林之字迹,狐史犹书之,以为美谈,而况于以世功受世赏者乎?

录庙祀何也?明民怀也。明公论之定也,《记》曰:“以死勤事,则祀之。”浙东公之谓矣;“以劳奠

* 本文是2022年江西省高校人文社会科学研究青年项目(ZGW22204)“明清江西方志中的‘忠烈志’研究”成果。

邦,则祀之”,三广公之谓矣。

录简札,何也?明友谊也。诗人叙吉甫之功,而终之曰:“侯谁在矣,张仲孝友。”

录诗歌,何也?录挽歌,明哀也;录诸咏歌,明好德也。

总之曰:《世烈录》,明忠贞世笃也,明子孙当世守也。呜呼,至矣备矣。《录》成,瑞之持以示予曰:“吾先人辱与先谏议交,吾又辱交于君,父子是世谊也。敢请序?”予谓是世谊也,予何敢辞。夫《录》,至矣备矣,予又何敢赘?盖尝究三广公之始末,再读我先谏议之书,为之慨然叹曰:“嗟乎,英雄之于世,何落落难令耶!向使公定版籍、固根本之策行,岂直一剿馘惩艾之为功?将民猺干纪,实嘉赖焉。使当路者皆若先谏议协赞诱掖之心为心,岂直莫或挠之?将充国屯田之议,若公实树力焉。惜也,先谏议回京未久,而殒世矣,公卒以功见嫉,赍志以没。公没未四十年,而患且滋蔓矣。虽然,庸讵知非天实靳之,以遗诸其后耶?瑞之,武而好文,任显而年富,庸讵知善继志者,非我瑞之耶?乃敢语瑞之曰:‘子无忘先世之烈,小子敢忘先谏议之心,于戏,是世谊也已。’”③

按:该文辑自道光《新会县志》。该志由知县林星章主修,邑人黄培芳纂。林星章(1797–1841),字景芸,号古畬,福建闽县人,道光六年(1826)进士,道光十六年(1836)任新会知县。黄培芳,广东香山人,副贡,黄培芳乃著名方志学家黄佐之后,先后纂有《香山县志》《肇庆府志》《新会县志》等志书。道光《新会县志》始修于道光十九年(1839)四月,成书于二十年(1840)五月。全书仿阮元《广东通志》的体例,分为图说、舆地、建置等十二类,凡十四卷,卷首有林星章序、言良钰序、黄培芳序,梁启超评价该志时说道:“道光《新会县志》实黄香石、曾勉士所主修,于全国诸志中称善焉。”④

《世烈录》,又称《陶氏世烈录》,乃新会陶瑞之编纂。该书的内容主要是收录有关陶成、陶鲁父子的谕祭、制勅、诗歌等文章的文集,《百川书志》曰:“《世烈录前集》五卷,录浙江副使陶成、湖广布政使陶鲁死节,定边父子之忠烈也,制书传记、奏文移吊文、哀诔皆备,其曾孙锦衣千户凤仪瑞之所集。”⑤该书籍具有一定的文献价值,为《陈白沙年谱》、光绪《广州府志》、光绪《郁林州志》等多部书籍所引用。

唐顺之为陶瑞之作序的原因,在于两家为世交。唐顺之的祖父唐贵,弘治三年(1490)进士,历任户科给事中、永州知府等职,在担任永州知府时,陶瑞之的祖父陶鲁为湖广布政使,两人有过交集,故唐顺之他们为世交。文中的“浙东公”即陶成,“三广公”即陶鲁,新会县为二人建有“父子忠勳坊”。陶氏父子本广西玉林人,后陶鲁担任新会县丞、新会知县,期间击退贼寇,兴建学校,颇得百姓的爱戴,或因此,陶瑞之一脉定居于此。在序言中,唐顺之说明了陶瑞之编纂《世烈录》的原因,并对《世烈录》所编纂的内容进行了细致的阐释,对我们了解《世烈录》具有很大的助益。

二、题吴伟画十六罗汉

佛像自唐吴道子以来,后世画者虽不乏人,然易入于刻画龙眠,稍变为白描,而又未免伤于纤。近世惟吴小仙最称能手,其十六应真一幅,貌人人殊,其衣折点缀,即令今日道子复起,当不过是。噫嘻,小仙其即道子之后身乎。尝见论者谓小仙为画家魔。嗟乎。夫殆未尝睹此君真迹耳。若以此卷示之,不几使言者自悔其失耶?荆川唐顺之题钤印,一忠厚宽宏⑥。

按:该文辑自《秘殿珠林续编》。《秘殿珠林续编》为王杰等人奉乾隆帝的旨意而纂。王杰,字伟人,号惺园,谥文端,陕西韩城人,他乃乾隆二十六年(1761)状元,累官兵部尚书、东阁大学士。是书开编于乾隆五十六年(1791)正月,成书于乾隆五十八年(1793),收录了《秘殿珠林》初编未录以及大臣们新献的作品,内容主要是叙述书画,举凡绢纸、尺寸、款识、印记以及诸收藏家题咏、跋尾与宫中所钤宝玺等资料,都会一一罗列。

在该文之前,有“吴伟画十六罗汉一卷。本幅绢本,纵九寸,横六尺一寸,水墨画十六应真欵,弟子吴伟敬写,钤印一不可辨,后幅唐顺之题”⑦的字样,可知该文乃是针对吴伟所作画的点评。吴伟,字次翁,号鲁夫,又号小仙,湖北江夏人。吴伟是弘治时期的宫廷画家,深得弘治帝的赏识,被誉为“画状元”,文坛领袖李梦阳曾作有《吴伟松窗读易图》,夸赞吴伟画作之精妙,“至尊含笑中官羡,五侯七贵争看面”[8]。唐顺之此文,则是夸赞吴伟画佛像之惟妙惟肖,深得吴道子之神髓。

三、送罗次卿归娶序

嘉靖己丑秋七月,罗子请告归荆门娶也。始者,罗子将北上,占之以《易》,遇贲之离,曰:“贲如皤如,白马翰如,匪射婚媾。”占者曰:“吉夫贲文也,离,丽也。兹役也,有雉斯射,有豹斯革,组织人文,以为皇猷黼黻,策白马而驰紫陌,衣绪来思,尹吉是室,其井矣乎。”至是如其占焉。诸同年友荣罗子之归也,之东郭而荐焉。礼也,俎殽既陈,宾主交错,或执爵而言曰:“请颂罗子。”曰:“子饮斯。厥居维轩,厥绶维黄。之子于南,二姓孔光。”更爵而规曰:“子饮斯。刑于示训,鸡鸣作式。嘻嘻维吝,嗃嗃终吉。”三爵而祝曰:“子饮斯。若古涂山,垂芳可绩。之子于南,式遄其北。”罗子谢曰:“敢不敬,以求不负斯祝斯规。”予时从诸友后,晋而揖罗子,谓之曰:“子行矣,将奚道焉?”曰:“由陆。”曰:“然然则子之来也,必以室,将奚道焉?”曰:“其舟矣乎。”曰:“舟也,其于衡岳之间矣乎?其将浮江而下,凌鲸波,俯蛟窟,经长沙之故墟,为唁洛阳贾生,胡为乎来此也。越巴陵,登岳阳楼,四望其南,则永州也,今尚有捕蛇者否也?触目兴怀,得毋有希文之志矣乎?”罗子揖而别,曰:“教我矣。”[9]

按:该文辑自乾隆《荆门州志》。乾隆《荆门州志》,由荆门州知州舒成龙主修,始修于乾隆十年(1745),成书于乾隆十九年(1754),全书共三十六卷,凡五十四目,约二十五万字。卷首有沈世枫序、纪录五序、张世芳序等七篇序言,以及明代旧序两篇。毛泽东主席曾说:“乾隆年间修的《荆门州志》是最好的一本。”[10]舒成龙,字御天,清代河北任丘人,乾隆八年(1743)升任荆门知州,在任期间,颇有政绩,受到乾隆帝的多次称赞,为了修志,拒绝了几次提拔的机会。

根据文中的“嘉靖己丑秋七月”,可知该文作于嘉靖八年(1529),时唐顺之刚考中进士。文中的罗次卿即罗传,字次卿,乃是和唐顺之同榜的进士,其中唐顺之为二甲第一名,罗传为三甲第一百五十一名。罗传考中进士时,方才16岁,嘉靖帝诏令他归家迎亲,一时荣耀至极,当时州牧赐联云:“玉阶对策三千字,金榜题名二八时”[11]。《送罗次卿归娶序》一文,以生动详致的笔调,叙说了明代嘉靖年间官僚酬唱送别的场景,具有较高的史料价值。而唐顺之对罗传所说的话,体现了唐顺之的知识分子担当和志趣。

四、唐顺之书札卷

侍生唐顺之顿首拜,郡侯双桥先生大人门下,维扬之俗,大贾富人争以侈相高,其来久矣,吾双桥痛,矫之以俭。其闾里贫窭小民,力罢于奔命,财困于厨传,亦久矣,吾双桥以身任怨,孜孜务求所以节用省费之道,自非真实为民,不能道此。每一闻风,令人怀慕,惟双桥始终此意为之三数年,庶几侈俗可革,而民疲其有瘳乎。仆迂疏人也,获奉教于吾丈之日浅矣。曩被罪中,过承教爱,至今念之不忘。自使节至维扬,又承书惠远及顾,仆何以得此,无乃有于臭味之偶同耶。东城葬文,向已托龙溪兄力辞,今三友复此远来,奈何?虽然,亦以竟不能发此兄潜德之光是惧也。三友回,草草复命,余惟照亮不既。顺之再拜,书帕侑柬左白[12]。

该文辑自《穰梨馆过眼录》。《穰梨馆过眼录》由陆心源所著,全书共40卷,卷首有陆心源自序,《中国学术名著提要》云:“本书是一部典型的书画著录书,无论在编次上,还是具体内容上,都安排得体,引录详备。”[13]陆心源(1834-1894),字刚甫,号存斋,晚号“潜园老人”,浙江归安人。咸丰九年(1859)举人,官至福建盐运使,陆心源是清末有名的金石学家和藏书家,撰有《皕宋楼藏书志》《十万卷楼丛书》等十余部书籍。

该文之前有“归安李氏藏,纸本高八寸,长二尺七寸八分”的字样,指明了该文的藏出。唐顺之是明代有名的书法家,其作品具有较高的收藏价值,故此文被当成书法作品收藏起来。文中的“郡侯双桥先生”即朱怀干,字守正,号双桥,浙江归安人。嘉靖十一年(1531)进士,历任刑部主事、泰州同知、扬州知府、韶州同知、思南知府等职,光绪《归安县志》称其“平生孝友俭素,甘蔬粝,于官于家必行其志,屡遭贬黜,不易所守,士林重之”[14]。

五、唐顺之拜益王朱祐槟文

侍生唐顺之顿首拜,大邦君既白老先生大人门下,嘉帙领教嘉惠,敢辞病体,不敢造门下,奉候请教,并此道鄙怀,顺之顿首拜具。又承大稚过奖,深愧不能当,谨附谢,顺之顿首拜具⑮。

该文辑自《丽泽录》。《丽泽录》共24卷,卷首有吴世良序。根据卷首《序》,可知该集乃是收集有关藩王朱祐槟的诗文集子,"豫章贞湖贤藩集海内荐绅寄椿庭既白翁老先生翰札及诗若文成卷,刻置玄畅新馆,题为《丽泽集》"⑯。《天一阁书目》以为:"《丽泽录》二十四卷刊本,明李梦阳撰,吴世良序。"⑰此处记载有误,《丽泽录》非李梦阳所纂,而是朱姓文人所辑,这或与《丽泽录》卷一下标有空同李梦阳有关。益端王朱祐槟,《明史》有传,曰:"性俭约,巾服浣至再,日一素食。好书史,爱民重士,无所侵扰。"⑱文中的"大邦君既白老先生"即"益端王朱祐槟"。

六、侍御夏一无诏赠光禄少卿序

皇帝御极之三年,翔佚曜幽,罔不搜剔,冢臣上言故御史夏之臣清勤许国,诖误沦丧,请赠光禄少卿,制曰可。于是宗伯称诏,下郡国表闾封墓,一时里人纵观悲喜。外史曰:"噫嘻,此沉珠而封其渊也。夫泰否之机开于人,人伸道,道伸世,交伸则治递诎焉而之穷,穷何伸也。古之俊民,咸思摅伟长乘,以英姿信効而永垂,以发其晶雄之气,顾颖出而折,君无特达之知,相无意外之度,使槁项黄馘于荒漠之滨,碧血为磷,白杨作倚,然后彷徨叹赏,欲市其骨,而卒得一肢之用,嗟何及矣。此伤鹏吊蝇之臣,悲啸无聊而赴渊弃蔬者,沉冥立枯而不顾也。文帝悲李牧,冯唐知其不能,用以光武之明,而敬通沦落以死,古今同一慨耳。"

侍御公当神宗时,三仕为令,种花拔薤,为桐乡及簪笔文石,埋轮都亭,欲以方刚之猷澄清江汉。一麾去国,非抉颔下之珠而惊而寤也,非系池边之鳟,而遭其啄也,乃怜者不敢力,而忌者不欲力。其阳鸣秋横者,敛为壶中之乌兔,为霖为云之渊徒,沾之鼠姑竹籁之间,飞扬煜耀尽销之,南宫之片石,北海之罇罍,年增志逝,长于辞荣,埋玉树着土中,噫,难言矣。使当年伸其开济之略,出入承明,驰驱九域,为国宣政,必灿然可观。既以时移物易,溯忆追叹,锡一卿秩,欲易其南面,王之乐何益?然繄惟公不幸耳,明明穆穆之主,无沉不升,忠义皆弹冠而起,而欲朽之英骨,犹愈于罔生之奸魄,尚足卫人藜藿,国家得无用之用。至于閭党后生,有所彝即有所仰,有所震即有所思,且欢然得见此不伸之伸世,何尝不幸哉!

虽然,公亦有不幸之幸。方先朝虎翼鸱张之日,公玄绣持斧于其间,执焉碎躬,委蛇焉碎节,必有人道之患,安能以遂臣为高士?即今垂裳思治,然上有委辔,下有如篑,中鬲而外,竊公有奉身退已耳,谁复致怜?故曰不幸之幸。噫嘻,无用之用浮,不伸之伸赝,无幸之幸穷,公于世道同归于诎,而几不可问矣。悲夫⑲。

按:该文辑自乾隆《亳州志》,同时见于民国《涡阳县志》卷十二、光绪《亳州志》卷十七以及郑交泰所修的乾隆三十九年刻本《亳州志》。乾隆《亳州志》共16卷,由亳州知州华度修,萧山县人蔡必达纂,卷首有华度序、刘思沛序以及三篇旧序。该志兴修于乾隆三年(1738),成书于乾隆五年(1740),并于是年刊刻。因亳州本地人文学作品不多,该志的艺文志载有大量外间名人有关亳州的诗文。

值得注意的是,该文当是一篇伪作。虽然乾隆《亳州志》标注为"唐顺之",且民国《涡阳县志》文后有按语,"按夏侍御行迹不列于史传,偶撷故籍,得奏疏及牡丹评,急登之以饷学者。荆川,嘉靖八年会试第一,与侍御进士科之前后辈也"⑳。然夏之臣乃万历十一年(1583)进士,步入仕途后担任河间知县、监察御史等职,唐顺之逝于嘉靖三十九年(1560),二者相差有20多年,故该作品当是后人伪托唐顺之的名声而作。

注释:

①[清]张廷玉等撰:《明史》卷二百五《唐顺之传》,中华书局,1974年,第5424页。

②[明]唐顺之著、马美信、黄毅点校:《唐顺之集》,浙江古籍出版社,2014年,"前言"第17页。

③[清]林星章修、黄培芳纂:道光《新会县志》卷十一《艺文志》,道光二十一年刻本,第645页。

④梁启超:《饮冰室文集》之四十一,中华书局,2015年,第97页。

⑤[明]高儒:《百川书志》卷二十《集》,观古堂书目

丛刊本，第 242 页。

⑥[清]王杰等纂：《秘殿珠林续编》卷三《乾清宫藏》，乾隆内府抄本，第 247 页。

⑦[清]王杰等纂：《秘殿珠林续编》卷三《乾清宫藏》，乾隆内府抄本，第 247 页。

⑧[明]李梦阳：《李梦阳集校笺》，中华书局，2020 年，第 620 页。

⑨[清]舒成龙修、李法孟纂：乾隆《荆门州志》卷三十六《文苑》，乾隆十九年刻本，第 700 页。

⑩中国人民政治协商会议荆门市东宝区委员会文史资料委员会编：《东宝文史集粹》，中国人民政治协商会议荆门市东宝区委员会文史资料委员会印，2003 年，第 35 页。

⑪[清]舒成龙修、李法孟纂：乾隆《荆门州志》卷二十五《文学》，乾隆十九年刻本，第 483 页。

⑫[清]陆心源：《穰梨馆过眼录》卷十九，光绪十七年刻本，第 408 页。

⑬中国学术名著提要编委会编：《中国学术名著提要(合订本)》第五卷《清代编(下)》，复旦大学出版社，2019 年，第 980 页。

⑭[清]陆心源等修：光绪《归安县志》卷四十二《耆旧》，光绪八年刊本，第 823 页。

⑮[明]朱□□辑：《丽泽录》卷四，嘉靖三十六年刻本，第 354 页。

⑯[明]朱□□辑：《丽泽录》卷首，嘉靖三十六年刻本，第 1 页。

⑰[清]范邦甸：《天一阁书目》卷四之一《集部》，嘉庆十三年刻本，第 401 页。

⑱[清]张廷玉等撰：《明史》一百十九《益王祐槟传》，中华书局，1974 年，第 3641 页。

⑲[清]华度修、蔡必达纂：乾隆《亳州志》卷十三，乾隆五年刻本，第 382 页。

⑳[清]黄佩兰修、王佩箴等纂：民国《涡阳县志》卷十二《人物》，民国十四年铅印本，第 183 页。

(作者单位：南昌师范学院江右文化研究与传播中心)

《有明承事郎南水吴君暨配张孺人墓志铭》补考

◇ 吴冬冬

内容提要:本文对武进科教城地块出土《有明承事郎南水吴君暨配张孺人墓志铭》进行释读。同时,结合相关文献,对墓志主人、墓志撰书时间、吴氏家世、唐吴家族联姻以及相关人物唐孺人、吴国平进行了初步考证。尽管墓志残损严重,但从揭露出来的诸多历史信息看,该墓志仍具有一定的历史研究和文献保存价值。

关键词:明代 墓志 唐荆川

2009年,为配合武进科教城建设,南京博物院、武进区博物馆对科教城建设范围内的大华村、寿山村、大河头村等三处墓葬群进行抢救性考古发掘。其中大华村墓葬群有两块墓志出土,其一为篆书《有明承事郎南水吴君暨配张孺人墓志铭》,据此推断大华村墓葬群为明代吴氏家族墓[①]。本文结合相关文献,对该墓志尝试解读。

一、墓志释读

《有明承事郎南水吴君暨配张孺人墓志铭》现藏于武进区博物馆,墓志风化严重,志文漫漶不清,仅有少量文字可辨识。墓志释读如下,其文为(按:以/作为一行的标识,下同):

有明承事郎南水吴君暨配张孺人墓志铭

赐进士出身□□郎……主事姻□唐顺之撰文

翰林院译字……并书

□□靖乙酉十月□日……戊……/将……大……/……翁□两婚家……承……/武进人也,讳……进士□□□/寔生……/而家益……/族里间……有嫤□□/曰子……百亩曰吾/□里……雨不少/……有规灋(同法)/……大略如此/翁……子即静夫/……陈/……君夫/……曾孙/女一……/……营□资家乃丰/

……陈□刻石

二、相关考证

撰书者　唐顺之,字应德,号荆川,谥号襄文。明代著名文学家、思想家和抗倭英雄,其道德文章、生平功业在我国历史上,尤其在文学史上占有重要地位。唐顺之一生所学博杂,著述宏富,据统计荆川先生著述多达62种,遍及经、史、子、集各部多种类别。荆川先生隐居于乡里20余年,在其桑梓之地留下不少文化遗产,如常州唐氏民宅(唐荆川宅)、唐荆川先生读书处坊、唐荆川墓、唐氏宗祠"常州新建关侯祠记"等。

吴唐联姻　墓志中唐顺之自称"姻□",说明唐、吴两姓有家族联姻。曾可公唐贵育有一子、二女,子即有怀公,也就是唐顺之的父亲唐宝。长女嫁于太学生杨墉,次女嫁于榆林卫经历吴静夫,唐顺之曾为两位姑姑分别撰写《杨母唐孺人墓志铭》《吴

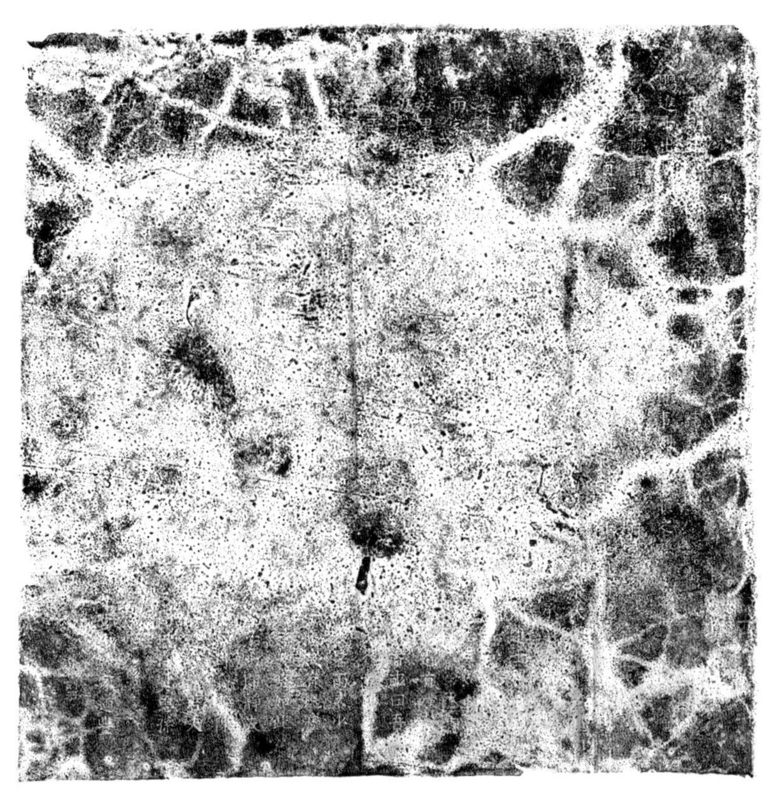

图一　墓志拓片

母唐孺人墓志铭》。《明唐荆川先生年谱》也记载："(嘉靖二十一年),归杨氏姑卒,公(唐顺之)为墓志铭。""(嘉靖二十四年)七月归,同郡吴氏姑卒,有怀公命公(唐顺之)志其墓"②。在《吴母唐孺人墓志铭》中,唐顺之进一步解释了父亲命其撰写墓志铭的原因,"盖有怀翁三岁而遭二同母之丧"。有怀公唐宝同母三人,嘉靖二十一年、嘉靖二十四年,其姊、妹相继去世,有怀公"哀之而不忍铭也,谓顺之曰:小子铭之"。

墓志主人　墓志残存文字"子即静夫",当指吴静夫。《吴母唐孺人墓志铭》记载:"(唐孺人)返葬于董墅里,合于其夫榆林卫经历南墩公之兆礼也。南墩公,讳静夫,姓吴氏。舅曰七品散官水南翁,讳良瑞;姑曰张孺人。"③据此判断,墓主人为吴良瑞、张孺人夫妇,即为吴静夫双亲,也就是唐孺人的舅姑。因墓志残损、文献阙如,吴良瑞、张孺人事迹行谊考证,尚有待于新材料的发现。

吴氏家世　唐顺之弟子姜宝撰写的《江山簿怀南吴君墓志铭》,为了解大华村吴氏家族提供了关键信息。墓志详细介绍了吴氏家世,"吴之先出自吴季子。元至正中,有春四者自姑苏始徙居邑东南斛斗里。入国朝五世祖谭领永乐癸巳乡荐,授湖广道州判官,生敏学。敏学生叔权,叔权生良瑞,再徙居今河墅里。生先大父静夫,号南墩,由靖江县学生奉例卒业国子,授陕西榆林卫经历,娶给事中唐公勉仁女,寔生先君"④。

大华村吴氏始祖远溯至春秋先贤吴季子。元代至正年间,吴春四由苏州迁徙到常州东南的斛斗里,为该支吴氏迁常始祖。到了明代永乐年间,五世祖吴谭出仕湖广道州判官,生子吴敏学。吴敏学生吴叔权。吴叔权生吴良瑞,即该墓志主人。吴良瑞迁"河墅里",今武进区礼嘉镇何墅村。吴良瑞生子吴静夫,号"南墩",即墓志中提到的"子即静夫"。吴静夫由靖江县学生入国子监,官授陕西榆林卫经历,娶唐贵小女为妻,生子吴国平。吴国平有子三人:吴中道、吴中德、吴中礼;孙二人:吴自明、吴自新;曾孙四人:重庆,重禄,某,某。

墓志时间　关于墓志撰书时间,该墓志记载了唐顺之"进士出身""主事"等职衔。据《明唐荆川先生年谱》记载,嘉靖八年,唐顺之授兵部武选司清吏主事。嘉靖十二年,改授吏部稽勋司主事。十二年秋七月,改翰林院编修。嘉靖十四年,"公以直道自任,耻出柄臣门",惹怒执政张璁,以吏部主事罢归,永不叙用。直到嘉靖十八年,张璁去世后,唐顺之复召为官翰林编修兼右春坊司谏。在此五年间,唐顺之在家乡里居。可推知,墓志撰写时间在嘉靖八年至十八年之间。

另据《吴母唐孺人墓志铭》记载,"姑舅既没,数十年间孺人亦已传家事矣"。可知,吴良瑞、张孺人去世时间当在唐孺人去世前"十数年"。已知唐孺人在嘉靖二十四年去世,可进一步推知吴良瑞、张孺人去世的时间,也即墓志撰写的时间。如何理解"十数年"?

假定唐孺人在姑舅去世后继续生活了十一年至十九年,那么墓志撰写的时间应在嘉靖五年至十三年之间,而嘉靖五年,唐顺之尚未进士及第,何谈

"进士出身""主事"职衔？而嘉靖十三年，唐顺之已由吏部主事改任翰林院编修，因此推定唐孺人继续生活了十二年至十六年，则对应时间为嘉靖八年至十二年，而此段时间正是唐顺之兵部、吏部主事任上。故此判定墓志为唐顺之早年之作，撰写时间应在嘉靖八年至十二年之间。

唐孺人行谊　《吴母唐孺人墓志铭》首叙毗陵唐氏良好的家学，"吾唐氏之先以诗书长厚创其家，子孙相与守之，其女子亦往往有化于其风者"，接着讲唐孺人"性喜书……至于医药、卜筮、种树之书，顾不如专门家耳，然未尝不通其旨"。体现了唐氏家学博杂、致用的实学特色。唐孺人治家、睦族诸行谊，尤为称道，其治家"耕织累积丝粟"；其于族里"待之未尝不如富贵人"；其于姻戚，虽远姻"岁时枣栗服脯之问，施之未尝不如近姻"。以至于族人、姻亲皆曰 "有德于我""未尝失礼于我"。唐孺人性情"柔俭慈静"，侍奉长辈"其于父母舅姑尤笃"，从出嫁到年迈，"数十年间，每语及父母苦楚，辄唏嘘泣下"，孺人对长姐也是关爱有加，"姊病时孺人往候姊，左右抑搔，给事者月余"。

吴国平生平　据《江山簿怀南吴君墓志铭》推知，吴国平为吴良瑞孙，吴静夫子，且对吴静夫怀有很深的感情，吴静夫号南墩，"欲识永思"，自号"怀南"。吴国平生于正德六年 (1511)，嘉靖十二年(1533)，补邑弟子员(秀才)，乡试屡次落第。嘉靖三十八年(1559)，岁贡。隆庆二年(1568)授浙江江山主簿，再踰年罢归。万历三年(1575)，因病去世，享年 65 岁。观其生平，吴国平科举仕宦之路非常坎坷，墓志说他因不肯"有所求托于铨曹"，而授"主簿"小吏；又不愿"有所承奉于其司府诸公"而罢归，是一位有原则、有风骨的文人士大夫。至于其行谊，墓志说他"谨身脩行，尚义敦伦"，俭、勤、信、礼，"以此终其身"。其事迹有："养二姊，抚教其子女；赒九族，婚嫁其孤贫"。对其身后墓志，吴国平留下遗言，告诫子孙"谀墓之词，识者所耻"，对其墓志的撰写要客观、真实，不求美词于身后，"但识吾姓名与吾所自出及生死月日而已"。

墓志通常先由亲友撰写反映主人生平的行状，再邀请撰写墓志之人。因中表兄弟唐某远在京师来不及写行状，加之"葬期已迫"，姜宝应邀欣然为之撰写墓志。早年姜宝师从荆川先生时就仰慕吴国平，说他"行义高天下"，对吴国平遗言给予了高度赞扬，"予少从荆川先生游尝，知有吴怀南者乃先生桥梓，行义高天下，君又能以谀墓为耻，真可为唐氏甥矣。夫今世士大夫家，每不吝缛仪赙赠，求美词于身后，不知自有道者视之真可耻也。予亦尝耻此，谢却来请者有矣，而君之遗令适与予志雅合焉"。姜宝首先对明代中期以来，通过重金馈赠求写墓志的"谀墓"社会风气进行了严厉批判，"求美词于身后，不知自有道者视之真可耻也"。对吴国平"以谀墓为耻"的思想见解，姜宝将其视为知己，"适与予(姜宝)志雅合焉"，给予吴国平很好的评价，称他"真可为唐氏甥矣"。

三、余论

本文对《有明承事郎南水吴君暨配张孺人墓志铭》所蕴含的历史信息进行了初步考证。该墓志的出土，是荆川文化遗产的新发现，虽然墓志文字残损严重，仍具有很高的文物保护价值。墓志残存信息的阐释，对于加强先贤荆川先生以及吴、唐两家族研究具有一定的学术研究价值，且墓志未收录于《荆川先生文集》，进一步丰富了常州乡邦文献，也有文献保存的价值。

注释：

①南京博物院、江苏常州市武进区博物馆：《江苏武进科教城明墓发掘报告》，《南方文物》2018 年第 3 期。

②北京图书馆编：《北京图书馆藏珍本年谱丛刊》第 47 册《明唐荆川先生年谱》卷二"嘉靖二十一年""嘉靖二十四年"，北京图书馆出版社，1999 年。

③常州市唐荆川研究会编：《唐荆川诗文集》卷十五《吴母唐孺人墓志铭》，凤凰出版社，2012 年。

④[明]姜宝：《姜凤阿文集》卷二十一《江山簿怀南吴君墓志铭》。

(作者单位：常州市文物保护管理中心)

黄景仁身世遭遇与诗歌创作关系研究

◇ 杨晨阳

内容提要：黄景仁是清代乾隆年间的一位著名诗人，少年时即负诗名，袁枚曾在《随园诗话》里称其"诗近太白"。然而这样一位才华横溢的诗人却饱受凄惨悲凉，一生穷困潦倒。辗转于逆境之中的黄景仁把自己全部的心血都倾注到了诗歌创作当中，黄景仁用他的诗歌向我们展示了他眼中的世界，寄托了底层沉沦文人的不平，其诗歌正是他所承受着的现实造成压抑感的心照语。

关键词：黄景仁 身世遭遇 寒士 意象

一、黄景仁的身世遭遇

黄景仁是个身处"盛世"却无限悲歌，踌躇满志却青云不遂，最终客死他乡的诗人，在"一身坠地来，恨事常八九"的凄苦心境中度过他短促的一生。黄景仁的诗歌创作既是内心愤懑不平和冷涩难抑的倾吐，也是对世道不公和人心难测的谴责，大都情景交融，自心而出，透露出一股孤高的怨愤之情①，这股怨愤之情并非流于言表，而是随同诗人的满腔才华一同被压抑在诗的底部，难以宣泄，底蕴深厚。

黄景仁出生于高淳学署，一个平凡的家庭，祖父黄大乐任高淳县学训导，父亲黄之掞是一名县学生，家境不能称得上优越，甚至可以用清苦来形容。黄景仁四岁丧父，从小由祖父黄大乐教养，之后又遭遇了祖父母的相继离世，16岁时兄长黄庚龄又撒手人寰，家庭生活的重担从此由幼小的他来挑起。有人曾经说一个人的经历对于人性格的塑造有着极为重要的影响，这句话放在黄景仁身上来说是最合适不过的。黄景仁在16岁时参加童子试，名列第一，受到了时任常州府知府和武进县知县的赏识，可谓少年得意。然而之后他数次参加乡试均名落孙山，这让他才高自傲且多愁善感的个性备受打击，而母亲年老体弱，他为了缓解家中的窘境，只有通过客游四方充当他人的幕宾谋生来奉养家人，漂泊不偶的生活让他对这个世界有着与那些殿士阁臣不同的感受，对于所谓的"盛世"有着别样的理解。对于黄景仁来说，盛世不过是空中楼阁罢了，饥寒流离和失意困顿才真正是这个社会的境况，对所谓的盛世是疑惑和怨愤，而他的经历和感受也就对他的诗歌创作产生了深刻的影响，使得他的诗歌充满着一股孤独悲哀和凄怆惋恻之气，是盛世衰音的典型，怀才不遇的感慨与寒士的无奈悲凉交织在一起，理想和现实之间的矛盾使得他的诗歌有一种深沉的感慨。

虽然生活在"康乾盛世"，但是由于身世所迫，无奈背井离乡，游幕四方。颠沛流离的生活使得他极其渴望拥有一个安稳的住所，和家人过着平凡的生活，可是就连这样一个简单的愿望都不得实现，他总是扮演着断肠漂泊之人的角色，流落天涯，奔波无依。在游幕生涯中，黄景仁孤傲的个性势必和他人不相安，在《墙上蒿》中的墙上蒿盖是自喻，而屋上乌则喻指幕中同僚，这首诗是在暗写亲历遭遇，黄景仁性格傲岸不羁，多遭诽谤，由此篇可见其游幕的景况，那种寄人篱下的感觉属实让他压抑不堪，本来“君子受刑不受辱”，可是为了奉养家人，他不得不默默忍受。在多年的奔波经历中，他尝尽了世间的冷暖饥寒，可是辛苦的奔波并没有给自己的家境带来多少改变，生活依旧贫困，一家人困苦不堪。

多次的别离，使他对家人无比思念，不同于《古诗十九首》中游子思妇诗的哀婉缠绵，黄景仁的思亲诗更多了一种沉闷和心酸，如在《客中闻雁》“我亦稻粱愁岁暮，年年星鬓为伊加”，家庭的负担使得正值壮年的他已经星鬓斑斑。而在《遇故人》一诗中“终日相对或兀兀，别去乃积千万言。谁知此地复携手，仍无一语如从前。世人但解别离苦，今日相逢泪如雨。封尘满面霜满头，教人哪得有一语”。虽为绘写人生的平易之作，但平中见奇，洗去铅华，不平牢骚和伤愁别恨俱融入平实的语句，而且多有看上去可笑的字面，细细品味则是笑中含泪，人生的辛酸一泻无余，看似可笑，实则具有苦味的色彩，折射着现实的残酷。在《别老母》一诗“搴帷拜母河梁去，白发愁看泪眼枯。惨惨柴门风雪夜，此时有子不如无”。作于临行之际，没有雕琢的语言，跳动在其间的是诗人无处安措的心灵，“此时有子不如无”的情感积郁，臻至惨境，感慨凄凉，“呕出一腔心血”。

在当时的封建社会，读书人只有靠科举这一条路才能实现封妻荫子和富贵显达的目的，而黄景仁空有满腹才华，屡次参加乡试却均以失败收场，这对一向自视甚高的黄景仁的打击是可想而知的，加上生计艰难，让黄景仁本来孤傲的性格更是增加了一股难以抑制的悲愤之气。在黄景仁的诗歌作品中，抒发不平之气的作品不胜枚举，而最为人们所熟知的便是《杂感》中的“十有九人堪白眼，百无一用是书生”这两句诗，字句之间充斥着诗人的不平和愤懑，既体现了诗人的一身傲骨，同时也体现了诗人孤芳自赏的悲哀。“只知独夜不平鸣”即是他诗歌人生的开端，也奠立了其“哀猿叫月、独雁啼霜”的诗歌基调。黄景仁不愿意屈服于那个黑白不分和是非颠倒的社会，而他的性格与那个社会显得格格不入，这使得他常常忧愤交加，彻夜难眠，数次科举失败的经历让他心灰意冷，创作了大量自负却又自我感伤的诗句，如《别稚存》“一身未遇庸非福，半世能狂亦可哀”，虽然是对好友的一种劝慰，却表达了一种“盛世”才士沦落的悲哀，在《夜起》“入梦敢忘舟在壑？浮名拌换酒如泉”则表现了迷惘困惑和忧愤感慨的心境，具体而微，曲尽其情。

黄景仁的诗歌不仅仅是在诉说自己的个人哀情，更体现了对整个社会的批驳，并不像某些人所说的那样只注重反映个人生活及感受，而不关注社会现实。黄景仁不同于一般的感伤失路者，他是一位有良知和天下情怀的诗人，敢于在“盛世”之下感民生之哀，叹世道将衰。黄景仁的诗歌向我们展示了“盛世”之下的哀鸿遍野和贫富不均，表现了世风日下和道德沦丧，书写了文网严密和思想保守等社会的方方面面，隐隐揭露出在表面看似繁华的盛世外壳下实则隐藏着无数不安因子。黄景仁是那个时代清醒的独行者，他的这种思想在当时具有突破性意义，而这种追求自由的叛逆精神也为后世的知识分子所倾倒，并从黄景仁身上汲取精神力量，激发起了他们悲天悯人和心系苍生的社会责任心和壮志豪情。

在《邓家坟写望》一诗中，诗人前半章写邓家坟，后半章写民生凋残，如“浸城献三版，徙宅空千村。频年苦蝗旱，此患匪所云。但见途路旁，野哭多流民”。诗人关注兴衰，关怀民瘼，感赋古今。诗中又提出了一个严肃的问题，如果说民生凋残在前代是由于“战守何纷纷”，那么在清朝统一南北之后的民间仍是“野哭多流民”，这又是谁的过错。在标榜“盛世”的乾隆时期，却有无数的饥民饿殍，这难道不是莫大的讽刺吗？许多人认为黄景仁的诗歌只是抒写个人牢骚和表现一肚皮的不合时宜，仅凭此篇便可驳斥这样的说法。在《广陵杂诗》其三中，诗人不写扬州繁华，而写扬州暮气沉沉，幽奇作鬼语，“但闻花叹息，似有鬼清歌。城郭黄流尽，楼台暮气多”。四句诗笔力极高，寓褒贬于无形之中。在《九月二日晓雪》中，诗人把京师竟写成了萧条所在，“萧条眄衢巷，何似在长安”，这是黄景仁在京师所作，描写了家人们的贫寒无依，诗中充满了怨愤之情，慨叹天子脚下，居然是一片萧条，更不要说别的地方了。诗人在当时也算是一介朝廷命官，然而家境竟困苦如此，更不用说那些百姓了，饱受贫寒疾苦和欺凌方是生活在“盛世之下”万千穷苦大众的真实命运。繁华之地如扬州和京师等对于寒士来说是敏于踏入的人生舞台，在这表面一片繁华的环境中，寒士无异是零余人一般，没有依靠，孑然一身。

在《铺海》一诗中，“我欲云门峰，化为并州刀。持登天都最高顶，乱剪白云铺絮袍。无声无响空中抛，被遍寒士无寒号”。六句诗化用杜甫《茅屋为秋风所破歌》中的“安得广厦千万间，大庇天下寒士俱欢颜，风雨不动安如山”，体现了作者心系苍生疾苦，想为天下谋福祉的大义之心。在《涡水舟夜》“但见流民满淮北，更无馀笑落阳城”，体现了诗人目睹淮北流民遍地的景象的悲怆之感，关怀民生，向我们揭示出了所谓“盛世”之下的衰颓和凄凉。在《何事不可为二章》两首诗中，“甘心谓人父，生者良已矣”和“谁知矫枉甚，流弊为今兹”讥讽世风沦丧和士风日下，深刻揭露了清中叶的社会现实，在《和钱百泉杂感》其二中“手指秋云向君说，可怜薄不似人情！”指斥世态炎凉，对于“人情反比秋云薄，世路犹如蜀道难”的社会风气感到无限愤懑。

黄景仁对他所看到的和听到的事情，都通过诗歌来表达自己的看法，其诗为真情流露，情之所至，如鲠在喉，不吐不快，即使是在管控极为严厉的乾隆时期，他也敢于倾吐自己的一腔怨愤，即使身被刀矢，也在所不顾。真正的诗人是敢于吐露自己的真实情感和想法，是心系天下而非汲汲于个人一己之私的。黄景仁的诗歌并不只是宣泄自己单个人的怨愤和不平，他更留意到了民众的生活，师法自《诗经》流传下来的风雅精神，感于哀乐，缘事而发，能够在乾隆时期那个文网严密的时代大胆倾吐心声，揭露“盛世”之弊，与那些一味用典使事和点缀繁华升平之诗相比显得尤为可贵。

二、黄景仁身世遭遇对其诗歌创作意象选用的影响

一个成熟的诗人势必有自己独立的意象群，有自己独特的意象选择，正如李贺喜用“奇而入怪，虚荒诞幻”等大量超现实意象和大量重塑的现实意象来表达自己的苦闷情怀，黄景仁也同样有自己所偏爱使用的意象群，这从一个方面印证了他为有清以来具有代表性的一位诗人的地位。

黄景仁善用“月”“秋”“剑”等意象来表达自己作为“盛世”之下寒士的人生卑微的深沉感慨，无奈悲凉之感溢于言表，将自己的感情倾注到那些原本没有或者少有感情的意象上，通过它们来抒发自己的不得意和困顿等多种复杂感情。

“月”是中国古典诗词中最常见的意象之一，既代表对家乡的一种思念，也代表一种对人生的感触和思考，与旁人不同的是，在黄景仁的笔下，很少有圆月的出现，而是经常在月的前面加上带有情感体验的修饰词来作为他凄婉风格的体现。如在《夜泊闻雁》里的“凄然对江水，霜月不胜凉”和在《新月》里的“开帘延螟色，凉月已如钩”等诗句中，“月”都被描写地凄凉不堪，这正是诗人把内心的凄凉转移到了月亮之上；在《残月》中的“残月缺半规，窈然碧虚色”和在《夜起》中的“缺月黝将尽，远挂寒林色”等诗句中的“缺月”和“残月”给人一种残缺不全的感觉，这让人联想到了诗人的身世之凄惨；在《春夜杂咏》中的“薄霭收斜晖，余光让初月”和在《得家书悼殇女》中的“初月才生落已催，好花羞喜未曾开”等诗令人产生年华易逝的悲哀，尤其是月亮初升却即将落下，诗人借此来比喻自己早逝的女儿，更觉悲惋。在《癸巳除夕偶成》其一中的“悄立市桥人不识，一星如月看多时”则体现出了作者的旷世孤独感，与家家都沉浸在年节的喜庆气氛中截然不同，他不是因为亲人不在身边而觉得孤独，而是因为内心的感受无人可诉说，对未来的岁月毫无期待，只有一种莫名的忧患②。月亮的不同形象实际上是诗人情感外化的一种展现，是诗人愁绪的凝结。与黄景仁处于同时代的王昶曾对他的诗歌有“不啻哀猿之叫月，孤雁之啼霜也”，可谓十分贴切。

自从宋玉在《九辩》中首抒“悲秋”之思后，后人皆“逢秋悲寂寥”,而黄景仁则更甚于前人,有着浓重的悲秋情结和末世情怀,他自称为“秋士”,在诗中更是多次咏“秋”。每当秋天来临,黄叶飘零,天高云淡,自然而然给人一种萧条肃杀之感,对于黄景仁这样具有敏感多思性格的人来说,更是让他对身世遭遇和社会现状有着不同于他人的感受,他凭借着自己诗人的敏感,在表面的繁华当中感受到了逼人的秋气,一种萧瑟荒凉之感。在《过贾秋壑集芳园》中的“半闲后乐俱荒址,满路秋虫咽暮烟”和在《赠别沈子孟》里的“秋气渐摇落,吾徒合放歌”等诗中,黄景仁眼中的“秋”更让人觉得凄迷和衰败,这是黄景仁天性和遭遇共同作用的结果,有人曾评价黄景仁的诗歌“秋气抑何深也”。诗人将自己的遭遇和感情谱入诗中,笔者从中感受到了“盛世”之下的衰败之音和肃杀秋气,正如“秋虫”察觉到秋的来临一样,诗人察觉到了王朝的衰败。黄景仁既是在悲“秋”和悲“士之不遇”,同时也是在悲叹整个文人阶层的末路, 在当时士人的地位已经十分不堪了,士气衰落,士风败坏,这是黄景仁在对所处时代的呼喊和不平,“我意先秋感摇落”不仅仅是作“秋虫”之鸣,而是“贫士失职而志不平”的悲歌和苍凉咏叹。

中国古代的文人大都有着一腔济世情怀,想在寒窗苦读十数年以后有所作为,对功成业就的渴望是文人的普遍情怀,而黄景仁诗歌中的“剑”正是他满怀抱负的一种寄托。虽然他诗名甚广,但他并不只想做一个诗人,他有着更高的理想和要求,如李白不愿做翰林院一词臣一样,他想的是功成名就和壮志得伸。传统儒家胸怀天下的道义情怀在黄景仁的内心根深蒂固,然而他久久不得志使得理想和现实之间产生了犹如天堑的沟壑, 不禁感慨颇深,寄寓诗间。在《夜起》里的“忧本难忘忿讵蠲,宝刀闲拍未成眠”,诗人壮志未酬,彻夜辗转难眠,表现了他的一种迷惘和悲慨忧愤的心境。在《旅馆夜成》里的“床头听剑铮成响,帘底看星作有芒”和《十四夜京口舟次送别张大归扬州》中的“漫经说剑气纵横,画舫银灯黯别情”,用“剑”来自喻,虽有满腹经纶,然而却频频落第不偶,空有剑声铮铮,壮志尘埋,才无所用。黄景仁的诗中有着想效大鹏万里腾飞的壮志,但是“不觉喟然叹,蹉跎愧此身。无穷千古事,只作一诗人”。“剑”本来是用世的象征,然而他却难以实现理想,又心有不甘,内心苦闷,只有把一腔不平之气寄寓诗中,借“剑气”而申才气和志气。

三、黄景仁身世遭遇对诗歌创作中寒士心态的塑成

每个时代都有贫穷或者郁郁不得志之人,如果身处乱世或者目不识丁,况且会对自己所处的环境逆来顺受,可是如果是那些身处治世或是满怀抱负之人,这样的生活状态让他们不由有更多的感慨和思考。俗话说“古今多少读书子,潦倒一世不翻身”,黄景仁正是这无数失意之人中的一员,物质生活的贫困不堪,加上当时士林风气的浇薄和世道人心的险谲,让天资超迈但仕途失意的他有无尽的寒士之悲,故而体现到诗歌创作上也是满纸幽苦言,一把辛酸泪[③]。因为生活处境的不堪,唯一可以改变自己命运的科举之路又有重峦叠嶂的阻隔,他只有把心中的不平和失落倾注到文字当中。黄景仁少年成名,再加上他孤傲不俗的个性,使得他对自己的期望很高,然而现实却让他一次次经历失望,让他的“天才梦”直到离世还只是一个梦,在早早地倾泻了自己的才华之后, 在当时并没有得到相应的认可,这不得不说是他的人生悲剧,也是清中叶诗坛的悲剧,也是对乾隆“盛世”的一种反讽。黄景仁曾有过“汝辈何知吾自悔,枉抛心力作诗人”这样的感叹,但是他还是在那个诗人没落的时代一心一意地创作“诗人之诗”,抒发自己的真性情,而非“才人之诗”或“学人之诗”,这是难能可贵的。

在《答和维衍二首》其一一诗中,“年时我实深味此,若复劝驾吾谁欺”等诗句抒写牢骚不平,是一曲江湖寒士的悲歌,他通过自己的亲身经历劝告友人不要飘零江湖,纯是出自肺腑之言,以至于“虽然穷蹙岂了事,言之泪下如绠縻”,泪雨哽咽,自是写不下去了,只好匆匆结束诗句。在《短歌》一诗中,借“豢龙不如鳝虾,笯凤不如凫雁。贱修不如贵夭,饥聚不如饱散”之比来抒写寒士浪游的心迹和桀骜的个性,诗人仰天悲歌豢龙不如虾鳝、笯凤不如凫雁,寒士挣扎于社会下层, 这是怎样令人痛心的时代,这首诗与高启的《悲歌》一诗中的“富老不如贫少,美游不如恶归。浮云随风,零落四野。仰天悲歌,泣数行下”有着相似的感叹，都可谓寒士之心中之块垒。在《典衣行》一诗中“千村雪拥犬不鸣，典衣典衣竟何处？”写出了作者身为一介寒士的困顿，全诗纪述广陵驿前欲典衣换酒，竟无处可典，这不仅仅是寒士落拓江湖的悲吟，也形象地描绘出了乾隆朝社会的萧索，他给笔者的感觉并非寻常寒士的寒酸和猥琐，而是一种深沉的哀惋。可以说，诗人借广陵驿一隅，绘描清代社会的图景，褫去了“盛世”的华衮。《典衣行》一诗和杜工部的《曲江二首》诗之二中的“朝回日日典春衣，每日江头尽醉归”有异曲同工之妙，然而黄景仁的诗比杜甫之诗更显凄怆，令人读来不觉潸然泪下。在《庚子元夜独坐偶成》一诗中，“年年今夕兴飞腾，似此凄清得未曾”和“窃笑微闻小儿女，阿爷何事不看灯”借助白描和烘托，将心酸事婉转道来，裁冰雪入句，咀嚼生凉。这不仅仅是在写寒士之情，而是放大化写出了像他一样满怀愁苦却无人倾诉的孤独人。在《过全椒哭凯龙川先生》一诗中，“两度战场餐血腥，先生手持千佛经。飘然上赴玉楼去，为道此间多不平。遂令感诵溢吾党，岂独贱子缘私情”等诗句在赞颂凯龙川的诗德和正直的同时，也唱出了清中叶举子的一曲悲歌，这也正是黄景仁诗歌的价值所在，他能够推己及人，是对所处时代和阶层的悲吟。

从某种意义上来说，黄景仁诗歌的用字凄苦惋恻和苦吟之句与中唐时期的孟郊有一定相似之处，如《夜坐写怀》一诗中的“四休愿只饱休足，三上吟偏枕上多”“作诗辛苦谁传此，一卷空宵手自摩”和《二十夜》中的“破窗蕉雨夜还惊，纸帐风来自作声。墨到乡书偏黯淡，灯于客思最分明”等诗句是作者在辗转逆境之中的心绪写照，元好问对于孟郊“东野穷愁死不休，高天厚地一诗囚”的评价也可作为黄景仁的人生写照，诗人在愁苦生活之中除诗之外心灵别无依泊处，汪佑南曾经在《山泾草堂诗话》中这样评论上述黄景仁的两首诗：“其近体亦刻意苦吟，足以耐人寻味者，不愧名家。”苦吟往往被看作是寒士的一个特征，孟郊如此。贾岛和姚合等人亦是如此，而黄景仁并不只是一味地苦吟，而是在苦吟之外有一种不平之气，甚合于韩愈“不平则鸣”之论，有音外之音和味外之味，看似为苦吟之句，实则为“盛世”之忧和一种自我的人生选择。

之所以说黄景仁是中国古代落魄文人的代表和众多科举沉沦者的缩影，是因为他不仅仅是在发出悲吟，他更有一副济世情怀，有着和杜甫一样“安得广厦千万间，大庇天下寒士俱欢颜”的胸襟，他不会为了一己之富贵而出卖自己的人格，他既渴望出世，同时又不愿意随波逐流，正是千百年来无数高节寒士的典型。他即使是身在那个文网罗布的时代，也敢大胆说出自己的心声，倾吐自己的一腔真情，也许有人会说他不识时务，可是在笔者看来，这正是他可贵之处，同时也是造成他潦倒一生的一个重要原因。黄景仁是一位敏感而不羁的诗人，在到了北京后，身处文网密布的环境之中，他并没有像其他人一样埋首于考据之学和故纸堆中，而是不断发出“盛世”哀音和衰音，在诗歌中呈现出“一年三百六十日，风刀霜剑严相逼”和“人道是春光多明媚，我看来眼前山川是愁城”的感叹和控诉，即使是对于最可忌讳的时局他也是能够表达不满，不效阿谀奴态。如在《送温舍人汝适归广州》中的“长安甲地如云高，但觉舍人官独冷”和在《朝来》中的“我曹生世良幸耳，太平之日为饿民”等诗句可以看出黄景仁对于时事的态度，以敏锐的洞察力在“盛世”之表体会到了衰败的气息，这是他和其他一般寒士所不同之处，同时也是黄景仁的高明所在。

四、结语

以上从对黄景仁的身世遭遇对其诗歌创作中意象选择、寒士心态的塑成的影响中可以看到，黄景仁的诗歌创作与他的身世遭遇密切相关。黄景仁的诗歌在经历了二百余年之后仍然有鲜活的生命力，是因为他是在用真实情感和生命在创造诗歌，“片语能伤万古心”，他听从自己内心的召唤，描写的是人类的共同情感。黄景仁真实地抒写自己对社会人生最痛切的感受，高扬自己的主体意识和个人的不幸遭遇，“激楚如猿啼鹤唳，秋气抑何深也”，语语沉痛，字字辛酸。

注释：

①张如中：《“盛世” 外壳里的酸苦内核——读黄景仁《都门秋思》(其三)》，《新疆石油教育学院学报)》2001 年第 4 期。

②蒋寅:《说黄景仁〈癸巳除夕偶成〉》,《名作欣赏》2011年第1期。

③兰石洪:《"好作幽苦语"的诗人之诗——黄景仁文学思想述略》,《黄石理工学院学报(人文社会科学版)》2009年第2期。

参考文献:

1.姚春玉:《黄景仁诗歌意象研究》,广西师范学院硕士学位论文,2010年。

2.李俊丽:《黄景仁及其诗歌研究》,陕西师范大学硕士学位论文,2011年。

3. 李明军:《长留天地作秋声——黄景仁诗歌意象的文化解读》,《信阳师范学院学报(哲学社会科学版)》2007年第2期。

4. 张志良:《论黄景仁的诗歌创作》,《铁道师院学报》1993年第3期。

5.[清]黄景仁:《两当轩集》,上海古籍出版社,2010年。

(作者单位:西北大学文学院)

征稿启事

《常州文博论丛》是常州博物馆主办的连续性学术辑刊，本论丛立足常州，兼及周邻地域，是面向国内公开发行的文博类综合性学术刊物，主要征稿范围涵盖文物研究、博物馆学研究、考古学研究、文化遗产研究、历史学及地方史志研究、文化名人研究以及自然研究类论文等。本论丛旨在加强业界同仁的交流与争鸣，促进常州文博事业的发展，提升常州文博的科研水平，推动文博行业的繁荣。为了保证刊物的高质量出版，现对论文来稿的要求、格式及规范等统一作如下要求：

一、须严格遵守学术规范，无剽窃、抄袭行为；切勿一稿多投，文责自负。

二、普通论文篇幅以 4000 至 6000 字左右为宜，考古报告、简报类一般不超过 10000 字。

三、来稿须提供文稿的电子文本（word 格式）。

四、论文依次由标题、作者、工作单位、摘要、关键词、正文、尾注或参考文献组成。务请在来稿正文前提供中文摘要（200 字左右）、关键词（3~5 个），摘要应能客观反映论文或报告的主要内容，文博类论文的注释和参考文献一律采用尾注，以序号①、②、③的形式标注；自然科学类论文可以在后文标示出参考文献。

论文注释详尽、准确。著作类包括作者、著作名称、页码、出版社、出版时间，译著可在作者前加国别。古文献类包括作者、文献名称、卷号、本纪或列传等名称、出版社或版本、出版或刊印时间、页码。期刊论文类包括作者、论文名称、期刊号、页码。文集或辑刊论文类包括作者、论文名称、编者、文集或辑刊名称、出版社、出版时间、页码。学位论文类包括作者、论文名、学校名、学位名、时间、页码。

例如，巩启明：《仰韶文化》，文物出版社，2002 年，第 1-8 页；司马迁：《史记》卷 11《孝景本纪》，中华书局，1959 年，第 439-450 页；宋向光：《博物馆定义与当代博物馆的发展》，《中国博物馆》2003 年第 10 期，第 1-6 页；毛昭晰：《关于良渚遗址的发现》，载浙江省文物考古研究所编，《浙江省文物考古研究所学刊》（第八辑），科学出版社，2006 年，第 9-13 页；郑奕：《博物馆教育活动研究》，复旦大学博士学位论文，2012 年，第 22 页。

自然博物类论文参考文献格式为：作者、出版时间、论文或著作名称、刊物名称或出版社名称、期卷号和页码。

例如，汪筱林，周忠和，2002。辽西早白垩世九佛堂组一翼手龙类化石及其地层意义。科学通报，20：1521-1527；张弥漫主编，2001。热河生物群。上海：上海科学技术出版社，1-150.

五、论文插图清晰，插图单独打包，与论文一并投递。图片须为 JPG 格式，扫描件 300 像素以上，照片 500K 以上，图片命名清楚。

六、本论丛有权依据审稿专家意见对来稿提出修改建议，并会及时告知作者；在最后出版前有权对文字内容进行文辞语法上的适当删改，如不同意，请在来稿前告知。

七、来稿请注明作者信息，包括单位全称、地址、电话和邮编。

八、本刊不收版面费，并实行实付稿酬的用稿制度。

九、本论丛坚持以质论稿、择优录用的原则，并实行匿名审稿制，稿件一经采用，即通知作者本人，征稿截止日期为每年 8 月 30 日，如当年 9 月 30 日前未收到用稿通知，可另投他处。

十、未尽事宜，请咨询《常州文博论丛》编辑部。

地址：江苏省常州市龙城大道 1288 号常州博物馆《常州文博论丛》编辑部　　邮编：213022

电话：(0519)85165080—8020　　联系人：代培培　　投稿邮箱：wbeditor@czmuseum.com